COMO CONTAR OS FATOS

A história da narrativa do
jornalismo de revista no século XX

COMO CONTAR OS FATOS

A história da narrativa do **jornalismo de revista** no século XX

Eliza Bachega Casadei

Copyright © 2015 Eliza Bachega Casadei

Grafia atualizada segundo o Acordo Ortográfico da Língua Portuguesa de 1990, que entrou em vigor no Brasil em 2009.

Edição: Joana Monteleone/Haroldo Ceravolo Sereza
Editor assistente: Gabriel Patez Silva
Projeto gráfico, capa e diagramação: Camila Hama
Assistente acadêmica: Bruna Marques
Revisão: Andressa Neves

Imagens da capa: freepik.com

Este livro foi publicado com o apoio do CAPES e da FAPESP.

CIP-BRASIL. CATALOGAÇÃO-NA-FONTE
SINDICATO NACIONAL DOS EDITORES DE LIVROS, RJ

C33c

Casadei, Eliza Bachega
COMO CONTAR OS FATOS : A HISTÓRIA DA NARRATIVA DO JORNALISMO DE REVISTA NO SÉCULO XX
Eliza Bachega Casadei. - 1. ed.
São Paulo : Alameda, 2014.
266p. ; 23cm.

Inclui bibliografia
ISBN 978-85-7939-328-0

1. Jornalismo - História. 2. Comunicação de massa. 3. Reportagem. 4. Comunicação. I. Título.

15-23668
CDD: 079.81
CDU: 070(81)

ALAMEDA CASA EDITORIAL
Rua Treze de Maio, 353 – Bela Vista
CEP 01327-000 – São Paulo – SP
Tel. (11) 3012-2403
www.alamedaeditorial.com.br

SUMÁRIO

INTRODUÇÃO 15
A História da Narrativa: pelo estudo dos códigos padrões de narração na reportagem em revista

O que entendemos por uma história da narrativa do jornalismo de revista 16

O lento advento da produção noticiosa no jornalismo de revista 27

A história do jornalismo de revista e seus códigos padrões de narração 31

CAPÍTULO 1 37
O Jornalismo e seu Tripé Articulador: um lugar social, uma prática e uma escrita

Entre as duas escoras do tripé: *lugar social* e *prática* da atividade jornalística 39

Uma escrita: em torno das narrativas referenciais e do problema do referente 46

CAPÍTULO 2 55
O Jornalismo como Narrativa: a atualização de elementos virtuais em texto

O modelo da análise estrutural da narrativa 56

O modelo das três mímeses 66

CAPÍTULO 3 81
O Código Narrativo e a Tessitura de Vozes em um Texto: repetições e translações de sentido na forma da narrativa

Da estrutura à estruturação: entre o diagrama e a partitura 82

O(s) código(s) e os plurais da narrativa 91

Os códigos na narrativa jornalística 102

A partilha do sensível 106

Últimas considerações de ordem metodológica 109

CAPÍTULO 4 113
A *Revista da Semana* e a Narrativa *Mise en Abyme*: a reportagem como martírio do repórter (1900-1940)

Os códigos padrões de narração na *Revista da Semana* 116

O código autorreferencial 116

O código pathético 128

O código protocolar 134

A função testemunhal e o martírio do repórter 140

CAPÍTULO 5 151
O *Cruzeiro* e a Reportagem como Experiência: a divisão da função testemunhal entre o repórter e as fontes (1940-1960)

Os códigos padrões de narração em *O Cruzeiro* 159

O código experiencial em primeira pessoa 159

O código experiencial em terceira pessoa 164

O código biográfico 171

O código do desvendamento 177

O código evocativo 179

A descaracterização dos códigos narrativos de *O Cruzeiro* nos anos 60 180

CAPÍTULO 6 185
Manchete, Fatos e Fotos e Realidade:
a busca por novos padrões narrativos no jornalismo dos anos 60

O projeto editorial da revista *Manchete*: um periódico de transição 185

Os códigos narrativos da revista *Manchete* 189

O código experiencial em primeira pessoa e o código experiencial impressionista 189

Código inquiridor 192

A explosão dos códigos experiencial em terceira pessoa e biográfico 193

O código impessoal 194

O código numérico 200

O código analógico 203

O código da opinião pública 206

O projeto editorial de *Fatos e Fotos* 210

O projeto editorial de *Realidade* 212

Esboços de novos regimes narrativos na reportagem 217

CAPÍTULO 7 221
As Provas de Verdade e o Jornalismo Interpretativo:
reportagem como tradução em *Veja, Época* e *IstoÉ* (1970-atual)

O projeto editorial da revista *Veja* 222

Os códigos padrões de narração na revista *Veja* 226

O repórter como mero apurador 226

O código do especialista 229

O código da voz impessoal da ciência 231

O código do prognóstico 233

O código documental 234

Reportagem enquanto duração *versus* reportagem enquanto tradução 235

CONSIDERAÇÕES FINAIS 241
O Jornalismo como Instituição Linguística e os
Diferentes Regimes Narrativos na Reportagem em Revista

REFERÊNCIAS BIBLIOGRÁFICAS 253

AGRADECIMENTOS 263

ABREVIAÇÕES:

Revista da semana: RS

O cruzeiro: OC

Manchete: MC

Veja: VJ

PREFÁCIO

Apontamentos de uma narrativa

Para Eliza,

Convidada, pela autora, a escrever o prefácio para publicação de sua tese de doutorado, desenvolvida sob minha orientação, senti-me honrada, sabendo como sei do empenho da Eliza e da qualidade de seu trabalho, verificável não só na própria tese, mas em toda a sua vasta produção acadêmica.

Contente fiquei ao saber que a publicação da tese, originalmente sob o título "Os códigos padrões de narração e a reportagem: por uma história da narrativa do jornalismo de revista no século XX" contava com apoio da CAPES para elaboração e, posteriormente, da FAPESP, para publicação, certamente um atestado preciso da qualidade já mencionada. Nesse meio tempo sua tese foi agraciada com o prêmio COMPÓS de teses de 2014, mais um selo de qualidade.

O fato é que recebi muitas mensagens de congratulações: a excelência de seu trabalho recaindo graciosamente sobre a orientação. Mais lisonjeada impossível!

Supõe-se que um prefácio fale sobre a obra que virá na sequência, tarefa a que dedicarei, certamente, alguns trechos desses escritos. No entanto, quero começar por contar a história de um longo trajeto de convivência, de parceria, de produções conjuntas. Afinal, como a Eliza o faz em sua tese, é das narrativas, dessa organização de sentido das coisas, que tudo nos advém.

Há diversos pontos a partir dos quais o convívio com a Eliza se desdobrou. O primeiro deles remonta a 10 anos, na disciplina por mim ministrada para o primeiro semestre da graduação no ano de 2005. Como é do conhecimento de professores, uma classe logo se organiza em grupos, no mínimo a serem identificados por seu maior ou menor interesse pelos estudos, pelo investimento no trajeto custoso das leituras a serem percorridas. Logo vemos aqueles que visam a constituição de uma base de conhecimento teórico/conceitual que servirá de lastro para toda evolução, seja dentro da academia, seja como profissional no mercado de trabalho, para todo caminho a ser trilhado ao longo da vida.

Minha futura orientanda, já se notava, pertencia ao grupo dos que investem na construção, sempre onerosa, de si mesma, construção a ser empreendida sob diversos pontos de vista, incluindo o do crescimento intelectual. Assim, como aluna de graduação, era comprometida com os deveres das disciplinas, para além das tarefas básicas propostas e, nesse registro, já se destacava. O tom de voz suave, entre reservado e respeitoso, não nos impediam de notar o teor de suas intervenções que passavam ao largo da sanha das contestações, pautadas sempre por estar a frente na cadeia de raciocínio exposta em aula.

Daí para a Iniciação Científica, que eu propusera a alguns alunos, foi só mais um passo a nos aproximar em nossa caminhada conjunta em tempos de graduação. Na época, eu trabalhava, como pesquisadora principal de projeto temático da FAPESP, com as palavras que foram censuradas nas peças teatrais que compõem o acervo do Arquivo Miroel Silveira.

Eliza e mais duas de suas colegas se compuseram nesse trabalho conjunto: líamos cada uma das peças que constituíram nosso corpus, distribuíamos as palavras e expressões em categorias com as quais fizemos o desenho das incidências e, portanto, o panorama das palavras sobre as quais a censura voltava forte atenção. Estas palavras, por certo, mexiam com valores a serem preservados, com ideários consolidados e pediam uma intervenção para que deixassem de contar a história de uma cultura como ela é, em prol de se contar a história conveniente.

Dessas explorações brotou nossa primeira publicação conjunta, o livro *Palavras proibidas*, a oito mãos. Mas, como sua bolsa de Iniciação Científica foi renovada e estendida por um segundo ano, em dado momento restamos somente eu e ela, ela que me ajudou na organização de vários resultados obtidos e na composição de artigos, agora a quatro mãos, que levavam nossas considerações para além do livro originário e motivaram nossa presença concomitante em congressos, até mesmo no da distante Dublin.

Desses tempos de trabalho com a censura, por iniciativa própria e de punho próprio, ela foi além e fez brotar um livro, "Getulio Vargas e o Teatro: comunicação, poder e censura na construção simbólica do imaginário varguista (1930-1954)", publicado pela Scortecci, em 2011.

Ao mesmo tempo, Eliza frequentava o grupo de estudos Midiato, sob coordenação da colega Professora Rosana Soares de Lima. Dele faço parte, embora nem sempre esteja presente nas reuniões que congregam orientandos meus e da Rosana, em discussões sobre aportes teóricos, sempre pensados em função de uma reflexão sobre os produtos midiáticos. Nessa empreitada, no pertencimento ao Mididato, outro laço se montava.

Contudo, é preciso acentuar o fato de que minha pupila tem uma incrível garra e disposição para o trabalho, tanto assim que, nesse ínterim, ainda participou de outros grupos de estudo aos quais não estou filiada. Como se essa carga já não fosse suficiente, ela propôs em 2007, a criação e coordenação da revista on line *Anagrama*, veículo dedicado a trabalhos de alunos da graduação. A revista se fazia necessária e conveniente, uma vez constatada a carência de um canal para as produções de graduandos, que não encontram espaço em outras publicações acadêmicas, embora, no decorrer dos anos, bolsistas de Iniciação Científica, tenham sido incentivados, pelas entidades de fomento, a publicarem seus trabalhos.

A *Anagrama*, pela qual sou uma das responsáveis junto à ECA-USP, foi e é um tremendo sucesso, uma referência para o público visado e encontra sua inscrição no Univerciencia, Portal de Revistas de Acesso Aberto em Ciências da Comunicação.

Nesse passo, um dia chegamos a 2008, e ela à finalização da graduação com seu Trabalho de Conclusão de Curso, "Saiu da História para entrar nas revistas: enquadramentos da memória coletiva sobre Getulio Vargas em Veja, Realidade e Time", sob minha orientação, com voto de distinção e louvor por parte da banca, publicado pela E Papers em 2009.

Em 2009, a Eliza já tinha entrado para a pós-graduação, ainda sob minha orientação, com a dissertação "Jornalismo e Reconstrução do Passado: os fatos históricos nas notícias de hoje" do mestrado concluído em 2010, igualmente digno de louvor e publicado pela Appris, em 2012.

Seguiu-se o doutorado, concluído em 2013, com tese detentora de muitos louvores, objeto deste prefácio. Ao longo de sua pós-graduação já dava aulas em instituições particulares, já arquitetava revistas acadêmicas nessas instituições e acompanhava minhas disciplinas de graduação como monitora pelo Programa de Aperfeiçoamento de Ensino. Talvez tenha sido ao longo desse acompanhamento que mais aprendi sobre ela, mais segui os passos de uma vocação para a exposição precisa, cuja coerência ilumina os conceitos e cuja voz, mais forte e incisiva, conduz a clareza das explicações. Soube mais tarde que a voz suave era produto de um treinamento para o canto, ao qual teve que se sobrepor um outro: o treino com as aulas que ela vinha ministrando.

Findo o doutorado, hoje Eliza é professora da UNESP, onde certamente deita os valores de sua produção.

Mas afinal, qual é o objeto da pesquisa louvável que aqui se articula em livro? Acredito que, se prestarmos atenção nos títulos de suas publicações anteriores, dois objetos emergem com naturalidade. Ela esteve, e está, interessada nas narrativas das mídias, em seus diversos suportes, como o título da presente obra indica: "Como contar os fatos: a história da narrativa do jornalismo de revista no século XX".

Mas, sabemos por publicações anteriores, e até pela convivência, que ela tem paixão pela história, pela história como o desenrolar de acontecimentos tempo afora, assim como a história enquanto o pano de fundo em que se tecem nossos saberes, enquanto recurso narrativo para direcionar sentidos, consolidando-os pela conversão a uma naturalização, justamente, dos muitos tempos idos.

Neste livro, ela acompanha um trajeto temporal, animado por uma questão de linguagem implicada em todas as suas formas. Vários pensadores nos ensinam que, uma língua, ou qualquer linguagem, e no bojo destas as narrativas entrelaçadas e aquelas por se entrelaçarem, reflete e refrata a realidade. Entendemos refletir como um processo de espelhamento, a saber, que uma língua reproduz "coisas", materiais ou imateriais, da realidade como compreendida e alinhavada por uma cultura. Por outro lado, ela não o faz sem refratar, ou seja, sem desviar-se de uma direção previamente dada, sem modificá-la em sua propagação.

No ponto em que uma língua reflete, ela é repetição sobre campos já dimensionados, ou circunscritos, pelas palavras. Nesse ponto ela amarra as significações como efeito da reincidência. No ponto em que ela refrata, opera como uma espécie de tradução/conversão que incorpora novos vetores e faz irradiar a significação para outros espaços não contemplados pelos campos. Se, por um lado, tem como efeito a mudança de direção da significação, por outro tem, automaticamente, o poder de expandi-la, fazendo irradiar ou proliferar, até mesmo, às vezes e talvez, as significações já consolidadas.

Ora, já vemos que interferir no que uma língua reflete é tarefa de gigante: a rigor, é procurar a transformação frontal dos modos de pensar de uma cultura, com seus estereótipos, preconceitos, teorias implícitas e razões presumidas. Mas, há estratégias que visam transformações por vias indiretas, tanto quanto indiretas são a irradiações de uma refração.

Eliza procura neste livro observar o jornalista como o narrador que é, e, portanto, como um produtor de sentido que lança mão de estratégias discursivas convenientemente dispostas para o exercício de seu labor. Há padrões que se delineiam em congruência com esse exercício, há padrões sempre em mutação que resultam na reconfiguração do próprio exercício. Há regimes narrativos que se sucedem, resignificando o próprio jornalismo, etapas que ela aponta e examina com maestria.

Mas, retornando ao tom da narração, quero finalizar esse prefácio no registro da pessoalidade. Um dia, quando Eliza era monitora junto às minhas disciplinas, eu me apaixonei pelas apresentações em Prezi. Num novembro apressado propus a ela e ao Ivan Paganotti, outro orientando, que me ajudassem a montar as aulas teóricas com esse aplicativo. Trabalhamos em novembro, dezembro e janeiro, tendo as sequências lógicas, o path, como foco central, sempre retificado, as figuras ilustrativas a critério dos dois, as mudanças, poucas, eu fazia diretamente na página Prezi.

Até hoje me espanto com a rapidez com que essa tarefa foi realizada, com a prontidão com que as loucuras de uma velha professora foram recebidas. Sempre disposta e sem reclamações, Eliza atendeu a algumas de minhas manias, as idiossincrasias de que nos cercamos. Para isso há um nome, sem tamanho ou preço, que a caracteriza: generosidade.

Mayra Rodrigues Gomes
Maio de 2014

INTRODUÇÃO

A história da narrativa: pelo estudo
dos códigos padrões de narração na reportagem em revista

"Eis uma máquina de linguagem. Como ela funciona?". Essa era a indagação que o poeta Wystan Hugh Auden (*apud* COMPAGNON, 2012, p. 224) usava para ilustrar o fato de que a primeira questão que lhe interessava quando ele lia um poema era a técnica empregada. Também enquanto "máquinas de linguagem", as reportagens jornalísticas podem igualmente ser vistas sob essa perspectiva, que toma a técnica empregada na montagem das histórias como o elemento privilegiado de sua inscrição escriturária. É desta perspectiva que irá partir o presente trabalho.

Se a missão do jornalista é justamente contar histórias, os recursos técnicos aplicados para o seu cumprimento nem sempre foram os mesmos: é possível notar de maneira clara que as técnicas empregadas nas montagens das histórias sofreram modificações consideráveis, calcadas em práticas profissionais que se deslocaram e em um campo de valores sujeito a constantes deslocamentos. Neste trabalho, estudaremos como a narrativa jornalística de revista mudou no decorrer do século XX, a partir das modificações nos códigos compartilhados de narração, buscando os diferentes modos a partir dos quais os jornalistas dotaram o acontecimento de sentido a partir da narração.

Como fiduciário de uma narrativa que se pretende realista, o jornalismo articula, a partir de códigos de narração diversos, uma série de estratégias referenciais e informativas que, contudo, mudaram com o passar do tempo, articulando diferentes modos de narração e de credenciamento perante o real. Como nos lembra Aumont (1993, p. 106), "o realismo, enfim, é um conjunto de regras sociais com vistas a gerir a relação entre a representação e o real de modo satisfatório para a sociedade que formula essas regras". Ou, em outros termos, trata-se de um efeito articulado *nos e a partir dos* códigos socialmente reconhecidos de narração. Em sua trajetória, o jornalismo de revista utilizou diferentes códigos narrativos como articuladores de suas histórias e como lastros de provas imaginárias de verdade em seus relatos.

Partindo dessas premissas, a presente pesquisa busca explorar quais foram os códigos padrões de narração utilizados pela reportagem jornalística em revista, desde o início do século XX até os dias atuais. Em termos mais precisos, investigaremos como diferentes urdiduras de enredo se estruturaram ao longo do tempo na produção noticiosa, não a partir de uma análise do conteúdo do que era publicado, mas sim, a partir do estudo das formas narrativas utilizadas, dos modos padrões de narração, bem como a partir da mudança que essa padronização formal sofreu no decorrer do tempo.

O QUE ENTENDEMOS POR UMA HISTÓRIA DA NARRATIVA DO JORNALISMO DE REVISTA?

De acordo com um dos precursores da padronização redacional no Brasil, Nabantino Ramos (1970, p. 171), "as normas são para um jornal o que o Código de Processo é para a Justiça". Segundo ele, uma vez que "a imprensa adulta também opera dentro de Normas, em todas as etapas de seu trabalho", a própria escrita também estaria implicada nesse processo e, portanto, "a maneira de escrever, de usar certas palavras, está disciplinada. O que se deve e o que não se deve publicar, também está previsto". Uma história da narrativa do jornalismo de revista implica, justamente, no reconhecimento dessas regras de estilo que preexistem ao trabalho de escrita dos textos específicos e que norteiam a produção jornalística e seu modo de feitura.

Se tomada sob esse aspecto, Faro (1999) tem razão ao apontar que uma história da reportagem no jornalismo brasileiro ainda está para ser escrita. Muito embora tenhamos uma série de trabalhos reconhecidamente importantes sobre a história da imprensa no Brasil que exploram aspectos como a história dos meios e dos principais títulos, bem como dos imperativos culturais, econômicos e políticos que levaram à consolidação da imprensa no Brasil, nenhuma dessas obras se detém, especificamente, na evolução narrativa da reportagem. Trata-se de um tema que é sempre tratado brevemente, de passagem, em meio a outras preocupações específicas de pesquisa.

Uma história da reportagem demanda, entre outros aspectos, a demarcação das diversas formas narrativas que os jornalistas utilizaram para contar as suas histórias. Em outros termos, dos padrões de narração que, em cada época histórica, caracterizaram a escrita da reportagem, de acordo com mecanismos reconhecidos de montagem das narrativas, incrustados nas rotinas de trabalho e específicas da prática profissional.

Quando nos referimos a uma história da narrativa do jornalismo de revista, é justamente esse aspecto que buscamos explorar. Os jornalistas, no decorrer da história da profissão, utilizaram formas padrões de contar as suas histórias – formas estas que, atuando enquanto significantes narrativos, se impunham no relato para além dos temas tratados ou do estilo pessoal de cada repórter. É justamente a delimitação desses modos padrões de narração que é o objeto central de uma história da narrativa do jornalismo.

É necessário, contudo, delimitarmos de forma mais precisa quais são os parâmetros a partir dos quais uma história da narrativa da reportagem pode ser contada, uma vez que existem diversas possibilidades de entrada nessa temática.

Na historiografia sobre a imprensa, o processo descrito por Nabatino, a partir do qual a imprensa renuncia a um estilo mais livre de texto e passa a adotar normas mais rígidas de composição, é posicionado em meados da década de 1940, período que marca a conjunção de três fatores centrais para a padronização dos textos jornalísticos: a adoção do *lead*, do Manual de Redação e do *copy desk*. É devido a esses dados que alguns autores afirmam que é nesse período que os jornais brasileiros, encabeçados pela imprensa carioca (especialmente a partir da reformulação do *Diário Carioca*) se tornam mais homogeneizados, a medida que "as técnicas americanas impuseram ao jornalismo noticioso um conjunto de restrições formais que diziam respeito tanto à linguagem quanto à estruturação do texto" (RIBEIRO, 2003, p. 149).

Partidária dessa noção, Goulart (2007, p. 222), por exemplo, coloca que é apenas nesse período que "o jornalismo foi deixando de ser uma 'pantomima' da literatura e começou a assumir cânones próprios". Segundo a autora, "durante muito tempo, os jornais não tiveram uma técnica própria de contar história. Como não havia um paradigma, um modelo a seguir, os jornalistas se espelhavam na literatura, mas seguiam uma gama variada de estilos e não um estilo comum, padronizado". Dessa forma, "alguns faziam nariz de cera, outros começavam o texto de forma mais firme. Alguns escreviam bem, outros mal". Ainda segundo a autora, "não se pode esquecer que, além disso, havia no jornalismo uma tradição bacharelesca, associada, sobretudo, aos cursos de direito, o que o fazia também herdeiro de uma curta retórica 'empolada' e marcada por um vocabulário pouco usual".

Esse tem sido, em linhas gerais, o entendimento em torno da narrativa jornalística anterior aos anos 50, segundo o qual "o texto era de responsabilidade exclusiva do redator, que lhe imprimia suas marcas pessoais. O estilo redacional, por isso, variava muito de um jornal para outro e mesmo dentro de um único jornal" (GOULART, 2007, p. 222).

Há, no entanto, alguns problemas nessa noção de que o texto jornalístico teria sofrido um processo de padronização apenas no período posterior aos anos 50 com a adoção dos Manuais de Redação e dos padrões da imprensa norte-americana.

Em primeiro lugar, é possível notar uma série de ações para a padronização dos textos jornalísticos em um período muito anterior aos anos 50. Embora o primeiro Manual de Redação brasileiro tenha surgido na década de 1920, elaborado por Gilberto Freyre na época em que ele dirigia o jornal pernambucano *A Província* (SILVA, 1990) (os Manuais norte-americanos existiam desde, pelo menos, o final do século XIX, publicado em 18886, por Robert Luce, e intitulado *Manual for editors, reporters, correspondents and printers*), Caprino (2002) aponta a existência de diversos livros anteriores a esse período que já tratavam sobre o estilo jornalístico e demonstravam uma preocupação acerca da questão da escrita.

A autora aponta, inclusive, que já havia certa inquietação com um estilo jornalístico padronizado na tese de Tobias Peucer, de 1690, considerada a primeira tese sobre a prática de escrita das notícias. Muito antes da existência dos próprios Manuais de Redação, portanto, escritos pelos periódicos como forma de orientar os seus quadros profissionais, já existiam inúmeras obras que tratavam sobre as maneiras consideradas corretas de se escrever uma boa história.

Os estudos desses objetos, contudo, muito embora sejam documentos úteis na delimitação das normas formais e institucionalizadas de escrita no jornalismo brasileiro, não abarcam uma série de mudanças que a narrativa jornalística sofreu durante a sua trajetória, o que os torna insuficientes em um estudo da história da narrativa. Ao colocar a institucionalização do Manual de Redação e dos padrões da imprensa norte-americana como objetos privilegiados de estudo, outros processos de padronização da escrita operantes no período anterior ficam no ponto cego da análise.

Há um aspecto importante que deve ser levado em consideração: ele diz respeito ao fato de que as mudanças formais na narrativa jornalística *nem sempre obede-*

ceram a regras escritas e sancionadas institucionalmente, como é o caso dos Manuais de Redação, mas sim, *estavam ligadas a sistemas de escrita tão amplamente utilizados que se tornaram padrões*, apesar de não terem sido reconhecidos oficialmente por qualquer organização de maneira formal. São essas mudanças que desenham o campo de investigações deste trabalho.

No presente estudo, portanto, retomaremos as mudanças narrativas em termos do que era exposto nos Manuais de Redação, uma vez que partimos do pressuposto de que as formas padrões de narração antecedem o seu surgimento histórico e englobam outras características que, muitas vezes, não estão expressas em seus textos.

É essa escolha que implica também na adoção do termo "códigos padrões de narração", em detrimento da expressão "códigos padronizados de narração", na medida em que a segunda sugere uma ação orientada conscientemente e institucionalizada, ao passo que a primeira diz respeito a procedimentos comumente utilizados, mesmo que não necessariamente postos em manuais ou livros.

Ora, se esses aspectos não constituirão o tema central da pesquisa, é necessário delimitar os pressupostos que irão nortear o presente trabalho. Uma história da narrativa, nos termos aqui expostos, deve levar em consideração: (1) alguns pressupostos que dizem respeito ao modo como o jornalismo se constitui enquanto uma atividade técnica ligada a uma cultura profissional, (2) bem como os modos a partir dos quais essa cultura engendra protocolos de escrita e de leitura que irão se articular como virtualidades que se atualizam em textos específicos (3) a partir de um sistema de códigos narrativos socialmente reconhecidos.

Quanto à primeira questão, é fato que, "de uma maneira geral, qualquer narrativa que relate 'o-que-se-passa'", como nos lembra Certeau (2011, p. 49), "institui algo de real, na medida em que se considera como a representação de uma realidade" ou ainda, em termos mais radicais, como testemunha e intérprete de um estado de coisas. É nesses termos que pode ser feita a própria distinção (problemática e insuficiente) entre as narrativas ficcionais – enquanto "discursos que dão forma ao real, sem qualquer pretensão de representá-lo ou de ser credenciado por ele" – e as narrativas referenciais – articuladas "sempre a partir da ambição de dizer o real e, portanto, a partir da impossibilidade de assumir plenamente a sua perda" (CERTEAU, 2011, p. 48).

Há, no entanto, uma outra distinção que precisa ser posta – e raramente é levada em consideração – no que diz respeito ao estatuto das narrativas referenciais. Elas não se caracterizam apenas por algo de negativo em relação às narrativas

19

ficcionais, mas também por sua relação com um determinado campo técnico especializado de saber.

Se as narrativas referenciais podem reivindicar para si mesmas algo de verdadeiro, Certeau (2011) nos lembra de que essa qualidade não se apoia tanto na propriedade que elas teriam de "dizer a verdade" na representação, mas sim, entre outros aspectos, ao imperativo de "distanciamento em relação ao dizer e ao crer comuns" (CERTEAU, 2011, p. 45) que essas narrativas estabelecem, instalando-se precisamente nessa diferença que supostamente as credenciam como críveis e balizadas no mesmo golpe em que as distinguem do discurso ordinário.

E isso significa dizer que é porque uma narrativa está apoiada em uma instituição social que possui os seus critérios técnicos próprios de verificabilidade que ela pode outorgar a si mesma certa pretensão (de caráter imaginário) que a credencia a dizer algo do real. Cada prática simbólica possui, se preferirmos os termos de Ricoeur (2007), suas próprias matrizes de verdade presumida ligadas a uma instituição social que possui as suas próprias "leis do meio" – são justamente os discursos ligados a essas "leis do meio" que credenciam e respaldam as narrativas produzidas por essas instituições como "referenciais".

Ainda que as diferentes instituições e disciplinas que se ocupam das narrativas referenciais não possam escapar às condicionantes implicadas em todos os tipos de representação, o isolamento em relação ao conjunto social mais amplo – que assume a forma de uma instituição corporativista como, por exemplo, uma disciplina ou uma profissão – permite que seja feita uma operação que separa um objeto específico, um material próprio, bem como a definição de operações técnicas controláveis que constroem um campo de suposta "objetividade" e "verificabilidade" em relação ao conjunto de discursos mais amplos do corpo social.

Em relação às narrativas noticiosas, é possível observar, por exemplo, que a instituição jornalística, nos moldes atuais, se consolida no início do século XX em torno da adoção de um objeto específico – o próprio presente, como elemento primordial e matéria-prima central da produção noticiosa – e da seleção de um material específico – os acontecimentos que virarão notícias de acordo com um conjunto de critérios reconhecidos coletivamente. Eles são acompanhados, ainda, por certa *expertise* técnica (um conjunto de operações e de práticas) que permite tanto a rápida identificação, por parte dos profissionais do jornalismo, desses objetos e materiais específicos, quanto delimita os modos de ação considerados pertinentes e validados pelo grupo profissional mais amplo. Esse conhecimento de caráter técnico perpassa desde os métodos de apuração e de pesquisa validadas pelo grupo dos jornalistas quanto os modos considerados "corretos" de narração e estetização do acontecimento.

São esses elementos que desenham o lugar social do jornalismo e que lhe garantem uma legitimidade social que o coloca do lado das narrativas referenciais. Uma narrativa jornalística se torna crível na medida em que ela é acompanhada por uma série de técnicas socialmente validadas de apuração ligadas a uma *expertise* profissional.

Um dos pressupostos que deveriam estar implicados na caracterização das narrativas referenciais, portanto, estaria acomodado na capacidade de "escavar a posição que acaba atribuindo à sua disciplina", a partir de suas técnicas de verificabilidade, demonstração e legitimação próprias, "como se – instalado no meio de narratividades estratificadas e combinadas de uma sociedade (tudo o que ela relata ou relatou para si mesma) – ela se empenhasse em rechaçar o que é falso e não tanto em construir o que é verdadeiro" (CERTEAU, 2011, p. 45).

Nos termos dessa divisão, o discurso referencial é aquele que se distingue do ficcional não apenas a partir do par oposicional realidade/irrealidade, mas sim, enquanto discurso tecnicamente armado para designar o erro – e afetado pelo privilégio suplementar de representar o real.

Essa constatação é importante na medida em que explicita que, no que diz respeito às narrativas referenciais, *são os procedimentos técnicos implicados em uma determinada prática que as autoriza a falar em nome do real*. Mais do que isso, é "ao estabelecer, *de acordo com seus próprios critérios*, o gesto que separa os dois discursos", o ficcional do referencial, que determinada prática simbólica referencial "adquire seu crédito de uma relação com o real" (*Ibidem*, 2011, p. 26).

Como nos lembra Chartier (2010, p. 20), as diversas instituições encarregadas dos discursos referenciais "distribuem, de maneira variável conforme a época e o lugar, a hierarquia dos temas, das fontes e das obras", organizando, com isso, convenções que traçam as fronteiras entre os objetos legítimos e ilegítimos de cada prática. Produzem e organizam, ainda, operações de conhecimento submetidas a técnicas de saber, critérios de validação e regimes de prova – que marcam, imaginariamente, a partilha entre as produções "verdadeiras" e as "falsas".

A validade e reconhecimento desses critérios e técnicas são garantidos pelo controle na entrada dos membros que pertencem a essas instituições. Apropriando-se dos termos de Bourdieu (1983), Chartier lembra que as determinações que regem as instituições dos discursos referenciais se organizam segundo hierarquias e convenções que se outorgam o direito de dizer quem está autorizado a pertencer ou não à instituição ou até mesmo para designar quem tem autoridade de dizer quem pode ou não pertencer à instituição. As "leis do meio", nesse sentido, "governam tenazmente a distribuição da autoridade, as formas de divisão do trabalho, a dignidade ou a marginalidade dos temas de investigação e os critérios de apreciação ou de desvalorização das obras" (CHARTIER, 2010, p. 19).

Nos termos aludidos por Certeau, portanto, a distinção entre a ficção e os discursos referenciais tem pouca relação com a distinção entre realidade e irrealidade implicada na representação. O espaço do ficcional é aquele que carece de *propreté* técnica – termo em francês que designa tanto "limpeza" quanto um campo técnico de *expertise* "própria". O discurso referencial, por sua vez, não deve o seu caráter apenas ao referente que aparece na representação (e do qual o discurso se supõe o fiador legítimo), mas sim, ao referencial pressuposto na instituição que o respalda, muito embora isso raramente seja assumido pela própria instituição que organiza essas técnicas e discursos.

Ao evocar a questão da expertise técnica que engendra os discursos referenciais, portanto, Certeau tem o cuidado de asseverar que, embora haja todo um sistema social e técnico que organize as suas narrativas, as regras determinadas pela instituição social não aparecem explicitamente na representação. "O discurso torna-se crível em nome da realidade que, supostamente, ele representa, mas essa aparência autorizada serve, precisamente, para camuflar a prática que a determina realmente". Ou, em outros termos, "a representação disfarça a práxis que a organiza" (CERTEAU, 2011, p. 49).

Muito embora esses pressupostos façam parte de uma cultura profissional e possam ser reconhecidos pelos seus membros com uma relativa facilidade, os produtos das representações (as notícias) "nada dizem de sua fabricação, ou tão pouco quanto nada, dissimulando esse sistema hierarquizado e socioeconômico" (CERTEAU, 2011, p. 50) regido por uma complexa hierarquia de valores, normas e institucionalizações que os precedem e determinam. As reportagens nada dizem explicitamente sobre os métodos considerados válidos de apuração ou de escrita da redação para o público leitor – ou o dizem de forma mitificada e regulada de acordo com uma imagem social específica. E é ao fazê-lo que o discurso "confere uma aparência de real ao invés da práxis que o produz: uma é colocada no lugar da outra" (CERTEAU, 2011, p. 51).

A respeito da própria produção dos meios de comunicação de massa, Certeau (2011, p. 52) irá afirmar que "o documentário", por exemplo, "não mostra que ele é, antes de mais nada, o resultado de uma instituição socioeconômica seletiva e de um aparato técnico codificador, o diário ou a televisão". Embora os fatos do cotidiano – desde os últimos casos de corrupção até os comportamentos mais frívolos das estrelas de Hollywood – apareçam na tela como se esses *se mostrassem*, "na verdade, ele nos é *contado* em uma narrativa que é produto de um meio, de um poder, de contratos entre a empresa e seus clientes, assim como da lógica de uma técnica".

Em outros termos, isso significa assumir que "a clareza da informação dissimula as leis do trabalho complexo que a constrói; trata-se de uma falsa aparência que (...) deixou de fornecer tanto a visibilidade de seu estatuto de teatro quanto o código de sua fabricação" (CERTEAU, 2011, p. 52).

É tomada sob essa perspectiva que uma história da narrativa no jornalismo não pode se constituir apenas como o estudo dos modos como as instituições organizadas pensaram e escreveram sobre a escrita jornalística, como nos estudos de Manuais de Redação, mas sim, a partir dos acordos (não escritos) de uma cultura profissional marcada por uma *expertise* técnica que organiza os procedimentos ocupacionais e, entre eles, a própria produção textual.

Em diferentes épocas históricas houve diferentes modos considerados corretos sobre como uma história propriamente jornalística deveria ser escrita, incrustados em rotinas que credenciavam imaginariamente o jornalismo a dizer algo do real. Uma história da narrativa do jornalismo de revista deve levar em consideração, justamente, esses acordos provisórios na organização textual da reportagem.

Se essa *expertise* técnica aloca o jornalismo no campo das narrativas referenciais (de acordo com seus próprios critérios) e garante certa coerência e padronização nas produções textuais (em seus acordos provisórios e historicamente marcados), um outro aspecto dessa equação importante para uma história da narrativa jornalística é o entendimento acerca do modo como a própria narrativa se organiza como a virtualidade de uma série de elementos que se atualizam em textos específicos.

Ora, que a narrativa possa ser definida a partir de modelos de sistemas virtuais compostos por subclasses postas em relação que se repetem na diversidade dos relatos contados, é um tema que já estava pressuposto desde os primeiros estudos de narratologia. Um dado interessante, contudo, está no fato de que, a partir do final da década de 1970, alguns autores, como Paul Ricoeur, passaram a questionar a homologia que era estabelecida, pelos autores anteriores, entre a estruturação das línguas naturais e a implicada nas narrativas – se tomados sob a perspectiva de que ambas se estruturariam como um conjunto de unidades que compõem um sistema, com seu conjunto de regras internas e organizadas segundo a regra do valor – sem abandonar a ideia de que toda narrativa depende de uma estruturação.

A crítica que Ricoeur (2010, p. 94) faz ao modelo semiótico de discurso, diz respeito a uma oposição à ideia de que uma ciência do texto pode ser estabelecida apenas com base tão somente na abstração do conjunto de normas que regem a tessitura textual, sem considerar que todo relato pode ser definido como a mediação entre um momento de prefiguração do texto – que está inscrito no campo prático-cultural – e um momento de refiguração do relato – posto nos protocolos, também culturais, de recepção do leitor. É o conjunto desses três processos – a prefiguração virtual no campo práxico, o relato como resultado da atualização dos elementos virtuais em um texto específico e a refiguração no leitor como desembocadura no processo – que Ricoeur irá chamar de círculo mimético da narrativa.

É justamente no momento de prefiguração do relato que Ricoeur insere os elementos práxicos ligados a uma cultura profissional e a uma expertise técnica estruturada de diferentes maneiras em diferentes grupos ou culturas. Isso tem como efeito a construção de um modelo de estruturação da narrativa que pressupõe a mudança das formas de narração em seu funcionamento, uma vez que é a própria cultura (entendida na qualidade de prefiguradora do texto) que organiza os elementos que constituirão as virtualidades da narrativa.

É justamente nesse interstício que se torna possível pensar em uma história da narrativa do jornalismo em revista, na medida em que as diferentes culturas profissionais que perpassaram o jornalismo de revista em sua trajetória instauraram diferentes conjuntos de prefiguração textual incrustadas em seus modos de narração.

Isso posto, podemos partir para a terceira questão, que diz respeito à constituição de uma história da narrativa de revista e que está ligada ao momento em que essas estruturas virtuais se atualizam nos textos a partir de códigos padrões de narração.

Ao comparar a narrativa à arquitetura, Ricoeur (2002, p. 11) traça um paralelo entre a ação da escrita e o ato de construir, na medida em que ambos pressupõem uma ação configuradora: "a arquitetura seria para o espaço o que o relato é para o tempo", enquanto a primeira pressupõe uma ação que edifica no espaço, sendo que o ato de narrar sugere dispor a trama no tempo. O ato de construir e de narrar, portanto, estariam intimamente ligados.

Cañizal chega a definir, na esteira desses estudos, que a narrativa se constitui como um código que inclui, além do nível da fábula e dos personagens, elementos ligados ao modo de se contar uma história, de forma que "o leitor centra seu interesse não exclusivamente nas peripécias ou no desempenho dos atores, mas também na maneira de arranjar esses elementos".

Ora, se uma história da narrativa do jornalismo em revista leva em consideração, necessariamente, as *expertises* técnicas de um campo ocupacional que se estruturam como virtualidades que regem a produção textual e que são historicamente marcadas, no momento da atualização em texto, os tijolos que compõem essa montagem que constroem as histórias são delineados pelo conceito de código narrativo, tal como pensado por Barthes a partir de *S/Z* – conceito que detalharemos nos próximos tópicos.

Uma história da narrativa, portanto, pressupõe a existência de uma cultura ocupacional que, em seus acordos provisórios e historicamente marcados, institui metarregras de escrita – frequentemente não postas em manuais, mas incrustadas nas próprias rotinas de trabalho – que formam os elementos prefiguradores que ordenarão as histórias contadas e que se materializarão nos textos sob a forma de códigos de narração.

Tomada sob essa perspectiva, a afirmação de que a padronização do texto jornalístico tenha acontecido apenas no período pós-anos 50 (bem como a atribuição de um valor demasiado ao estilo pessoal nesse período pré-profissionalização) é questionável, em termos históricos e metodológicos, na medida em que, ao longo de toda a sua trajetória, um conjunto de valores ocupacionais permearam a prática de escrita do jornalismo, mesmo que esses tenham mudado com o tempo e não estejam postos de forma explícita em textos institucionais. E, nesses termos, a escritura jornalística está mais ligada às instituições técnicas da prática do que à atividade subjetiva de um repórter. São essas instituições técnicas que determinam, em última medida, a hierarquia dos temas, das práticas e dos procedimentos estilísticos de maneira variável conforme a época e o lugar (CHARTIER, 2010; CERTEAU, 2008).

Além disso, é necessário levar em consideração que as práticas simbólicas estão sujeitas à produção constante de "operações de conhecimento, submetidas a técnicas de saber, critérios de validação ou regimes de prova" (CHARTIER, 2010, p. 20) que são específicos à prática jornalística de cada tempo histórico e que são imprescindíveis para que essa prática adquira legitimidade social. Há uma série de variações de procedimentos e de operações práticas que restringem a escrita personalizada e que acabam por moldar o texto em um conjunto variado de aspectos.

O objeto de estudos de uma história da narrativa jornalística em revista é justamente o mapeamento desses critérios profissionais ligados à escrita, vinculados a um *savoir faire* narrativo, aos padrões de julgamento historicamente marcados acerca do que significa escrever uma boa história jornalisticamente validada pelo grupo profissional. A partir do estudo dos códigos padrões de narração, como procuraremos investigar neste trabalho, é possível notar que, mesmo nas primeiras revistas do século XX, havia a adoção de determinados procedimentos padrões de escrita que deveriam estar presentes em uma reportagem e que davam a esse gênero um lugar autônomo em relação aos outros gêneros discursivos, conferindo-lhe uma legitimidade social e um lugar próprio – mesmo que esses recursos-padrões fossem certamente diferentes dos adotados em períodos posteriores.

Delineado o campo que constitui os pressupostos de uma história da narrativa do jornalismo – e que serão detalhados nos próximos capítulos –, é necessário considerar alguns adendos importantes. Uma questão que deve ser posta diz respeito ao fato de que a história da narrativa, nos moldes propostos neste trabalho, se detém nos aspectos que tem valor de *significante* na narrativa, ou seja, que são independentes do conteúdo (da pauta ou da temática tratada pela reportagem) que essas formas narrativas sustentam e que também estão desvinculadas do estilo pessoal de cada repórter (que pode articular essas formas narrativas de maneiras próprias).

Por tratar-se de um estudo formal, procura-se, por detrás das contingências trazidas pelo acontecimento narrado ou pelo modo como cada repórter escolhe escrever a sua matéria, os elementos comuns que permitiram que a reportagem, no nível narrativo, fosse entendida enquanto uma reportagem (e nenhum outro gênero diverso) em cada época histórica. Ou, em outros termos, os elementos que deveriam estar presentes para a montagem da notícia, mostrando como uma reportagem deveria ser escrita de acordo com os padrões profissionais vigentes em cada período. Mais corretamente, o estudo da história da narrativa busca a *metalinguagem envolvida nos protocolos de leitura e escrita da reportagem ao longo do tempo* e procura por invariantes, ligadas a um determinado tempo histórico, que estetizam os modos a partir dos quais os jornalistas semantizam o acontecimento e contam as suas histórias.

Como explica Umberto Eco (2011, p. 162), os estudos formais deste tipo, ao insistirem nos protocolos de constituição do texto, "têm a mesma função que a teoria física, que explica como caem os corpos segundo uma mesma lei, mas não diz se está bem ou mal, nem qual seria a diferença entre a queda de uma pedra da torre de Pisa e a queda de um amante infeliz de um despenhadeiro tempestuoso". Ao insistir nos mecanismos de metalinguagem que instituem um determinado gênero narrativo, esses estudos servem "não para entendermos os textos, mas para entendermos a função fabuladora em seu complexo" (ECO, 2011, p. 162).

E, para isso, é necessário levar em consideração que, à medida que os discursos e as práticas correntes constituem-se como as matrizes de criação estética e as condições de sua inteligibilidade (CHARTIER, 2010), esses próprios mecanismos metanarrativos do texto sofrem alterações ao longo do tempo, instituindo padrões e protocolos distintos de narração historicamente marcados. Esse estudo dos significantes, portanto, não perde de vista a invenção que está por trás dos textos e que motiva a própria mudança em termos de formatos narrativos padrões, muito embora eleja outros termos como objeto preferencial de análise.

O LENTO ADVENTO DA PRODUÇÃO NOTICIOSA NO JORNALISMO DE REVISTA:

Estruturalmente, no cenário editorial, a revista nasce no Brasil a partir da imperiosidade de uma demanda: a necessidade de um lugar para os literatos que, paulatinamente, perdiam o seu espaço nos jornais, a cada dia mais dedicados à produção noticiosa. Em termos temporais, o seu surgimento é próximo a do próprio jornal, sendo que convencionou-se a adoção do ano de 1812 como o marco desse nascimento, a partir da publicação de *As Variedades ou Ensaios de Literatura*. Dizemos "convencionou-se" porque a distinção entre um jornal e uma revista da época não é muito fácil. Ana Luiza Martins (2001, p. 43) lembra que a sua definição "esbarra nas fronteiras quase conjugadas às do jornal, periódico que lhe deu origem e do qual, no passado, se aproximava tanto na forma – folhas soltas e *in folio* – como, por vezes, na disposição do conteúdo, isto é, seções semelhantes".

Nesse sentido, muitos autores fazem remissão ao fato de que mesmo *O Correio Braziliense*, considerado o primeiro jornal brasileiro, não poderia ser propriamente chamado de jornal, uma vez que ele apresentava uma série de características que poderiam aproximá-lo da revista como o excessivo número de páginas e a sua periodicidade mensal. De acordo com Carlos Costa (2007, p. 55), "seu primeiro número, aparecido em junho de 1808, teve 80 páginas, o número 2, de julho, chegou a 72 páginas (indo, na numeração crescente comum do período, da página 81 a 152) e o 3, de agosto, subiu para 102 páginas (ia da página 153 a 254)". Isso é especialmente contrastante se levarmos em consideração que, "como se sabe, os jornais da época tinham uma média de 4 páginas, com periodicidade de duas vezes por semana, como foi o caso de *Gazeta do Rio de Janeiro*".

A denominação de um empreendimento editorial como revista significava, muitas vezes, uma tentativa de valorização do produto, uma vez que existia uma ideia corrente na época que colocava a revista como uma produção de melhor qualidade, como um empreendimento mais conceituado. Além disso, muitas revistas surgiam inicialmente como pequenos jornais – que permitia a publicação com custos bem menores – para, em seguida, autointitularem-se revistas.

Ainda assim, os contornos do que era uma revista em seus primórdios já estão aludidos no seu próprio termo. Segundo Martins (2001, p. 45), "nos dicionários de língua portuguesa, a gênese da palavra *revista* é situada no final do século XIX quando, desgarrada do signficado usual de 'passar a tropa em revista', assume o *status* de publicação". A ideia de passar um determinado espectro temporal em revista, portanto, confirma o seu caráter fragmentado, não-contínuo e seletivo.

Muito embora o fato de que as publicações serviram a objetivos diferentes, marcados pelas condições históricas de produção técnica e pelas circunstâncias de recepção do público, pode-se dizer que tematicamente, durante muito tempo, a divisão de trabalho entre os jornais e as revistas se articulava a partir de um acordo tácito onde os jornais se preocupariam, prioritariamente, com o relato político e do cotidiano e as revistas, por sua vez, com a contribuição literária e o relato cultural.

Uma outra especialização temática da revista está posta nas revistas de variedades, onde imperava um uso muito marcado de ilustrações (e, posteriormente, de fotos) e as notícias ligeiras de teor sociocultural, principalmente notas sociais que mostravam os membros da alta burguesia, prática frequente nas publicações da época.

O fim do século XIX parece marcar uma ligeira mudança de mentalidade que afetou toda a ecologia de periódicos. Martins (2001, p. 118) chama a atenção para a grande quantidade de publicações que trazem em seu bojo a marca de uma maior consciência temporal e da velocidade em seus próprios títulos. Surgem, nessa época, só em São Paulo, "*A Semana* (1899); *O Mês* (1901); *A Época* (1902); *A Semana* (1902); *A Vida de Hoje* (1903); *O Dia* (1910); *A Noite* (1912); *Vida Intensa* (1914)", além de O Momento, de 1914, que se apresentava como um "repositório semanal de tudo quanto se agita na vida frenética do nosso País levado a saque; enfim, o Momento é o momento, em carne e osso".

A ênfase na velocidade traz em seu bojo, também, uma mudança nas seções e nos gêneros trazidos pela revista. Muito embora, desde o seu nascimento, as revistas de variedades já trouxessem uma gama variada de assuntos – que se refletia no próprio nome de suas seções, tais como humor, literatura, esporte etc. – a *reportagem* demorou um pouco para florescer nesses periódicos. Além das notas ligeiras, durante muito tempo, foi a crônica que ocupou o espaço destinado à atualidade. Entre o final do século XIX e o início do século XX é possível observar, de maneira clara, a queda do prestígio do folhetim (que perdia espaço para a própria crônica) e a transformação (irregular e posta em dependência de cada veículo) da crônica para a reportagem. É também nessa época que a entrevista passa a ser mais utilizada, já que ela era um gênero raro até, pelo menos, 1900.

A crônica, nesse período, pode ser entendida como uma hibridização, pois fazia remissão ao nascimento de uma consciência jornalística que, no entanto, ainda possuía um pé em uma vocação literária. A notícia ainda se identificava com um relato corriqueiro acerca dos assuntos, enquanto a crônica, tida como um gênero mais sofisticado, mostrava um sujeito explicitamente preocupado com o acabamento estilístico do texto e era produzida por indivíduos mais preocupados com a literatura do que com o desenrolar do cotidiano. Como enfatiza Martins (2001, p. 156), "através da crônica, o aspirante a literato qualificava-se, diferenciando-se do então pouco valorizado jornalista, associado à produção maciça, apressada e pouco qualificada dos jornais".

A valorização da reportagem viria para mudar esse jogo de cotações, inserindo-se como uma produção textual mais sofisticada e balizada. Embora muito ligada a temas de cunho sensacionalista, a reportagem começa a ganhar espaço nos jornais e, aos poucos, suplanta o lugar da crônica na própria revista.

Um dos fatores fundamentais que consolidam a revista como o lugar por excelência da reportagem – além dos escândalos, crimes e demais sortes de matérias sensacionalistas – é a sua vocação fundamentalmente imagética. Uma vez que os jornais não possuíam as condições técnicas e temporais para a impressão de uma grande quantidade de fotos com qualidade, a revista ocupou esse espaço na ecologia informacional, dedicando-se, principalmente, à cobertura de solenidades oficiais e atos do governo. As fotorreportagens, nesse período, se articularam como o lugar das histórias contadas a partir de imagens por excelência, em um espaço em que o texto era curto e secundário e, muitas vezes, nem mesmo era posto.

Este percurso histórico mostra o longo caminho e os desvios de concepção que a revista sofreu antes que ela se consolidasse como o lugar da grande reportagem e do aprofundamento temático dos assuntos da semana na ecologia das mídias, tal como a reconhecemos hoje. O advento do jornalismo informativo no formato reportagem em revista, portanto, é um processo que tem início no final do século XIX em alguns veículos e que irá se consolidar, no Brasil, somente no século XX.

Posto que os objetivos da presente pesquisa estão relacionados à delimitação dos códigos padrões de narração articulados nas *reportagens* de revista ao longo do tempo, bem como a demarcação de suas mudanças históricas, esse trajeto possibilita firmarmos o recorte temporal do *corpus* que será utilizado. Uma vez que é apenas no século XX que a reportagem se consolida na revista, investigaremos, especificamente, alguns títulos surgidos nesse século.

Já em 20 de Maio de 1900, temos o surgimento de *A Revista da Semana* e é exatamente por ela que começaremos a nossa análise. Situada ainda no entremeio das publicações literárias que começam a adotar mais massivamente os materiais de cunho jornalístico, essa publicação se destacou, primeiramente, por sua duração – ela foi publicada até 1959 – e pela notoriedade que conseguiu durante esse período. Além disso, embora *A Revista da Semana* ainda traga muito material de cunho literário, ela começa a se destacar pelas reportagens que publica.

Além de delimitar o início de nosso espectro temporal de pesquisa, é possível demarcar também, a partir dessas considerações, o tipo de material que será analisado. Em todas as revistas do *corpus* serão analisadas apenas o que no jargão jornalístico se costuma chamar de "*as reportagens quentes*", ou seja, que noticiam eventos recentes.

Foram também escolhidas para análise, além de a *Revista da Semana*, as seguintes publicações: *O Cruzeiro* (1928-1975), *Fatos e Fotos* (1961-1985), *Realidade* (1966-1976), *Manchete* (1952-2000), *Veja* (1968-atual), *IstoÉ* (1976-atual) e *Época* (1998-atual). O material de estudo é composto, portanto, pelas reportagens quentes publicadas pelas revistas citadas, de acordo com os critérios explicitados. A partir disso, será feito um mapeamento e uma análise dos códigos de narração padrões utilizados por cada um desses títulos com o objetivo de alinhavarmos as diferentes articulações formais na composição narrativa do jornalismo informativo de revista.

A HISTÓRIA DO JORNALISMO DE REVISTA E
SEUS CÓDIGOS PADRÕES DE NARRAÇÃO:

Olhar a história do jornalismo sob o ponto de vista dos códigos padrões que atuaram, ao longo do tempo, na formação de sua maneira peculiar de montar as histórias e de estruturar as suas narrativas implica em um reconhecimento fundamental em torno de como funcionam as narrativas referenciais: o fato, há muito discutido, de que as narrativas jornalísticas não podem ser identificadas a um acesso direto ao mundo, mas sim, devem ser entendidas como "ficções verbais cujos conteúdos são tanto *inventados* quanto *descobertos*", de forma que elas se apresentam não como representações do mundo, mas sim, como *artefatos verbais* (WHITE, 1994, p. 98).

Tal filiação teórica leva em consideração o fato de que as narrativas referenciais acabam por representar algo para além de sua mera adequação á veracidade de um acontecimento decorrido. Elas "não são apenas modelos de acontecimentos e processos passados, mas também afirmações metafóricas que sugerem uma relação de similitude entre esses acontecimentos e processos e os tipos de estória que convencionalmente utilizamos para conferir aos acontecimentos de nossas vidas significados culturalmente sancionados" (*Ibidem*, p. 105).

Em outros termos, isso significa assumir que o ato de narrar nunca é livre – ao contrário do que parece sugerir, por vezes, certa mística da atividade prática jornalística – uma vez que ele está sujeito a determinadas pré-estruturações ligadas ao gênero e ao estilo, de forma que, mesmo nas narrativas referenciais, existem sempre determinados modos padrões de narração que estruturam as narrativas contadas. Isso implica dizer que as narrativas referenciais não dizem respeito apenas a uma reprodução de acontecimentos, mas sim, a uma construção complexa que envolve os códigos socialmente compartilhados que dotam uma história de sentido e que são atualizados em um texto particular. A figura do jornalista, nesse quadro, atua como um organizador desses códigos socialmente referendados.

É justamente a partir do reconhecimento desses códigos compartilhados que White afirma que as fronteiras tradicionais entre as narrativas referenciais e as de ficção (que equiparam a segunda à fabulação e a primeira ao verdadeiro) podem ser esfumaçadas se levarmos em consideração que ambas trabalham a partir de mecanismos que estruturam as suas significações dentro das fronteiras do *imaginável*.

Ora, é justamente como proposta metodológica para o estudo dos contornos possíveis desse imaginável que estrutura as narrativas que Barthes propõe o seu entendimento em torno da noção dos *códigos* – em uma revisão de alguns preceitos que norteavam a própria análise estrutural da narrativa. Segundo a sua proposta, o problema fundamental desse campo teórico estava na sua tarefa exaustiva de tentar reconhecer uma mesma estrutura em todas as histórias já contadas, perdendo, com isso, o movimento da diferença que também articula todos os textos.

Essa diferença aludida, no entanto, deve ser posta dentro de um campo de entendimento preciso. Ela "não consiste, evidentemente, em uma qualidade plena, irredutível (...), ela não é aquilo que marca a individualidade de cada texto, aquilo que o nomeia, que o assina, que o rubrica, o termina". Muito pelo contrário, trata-se aqui de "uma diferença que não cessa e que se articula no infinito dos textos, das linguagens, dos sistemas". Em suma, trata-se de *"uma diferença a qual cada texto retorna"* (BARTHES, 1992, p. 37).

É nesse sentido que podemos entender a afirmação barthesiana de que "interpretar um texto não é dar-lhe um sentido (mais ou menos embasado, mais ou menos livre), é, ao contrário, estimar de que plural é feito" (*Ibidem*, p. 39). O próprio plural narrativo está sujeito a normas que se atualizam nos textos particulares sem que, no entanto, elas estejam a serviço de uma única estrutura particular a ser obedecida – no sentido de que as próprias estruturas são plurais. Articulada como um campo de possíveis, o autor busca a articulação da diferença enquanto estruturações diversas – ou, mais precisamente, dos espaços em que essa diferença se insere.

Embora o termo *código* seja um conceito já consolidado na linguística – e que pode ser traduzido como um veículo transmissor da mensagem, se tomarmos o termo veículo em seu sentido amplo (JAKOBSON, 1989 e DUBOIS, 1973) – não é sob o aspecto tradicional que Barthes irá adotá-lo em seus trabalhos de terceira fase, muito especialmente após a publicação de *S/Z*.

Os contornos que o autor dá ao conceito de *código* funcionam, justamente, como uma forma de tornar possível a análise desse plural, dessa diferença, em textos que são incompletamente plurais, ou seja, que embora não sejam regidos por uma estrutura narrativa única e normativa, possuem diferentes mecanismos de estruturações que o definem e norteiam. Os códigos dizem respeito ao movimento de tessitura das vozes dentro de um texto, cada uma com suas funções específicas, que formam uma rede de significação e que remetem a um inventário das formas narrativas socialmente compartilhadas que atravessa cada novo texto e que forma uma escritura. De acordo com a própria definição do autor:

> O código é uma perspectiva de citações, uma miragem de estruturas (...), a etapa de uma digressão virtual em direção ao restante de um catálogo (o *Rapto* remete a todos os raptos já escritos): são estilhaços deste algo que sempre foi *já* lido, visto, feito, vivido: o código é o sulco deste *já*. (...) Ou ainda: cada código é uma das forças que se podem apoderar do texto (cuja rede é o texto), uma das Vozes que compõem a malha do texto (BARTHES, 1992, p. 54).

E, nesse aspecto, o termo *vozes* deve ser entendido como uma metáfora para designar processos semióticos mais amplos que envolvem desde o modo de apresentação dos personagens e de suas peripécias, mas também estruturações mais amplas como estruturas significantes que se repetem na história – desde os pequenos semas que reforçam determinadas significações textuais até o modo como a urdidura textual e as articulações formais são repetidas – e a determinação de um espaço de locução que tenta, a partir de elementos formais, garantir a legitimidade do narrador em relação ao que é narrado.

Isso posto, da mesma forma com que Barthes utilizou essa noção de código como arcabouço teórico-metodológico para analisar a novela *Sarrasine*, de Balzac, nós o utilizaremos para analisar a maneira a partir da qual o jornalismo de revista contou as suas histórias no decorrer do tempo. Não se trata, no entanto, de uma mera aplicação ou transposição de conceitos para outro material. Isso porque não nos interessa os códigos específicos que Barthes utilizou para analisar *Sarrasine*, nem a análise que ele faz deste texto específico. O que nos interessa é essa noção de *um código que articula um plural, da sobreposição de um conjunto de estruturas virtuais que atualizam uma diferença.*

O arcabouço barthesiano, portanto, nos servirá como uma proposição teórico-metodológica de pesquisa que nos permitirá pensar a questão acerca da mudança nos códigos padrões de narração que o jornalismo informativo de revista utilizou durante parte de sua história, a partir de um viés específico: quais são os possíveis que esses códigos instauram e quais são as pluralidades que cada regime de código articula.

Diversos autores apontam para o fato de que a reportagem está submetida a determinadas formas pré-codificadas de narração, de modo que o discurso jornalístico reconhecido está sujeito a um determinado e padronizado modo de narrar os acontecimentos que legitimam as regras que produzem esses efeitos de verdade. Como coloca Resende (2005) aos jornalistas "são 'oferecidos' condicionantes que regulam e delimitam o seu campo de atuação".

A relevância da presente pesquisa se ancora na proeminência que é dada, em relação a esses estudos, ao tratamento histórico do problema proposto, desvinculando-o de sua relação com os manuais de redação e inserindo a problemática em um campo mais amplo voltado às expertises técnicas de escrita socialmente validadas. Além disso, trata-se de um estudo que implica um outro viés da própria história do jornalismo de revista, olhando-a a partir das modalidades que, no imaginário jornalístico de cada época, disparam os julgamentos em torno do que significa contar uma boa história.

Nesse sentido, a realidade tão buscada pela reportagem jornalística em sua história não pode ser subsumida a um calçamento na referencialidade, mas pode ser definida como o alinhavamento de códigos reconhecidos e padrões de narração que mudaram com o passar do tempo, de forma que é possível delimitar fases onde diferentes efeitos de realidade são articulados a partir desses códigos. Se o real não é senão um efeito do discurso, os diferentes regimes de códigos padrões de narração utilizados pelo jornalismo de revista tiveram como efeito o engendramento de diferentes matrizes de verdade imaginária para a prática.

Para que possamos empreender essa análise, contudo, é necessário alinhavarmos de forma mais pormenorizada um modelo teórico e metodológico de pesquisa. Os três primeiros capítulos serão dedicados, justamente, a essa tarefa, esmiuçando os aspectos que devem ser levados em consideração para o estudo de uma história da narrativa do jornalismo de revista, nos termos propostos por este trabalho. Nesses capítulos iniciais, serão esmiuçados os campos teóricos da análise da narrativa, onde o leitor poderá encontrar uma compilação de seus principais pressupostos em um esforço de aprofundamento teórico.

Após essa apresentação do arsenal teórico-metodológico, os demais capítulos serão dedicados à análise da narrativa nas revistas estudadas. A partir do quarto capítulo, delinearemos os códigos padrões de narração de cada uma das publicações, bem como a mudança que eles sofreram ao longo do tempo.

Reinhart Koselleck (2006) chama a atenção para o fato de que muitas vezes os conceitos e as ideias mudam sem que se possa perceber uma mudança na palavra associada a esses conceitos, em um movimento de constante deslocamento de significados sob um significante. É justamente nesse sentido que toda fala é cultural e socialmente marcada, de forma que os seus elementos sincrônicos e diacrônicos não podem ser tomados senão em relação.

Nesse sentido, podemos notar no jornalismo uma série de termos que são comumente utilizados – tais como "utilidade pública" ou "liberdade de expressão", entre outros – sem que haja um questionamento acerca do que significou cada uma dessas expressões para homens que viveram sob o peso de diferentes épocas históricas e de realidades profissionais diversas.

O termo *reportagem* talvez seja mais um desses casos. A partir do estudo dos diferentes códigos padrões de narração utilizados pelos jornalistas, buscaremos mostrar as mudanças de sentido suportadas pelo termo ao longo da história do jornalismo de revista – modificações estas que, em última instância, inauguram sempre novas possibilidades de escrita, refundando elementos privilegiados do imaginário jornalístico de cada época.

CAPÍTULO I

O jornalismo e seu tripé articulador:
um lugar social, uma prática e uma escrita

Dentre os inúmeros aspectos que assinalam os estudos em jornalismo nos últimos anos, o mais marcante talvez seja uma destituição ampla de legitimidade das afirmações que ainda enxergam a atividade jornalística como um mero espelhamento narrativo dos fatos do cotidiano. Os estudos que, de fundo, relegavam à narrativa jornalística um acesso imediato ao mundo, apagando, dessa forma os aspectos artificiais, problemáticos e singulares que afetam o narrar jornalístico, são hoje tidas como inocentes ou não correspondentes ao estado da arte do campo que, a partir de diferentes perspectivas teóricas, busca entender os jogos de relação que misturam referencialidade e fabulação nas narrativas jornalísticas, desvinculando-as das expressões de má-fé, de engano ou de abusos por parte do narrador.

Trata-se de um dos efeitos mais visíveis de um deslocamento, dentro das ciências humanas, que transferiu a questão da ideologia de seu estatuto como objeto (e, portanto, como elemento a ser isolado e estudado) para a sua inserção como uma referência que está sempre implicada em todo ato de significação do mundo (CERTEAU, 2008).

Se, como coloca Wood (2001) "a literatura é ao mesmo tempo artifício e verossimilhança e não há nenhuma dificuldade em unir esses dois aspectos", esse entendimento tem se tornado cada vez mais amplamente aceito dentro das ciências humanas, em geral, e das narrativas referenciais como o jornalismo, em particular.

Ora, que o jornalismo diga respeito a uma atividade simbólica calcada no artifício, isso nos parece evidente. O estudo dos códigos padrões de narração no jornalismo, sob esse aspecto, está relacionado ao modo como o próprio efeito de referencialidade é construído nas histórias contadas pela imprensa como efeito desses códigos. Se a narrativa jornalística projeta o leitor para um mundo supostamente real, criando a impressão de que existe uma correspondência imediata entre a narrativa e o fato (elementos incompatíveis entre si), essa força de sentido se dá por efeito de uma série de procedimentos estilísticos que estão ancorados em regras culturais de representação ou, para usarmos outros termos, em torno de um saber narrar específico estruturante de formas narrativas historicamente marcadas. O realismo é, portanto, um efeito do discurso. O efeito de referencialidade é uma estratégia discursiva articulada *nos* códigos e *pelos* códigos utilizados. É, portanto, um artifício.

Essa questão, no entanto, não esgota o assunto. Há igualmente a problemática da verossimilhança implicada nas narrativas jornalísticas no sentido de que se trata de uma atividade prática também calcada em procedimentos e técnicas socialmente validadas de pesquisa e de apuração. O jornalismo se apoia em operações padronizadas e saberes críticos específicos da prática que tentam lhe garantir uma suposta visada objetiva do mundo, de forma que o narrar é sempre limitado por esse conjunto de operações e procedimentos de trabalho que legitimam a prática e constroem o seu lugar social dentro das atividades simbólicas. O estudo dos códigos padrões de narração, portanto, também deve estar atento a essas questões ligadas à verossimilhança.

Sob essa perspectiva, o estudo da narrativa jornalística não pode se contentar em estabelecer as relações internas que regem apenas a narrativa, mas sim, deve estar atento a essa dupla face, de verossimilhança e fabulação, que envolve a produção noticiosa.

À maneira com que Certeau (2008) pensa a escrita da história, a atividade jornalística se sustenta em um tripé composto por um *lugar social*, uma *prática* e uma *escrita*. Esses elementos – que estão articulados um sobre o outro e se sobredeterminam – são cruciais para que possamos entender o uso de códigos padrões de narração na atividade jornalística, que mudam com o tempo e, mais do que isso, fornecem os parâmetros de julgamento para estabelecer a partilha sobre o que significa contar uma boa história.

A apropriação das ideias de Certeau para o campo da produção de notícias nos ajuda a entender que, assim como a história, o jornalismo também se configura como uma *escritura desdobrada* que, a partir de diferentes procedimentos discursivos e técnicas de investigação específicas à prática, tem a missão tripla de convocar o acontecimento, mostrar as competências do jornalista (dono das fontes de informação) e convencer o leitor (CERTEAU, 2008; CHARTIER, 2010).

Nos próximos dois capítulos, faremos menção a alguns autores que, de maneira geral, situam o campo teórico a partir do qual se filia o presente trabalho. Em um primeiro momento, remeteremos a estudos que pensam a atividade jornalística a partir do tripé certeauniano "lugar social – prática – escrita". A narrativa jornalística, nesse sentido, não pode ser pensada apenas como um dado isolado, mas, posta no tripé certeauniano, é tida como resultante da intersecção entre um lugar social (articulado pelos valores e hierarquias de um grupo profissional) e por uma *expertise* técnica (determinada pelos modos de apuração). Em seguida, fecharemos o enfoque no elemento "escrita" e buscaremos autores cujas preocupações recaem sobre os modos de estruturação das narrativas referenciais, com ênfase nos trabalhos que aludem aos códigos padrões de narração que estruturam as narrativas.

Com isso, procuraremos situar as noções de que: (1) o uso desses códigos padrões de narração por parte dos jornalistas é um dos elementos que desenham o lugar social ocupado pelo jornalista e, como tal, é legitimado por práticas sociais que desenham a partilha entre os métodos válidos de apuração e de escrita que são reconhecidos pelo grupo de referência mais amplo; e (2) trata-se de um mecanismo implicado em um processo de estruturação narrativa, exatamente porque a narrativa se constitui como uma atualização, em um texto específico, de uma série de elementos pré-textuais, de uma série de elementos virtuais (ligados a esquematismos simbólicos da ação e a agenciamentos culturais) que estão em potencialidade antes de sua materialização em um texto determinado.

ENTRE AS DUAS ESCORAS DO TRIPÉ
LUGAR SOCIAL E PRÁTICA DA ATIVIDADE JORNALÍSTICA

Não há fala que não seja determinada pelo lugar social de seu pronunciamento, o que implica no reconhecimento, aludido por Certeau, de que para ser acreditado, ou seja, aceito como válido pelo grupo, todo discurso precisa estar vinculado ao "estatuto dos indivíduos que tem – e somente eles – o direito regulamentar ou tradicional, juridicamente definido ou espontaneamente aceito, de proferir um discurso semelhante" (CERTEAU, 2008, p. 72). Em outros termos, a toda produção textual individual corresponde sempre a validação de um *nós coletivo* que fornece as regras e leis de um meio circunscrito por determinações e imposições próprias, bem como por sistemas complexos de privilégios, obrigações e hierarquias.

Como o produto de um lugar – e, portanto, ligada a todos os problemas relacionados à formação dos grupos – a atividade jornalística também segue os parâmetros próprios da profissão que são delimitados pelos outros jornalistas e que determinam uma série de procedimentos de trabalho e, entre outras coisas, as bases de julgamento sobre o que será considerada uma boa história.

Perpassando desde a delimitação das temáticas que serão privilegiadas como pauta até os procedimentos e métodos de apuração, o preenchimento dos requisitos éticos ou mesmo o próprio trabalho de escrita, o aval do grupo formado pelos outros jornalistas é um dos elementos formadores não só de uma identidade profissional, como também do sistema de referência que compõe a definição de um saber de um grupo.

As "leis do meio" implicadas na produção noticiosa dizem respeito não apenas "às histórias que os jornalistas contam a si próprios para si mesmos", se retomarmos a definição de Geertz (1978), mas também ao contexto da produção industrial da notícia, ligada aos parâmetros de funcionamento das empresas jornalísticas em determinada época – o que influencia de maneira central o modo como as reportagens são escritas e decodificadas. A organização da produção de notícias enquanto atividade industrial em cada época e lugar é fundamental para o estabelecimento dos parâmetros a partir dos quais os próprios jornalistas se pensam enquanto grupo, bem como fonte de pressão na constituição de uma série de valores e de práticas de trabalho.

Uma prática industrial comum ao final do século XIX, por exemplo, dizia respeito à utilização de um sistema de pagamento ao jornalista que era fixado de acordo com o tamanho da matéria publicada. Isso influenciava de forma decisiva o desenho do lugar social e das práticas de trabalho do jornalismo dessa época, uma vez que "o sistema de pagamento por número de linhas levavam muitos jornalistas a 'esticar' as notícias, porque o jornalista era pago consoante o tamanho das mesmas". Além disso, "esse sistema contribuía também para mais sensacionalismo nas notícias porque assegurava melhores hipóteses de publicação e, portanto, de pagamento ao jornalista" (TRAQUINA, 2005, p. 79).

É nesse sentido que a institucionalização de uma profissão não a dota somente de certa estabilidade social, mas "ela a torna possível e, sub-repticiamente, a determina" (CERTEAU, 2008, p. 70), na medida em que instaura os parâmetros de julgamento internos a esse grupo profissional. Trata-se de um rebatimento que está sempre posto entre o estatuto de uma prática e a sua situação social – lugar esse que, contudo, é articulado enquanto não-dito, pois recalca a sua relação com o próprio grupo em nome de outros valores sociais que ganham o primeiro plano, negando na fachada, portanto, aquilo em função do que se elabora.

E assim, mesmo quando estamos diante de esquematismos teóricos que tomam a opinião pública como grande força motriz do jornalismo, por exemplo, é necessário levar em consideração essa problemática que está mais de base e que diz respeito ao modo como os próprios jornalistas se pensam como grupo e, enquanto tal, constroem e enunciam um imaginário próprio acerca do que constitui essa opinião pública, colocando-a como valor predominante na fachada, muito embora ela própria se constitua como o desenho de um valor profissional interno ao grupo.

Esse ponto de vista deixa explícito o fato de que é impossível analisar o discurso de um grupo "independentemente da instituição em função do qual ele se organiza silenciosamente". E, nesses termos, muito embora Certeau (2008, p. 70) esteja aqui se referindo ao trabalho do historiador, "é igualmente impossível sonhar com uma renovação da disciplina, assegurada pela única e exclusiva modificação de seus conceitos, sem que intervenha uma transformação das situações assentadas".

A partir desses parâmetros, portanto, as modificações sempre tão buscadas no fazer jornalístico também dependem de rearticulações internas ao grupo no que tange à hierarquia de valores e aos padrões de julgamento, de forma que as mudanças na atividade prática do jornalismo dependem de rearticulações desse lugar social.

E isso, porque há sempre a primazia do discurso jornalístico por sobre cada texto em particular. As histórias contadas estão sempre assentadas no solo do lugar social ocupado. Trata-se de uma questão também abordada por Bourdieu (1983) em sua acepção de campo. Para esse autor, o espaço social é sempre construído a partir de princípios de diferenciação, onde cada grupo busca a delimitação de um território próprio com o objetivo de conseguir determinadas vantagens ligadas ao capital simbólico. "A gestão dos nomes", enquanto recorte simbólico que instaura um conjunto de pressupostos ligados a demandas e privilégios, "é um dos instrumentos de gestão da raridade material e os nomes dos grupos, muito em particular dos grupos profissionais, revelam o estado das lutas e das negociações a propósito das designações oficiais e das vantagens materiais e simbólicas que lhe são associadas". Sob esse aspecto, um campo deve ser entendido como a materialização desses espaços de recorte na vida social e que, por conseguinte, possuem uma estruturação parcialmente independente em relação a outros campos sociais mais amplos, embora se apresentem em uma relação de homologia com alguns deles (como com o campo econômico, por exemplo).

Um campo se desenha, "através da definição dos objetos de disputas e dos interesses específicos que são irredutíveis aos objetos de disputa e aos interesses próprios de outros campos (não se poderia motivar um filósofo com questões próprias aos geógrafos)" e que, além disso, "não são percebidos por quem não foi formado para entrar nesse campo (cada categoria de interesse implica a indiferença em relação a outros interesses, a outros investimentos, destinados assim a serem percebidos como absurdos, insensatos ou nobres, desinteressados)". A partir dessa definição, portanto, "para que um campo funcione é preciso que haja objetos de disputas e pessoas prontas a disputar o jogo dotadas de *habitus* que impliquem o conhecimento e o reconhecimento das leis imanentes ao jogo, dos objetos de disputa etc." (BOURDIEU, 1983, p. 89).

No que concerne à sociologia das profissões, essa delimitação de um campo tem implicações importantes na medida em que "os grupos sociais, colocados em posição de eleger de modo autônomo as suas norma, os seus valores e a suas leis, vão escolher o que é mais virtuoso, porque isso é de seu próprio interesse" (BORDIEU apud FIDALGO, 2006, p. 119).

Acerca do próprio campo jornalístico, Bourdieu (1997, p. 18) aponta que "os jornalistas tem os seus 'óculos' particulares através dos quais veem certas coisas e não outras; e veem de certa maneira as coisas que veem". As regras internas de valoração profissional, neste ponto, se tornam patentes, na medida em que "para os jornalistas, a leitura dos jornais é uma atividade indispensável e a revista de imprensa um instrumento de trabalho: para saberem o que vão dizer, precisam saber o que disseram os outros. Tal é um dos mecanismos através dos quais se engendra a homogeneidade dos produtos propostos". Para Bourdieu há a instalação de uma espécie de jogo de espelhos, onde há a reflexão dos princípios e normas que são validados pelo grupo mais amplo e que determinam os procedimentos validados de trabalho e de escrita.

Nesse sentido, Fidalgo chama a atenção para as inúmeras tentativas históricas de delimitação do que poderia constituir a atividade jornalística e como essa se colocava em relação ao corpo social mais amplo. O esforço de diferenciação do jornalista – nos termos em que Bourdieu concebe esse conceito quanto às formas que delimitam ao jornalismo um espaço próprio e que o fazem tributário de uma lógica particular – se deu "em boa parte, pela negativa, chamando a atenção menos para aquilo que o jornalismo **era** e mais para o que ele **não era**: nem uma tribuna de propaganda política e proselitismo partidário, nem o espaço mais alargado (em termos de difusão pública) para os escritores interessados em publicar as suas crônicas ou os fascículos de seus romances" (FIDALGO, 2006, p. 67).

Seguindo a argumentação de Certeau (2008, p. 72), a cada um desses *não é*, que o jornalismo conheceu em sua história, corresponde uma *polícia do trabalho* que liga a produção individual ao nós coletivo, "mesmo que a ideologia atomista de uma profissão liberal mantenha a ficção do sujeito autor e deixe acreditar que a pesquisa" (ou apuração) "individual constrói a história", situando a atividade jornalística em um conjunto de práticas.

Nesse sentido, existem os procedimentos que são permitidos e os procedimentos que são negados, as produções textuais que são balizadas e as que são desacreditadas, de forma que essa partilha é menos determinada pela qualidade em si das produções ou pela retidão dos procedimentos, do que pelo conjunto das regras internas do grupo que fazem com que o discurso de um determinado grupo profissional não seja compatível com qualquer coisa.

Um dos aspectos centrais, por exemplo, apontados por Fidalgo (2006) para a constituição do jornalismo como profissão – e, portanto, de seu estatuto enquanto uma atividade socialmente reconhecida – foi a reivindicação de um *saber* próprio e interno ao grupo, tanto no nível teórico quanto, especialmente, no nível prático. E assim, mesmo nos tempos de recusa da formação específica em contextos formais – pois, como sabemos, durante muito tempo esse não foi um requisito necessário para a entrada na profissão de jornalista – o campo ainda delimita as suas fronteiras, "bastando-se com o talento pessoal, com a vocação e com a aprendizagem de algum saber fazer reproduzido pela prática junto aos pares" (FIDALGO, 2006, p. 198).

Esse saber de grupo pode ainda ser reivindicado se tomarmos como válida a noção de que o jornalista trabalha como uma espécie de ordenador e mediador do processo evenemencial nos termos propostos por Charaudeau (2006, p. 98) – como "a relação que se estabelece entre o que surge no mundo fenomenal e o trabalho de ordenamento de sentido ao qual se entrega o sujeito" – pois os modos propriamente jornalísticos de ordenação do acontecimento também dependem de um saber compartilhado entre os profissionais da área e que, portanto, fornecem as diretrizes e os parâmetros comuns a partir dos quais as histórias devem ser contadas. "Sendo a finalidade da informação midiática a de relatar o que ocorre no espaço público, o acontecimento será selecionado e construído em função de seu potencial de 'atualidade', de 'socialidade' e de 'imprevisibilidade'" (CHARAUDEAU, 2006, p. 101), de modo que esses próprios termos não são estanques, tendo as suas definições constantemente realocadas em função dos parâmetros norteadores da profissão em cada tempo e lugar.

Mais do que um mero pressuposto teórico, o fazer saber regulado pela prática profissional se articula como um ponto de sobrevivência, na medida em que está ligado ao "estabelecimento de um tendencial monopólio – em parte real, em parte simbólico – sobre um segmento fechado do mercado de trabalho, relativamente ao qual se controla o acesso, se estabelecem as normas, se regula o exercício e se garante o valor social, no pressuposto da prestação de um serviço único e imprescindível à comunidade" (FIDALGO, 2006, p. 210). Ou, em outros termos, trata-se de um mecanismo de delimitação de fronteiras entre os praticantes legítimos e os intrusos.

Ora, essa é uma das chaves de leitura possíveis a partir da qual podemos pensar os códigos de narração compartilhados na escrita jornalística e, mais do que isso, um dos fatores impulsionadores da mudança narrativa que pode ser observada no jornalismo de revista. Os próprios códigos compartilhados de narração fazem parte de um saber reivindicado pelo jornalista e que, como tal, deve ser reconhecido como válido para o restante do grupo.

Como os três elementos do tripé proposto por Certeau (lugar social – prática – escrita) se sobredeterminam, as mudanças nos códigos profissionais de conduta e de entendimento estão vinculadas a alterações na própria escrita ou, mais precisamente, nos códigos de narração, uma vez que eles próprios dizem respeito a um saber narrar que é compartilhado entre os profissionais da área.

É em correlação a isso que podemos pensar no outro ponto articulador do tripé: a prática. Neste ponto, estamos lidando com a questão de que o jornalismo é mediado por um conjunto de técnicas de apuração que determinam a sua *expertise*. E, também em relação a isso, a escrita está sempre sobredeterminada pelos métodos de apuração que são adotados e aceitos pelo grupo. Esse é um dos aspectos em que a influência do lugar social mais se faz sentir sem que ela necessite ser enunciada – as técnicas já carregam em si a marca do grupo social.

E isso no sentido de que, "para escrever uma história, os jornalistas seguem uma sequência de decisões usando vários critérios para a seleção de eventos, regras e métodos para estabelecer os fatos necessários como matéria-prima para a sua história, bem como aplicando certas regras para a sua apresentação" (HØYER *apud* FIDALGO, 2006, p. 233). Isso implica na assunção de determinadas técnicas de apuração bem demarcadas e, mais do que isso, na aplicação de "certas regras de composição quando escreve a sua história, o que permite que o público a reconheça como notícia".

Como nos lembra Lage (2008, p. 09), "a reportagem como atividade" (e, mais do que isso, como conjunto de técnicas) "não existiu ou era irrelevante em 200 dos quase 400 anos da história da imprensa". Procedimentos como a entrevista ou o calçamento em documentos são técnicas que foram paulatinamente adotadas e que influenciaram, de maneira decisiva, o próprio modo como a notícia era escrita.

Foi de maneira lenta e irregular que "estabeleceu-se que a informação jornalística deveria reproduzir os dados obtidos com as fontes; que os testemunhos de um fato deveriam ser confrontados uns com os outros (...) e que, nos casos controversos, ouvir porta-vozes dos diferentes interesses em jogo" (LAGE, 2008, p. 18), mudando a partilha dos saberes compartilhados pelo grupo e, decisivamente, o modo como a estrutura da escrita e da narração da notícia estavam desenhadas.

O calçamento do jornalismo no tripé certeauniano é interessante na medida em que permite pensar a escrita da notícia não como um elemento isolado, mas como um aspecto resultante tanto do conjunto dos procedimentos adotados por esse grupo profissional quanto por seus mecanismos internos de valoração e de julgamento (situando-a em conjunto com uma prática e com um lugar social).

Se tomarmos como válida a asserção de que a narrativa jornalística é formada por códigos compartilhados de narração que são rearticulados de tempos em tempos, é necessário levar em conta que essa própria rearticulação é resultado de uma nova configuração dentro dos dois outros eixos do tripé, de uma nova disposição dos lugares sociais assentados, das práticas adotadas e dos parâmetros da partilha.

A narrativa jornalística, portanto, não é indiferente às normas, às técnicas, aos valores e aos saberes sociais que os jornalistas compartilham enquanto grupo profissional. E é por isso que, para Certeau, antes de dizermos o que uma prática *diz* de uma sociedade, é necessário, antes de tudo, saber como ela *funciona* dentro dessa sociedade. Esse funcionamento deve ser aludido tanto em termos da composição desse lugar social vinculado ao estabelecimento das práticas profissionais quanto da relação que esse estabelece com o corpo social mais amplo.

A prática jornalística, assim como todas as práticas mediadoras de representações sociais, "se define inteiramente por uma relação da linguagem com o corpo (social) e, portanto, também pela sua relação com os *limites* que o corpo impõe" (CERTEAU, 2008, p. 77). E, em termos gerais, isso significa, adaptando a notação de Certeau, que a *mise en scène* escriturária trazida pelo jornalismo enquanto representação dos fatos do cotidiano não pode ser considerada jornalística, a menos que ela se articule a um lugar social ligado às práticas profissionais (e seus mecanismos de legitimação) e esteja institucional e tecnicamente vinculada a um saber prático específico que delimita modos de ação e uma *expertise* técnica – condições estas que são historicamente marcadas e perecíveis.

Essas duas escoras do tripé – o lugar social e a prática – têm a vantagem de explicitar que nenhuma representação pode estar desvinculada da relação estabelecida com o corpo social, de forma que elas dizem respeito à "condição para que alguma coisa possa ser dita sem ser nem legendária (ou 'edificante'), nem atópica (sem pertinência)" (CERTEAU, 2008, p. 77). Despojar o jornalismo de seu lugar social e de suas práticas é excluir a sua própria capacidade de representação, a sua própria possibilidade de fala.

Em outros termos, considerar esse fato também explicita a noção de que a partilha entre o que é visível e o que não é visível (ou "entre o que pertence à ordem do discurso e o que depende do simples ruído dos corpos") aloca a escrita em seu aspecto propriamente político, na medida em que a escrita é um ato que nunca pode ser desvinculada do social. "A escrita é política porque traça, e significa, uma re-divisão entre (...) a ordem do discurso e a das condições" (RANCIÈRE, 1995, p. 8).

É a partir desse conjunto de questões que um espaço narrativo é composto – e eis que nos deparamos com as problemáticas ligadas à escrita.

UMA ESCRITA: EM TORNO DAS NARRATIVAS REFERENCIAIS E DO PROBLEMA DO REFERENTE

Os problemas articulados em torno do lugar social e da prática, embora constituam um referencial que não pode ser ignorado, não são suficientes para pensar a articulação das narrativas jornalísticas, uma vez que elas têm que lidar também com problemas que são específicos à *escrita*.

A organização dos significantes posta em operação no ato escriturário, como coloca Certeau, é problemática na medida em que subverte diversos procedimentos da pesquisa (ou, em nossos termos, da apuração) como, por exemplo, a necessidade da plenitude de sentido (que oblitera o pressuposto de que a pesquisa é sempre um ato lacunar) e o encerramento do texto (em oposição ao ato de pesquisa que nunca acaba). Uma série de contradições podem ser apaziguadas, desde que postas sob os imperativos da narrativa, produzindo textos que, de diversas maneiras "têm a característica dupla de combinar uma *semantização* (a edificação de um sistema de sentidos) com uma *seleção*" (CERTEAU, 2008, p. 100), aludida na possibilidade de diferentes escritas a partir de diferentes itinerários narrativos propostos.

Para além dessas questões, contudo, o problema de definição que envolve o termo "narrativas referenciais" pode ser aludido a partir de um aspecto ainda mais elementar, ou seja, a partir da própria noção de "referente", uma vez que as especificidades dessas histórias se ancoram, justamente, na sua pretensão de alusão a uma realidade extralinguística ou, nos termos adotados por Ricouer (2010, p. 139), na reivindicação de uma referência que se inscreve na *empeiría*, uma vez que o seu material de trabalho são os acontecimentos que efetivamente ocorreram.

Ora, se é justamente na noção de referente que essas narrativas se ancoram, não há nada que nos permita aludir, nesses termos, à pretensão a uma verdade extralinguística. A partir de diversas correntes teóricas, é possível delinear a questão de que, muito embora as narrativas referenciais possuam um calçamento no referente que não pode ser negado – sob a pena de sua desfiguração – esse referente nunca é estável, sendo construído no seu próprio ato de enunciação.

Muito embora o fato de que, durante muito tempo, os estudos acerca da capacidade da linguagem de representar as coisas do mundo a tenham tomado como submetida a uma função simples de nomeação ou designação, desde o século XVII, com Descartes, que a teoria dos signos se liberta de um calçamento nas realidades extralinguísticas, na medida em que o processo semiótico, sem uma verdadeira ligação com o mundo aparente, é posto nos termos de categorias mentais (NÖTH, 2003). Trata-se de uma noção que se radicaliza com o avanço dos estudos sobre linguagem, de forma que, desde Saussure, podemos observar um constante enfraquecimento do referente entendido enquanto uma correspondência no mundo.

Isso é notório se considerarmos, como Searle, que a referência é um tipo de ato de fala, onde o referente está inserido no espaço contextual de ação. Para Searle, é a enunciação da expressão em um determinado contexto que comunica uma proposição, de forma que uma expressão só pode ter sentido nas suas situações de uso. Consequentemente, será essa situação que irá indicar qual é o referente que está sendo exposto, que permitirá a sua ligação a um referente específico "A referência é um ato de fala e atos de fala são executados pelos falantes no uso das palavras e não nas palavras" (SEARLE, 1969, p. 28).

Ao colocar essa questão, Searle está apontando para o fato de que, em uma situação dialogal, o uso de termos como *lá, aqui, este* ou *aquele* não tem em si referência alguma que possa ser desvinculada do contexto de sua emissão. A essa constatação, contudo, está articulada uma série de implicações como o fato apontado por Ricoeur (2000) de que a própria referência enquanto ato performativo sofre uma guinada quando é desvinculada das relações de fala e é posta em situações de escrita.

Isso porque se "todas as referências da linguagem oral se baseiam em mostrações, que dependem da situação percebida como comum pelos membros do diálogo" e, assim, "todas as referências na situação dialógica são, por conseguinte, situacionais", a escrita abala esse mecanismo. E isso na medida em que "os indicadores ostensivos e as descrições definidas continuam a identificar entidades singulares, mas aparece um hiato entre a identificação e a mostração" (RICOEUR, 2000, p. 47).

Em outros termos, "há escrita, quando palavras e frases são postas em disponibilidade, à disposição, quando a referência do enunciado e a identidade do enunciador caem na indeterminação ao mesmo tempo" (RANCIÈRE, 1995, p. 8). Há uma libertação da referência na escrita, portanto, da tutela da referência situacional física. A referência só pode ser posta como um mundo aberto pelo texto (nas descrições postas pelos textos), instaurando, na escrita, a referência de um *como se*. A referência, embora performativa, se torna não-situacional no texto.

Se são justamente essas referências *como se* que constroem o mundo, para Ricoeur (2000, p. 49), "o mundo é o conjunto das referências desvendadas por todo tipo de texto, descritivo ou poético, que li, compreendi e amei". E assim, "é esse alargamento do nosso horizonte de existência que nos permite falar das referências descortinadas pelo texto ou do mundo aberto pelas exigências referenciais da maior parte dos textos".

Isso posto, alguns estudos têm preferido trocar a noção de referente pela ideia de um processo de referenciação, uma vez que este termo enfatiza, de uma forma mais contundente, as situações de uso e a falta de estabilidade na correspondência entre a palavra e a coisa. A crítica subjacente aqui se dirige contra os sistemas de pensamento que entendem a linguagem como um simples mapeamento do mundo.

Os processos de referenciação, portanto, são vistos como *construções* e, nesse sentido, "não estão prontos nem na linguagem, que não deve ser vista como um puro código transmissor de mensagens, nem no locutor, visto como sujeito que se limita a representar a realidade através da linguagem" (ARAÚJO, 2004, p. 208). O referente, entendido enquanto referenciação, se torna, ele próprio, um processo discursivo e, como tal, um objeto do discurso e não uma entidade em si.

Um dos exemplos citados por Mondada (2002, p. 119) para explicar esse processo é o fato de que a *cenoura* passou a ser categorizada como fruta pela União Europeia, em 1991, para que Portugal pudesse exportar sua geleia de cenoura. Essa foi uma medida necessária uma vez que a União Europeia só aceitava geleias à base de frutas. Isso mostra que é necessário assumir que, ao invés de "fundamentar implicitamente uma semântica linguística sobre as entidades cognitivas abstratas, ou sobre os objetos *a priori* do mundo", é preciso "reintroduzir explicitamente uma pluralidade de atores situados que discretizam a língua e o mundo e dão sentido a eles, constituindo individualmente e socialmente as entidades".

Há, portanto, uma oposição clara entre as teorias da linguagem que tomam o referente como uma entidade estável e imputa as imperfeições de correspondência a erros, negligências e insucessos do falante e essa que concebe as instabilidades como próprias da produção linguageira e que procura as estabilizações nas interações individuais e sociais com o mundo, por meio de interações semióticas complexas.

Esse breve percurso entre teorias do referente proporciona um vislumbre da complexidade dessa questão mesmo no nível dos signos e das sentenças, de forma que podemos observar que, a partir de diferentes perspectivas teóricas, o referente não diz respeito a um elemento do mundo que é simplesmente apreendido e representado pela linguagem. As diferentes teorias abarcam a noção de que o próprio referente diz respeito a uma construção que é instituída pela prática linguageira.

Ora, é dentro desse largo espectro conceitual que podemos posicionar as *narrativas referenciais*. Na medida em que o próprio referente é concebido enquanto processo discursivo, as narrativas referenciais devem ser postas como atividades simbólicas cujo aspecto referencial deve ser, ele próprio, circunscrito aos mecanismos a partir dos quais o homem dota o mundo de sentido. Em nível narrativo, a implicação mais radical desse processo é justamente a questão, já aludida, de que os efeitos de referencialidade no texto não são senão, efeito dados *na* e *pela* linguagem ou, em outros termos, da noção de que a realidade produzida em um texto não é senão um efeito produzido pelos códigos padrões de narração utilizados e socialmente reconhecidos.

É a partir dessa perspectiva que podemos tomar as narrativas referenciais como *narrativas performativas*, na medida em que *criam o referente no próprio ato de enunciação*. Como coloca Rancière (1995, p. 7), "escrever é o ato que, aparentemente, não pode ser realizado sem significar, ao mesmo tempo, aquilo que realiza".

Nos termos adotados por Certeau (2008, p. 103), isso é possível na medida em que a narrativa referencial assume diversos procedimentos de escrita dos quais podemos resumir do seguinte modo:

1. A escrita referencial é sempre uma combinação de elementos do discurso narrativo (que ordena os fatos, dotando-os de sentido), mas cuja finalidade está ancorada no discurso lógico, que busca convencer a respeito da plausibilidade e da verdade das suposições. A narrativa opera a passagem entre uma mera sucessão de eventos para uma sucessividade orientada de acontecimentos, de forma que há a supressão de determinados elementos e o realce de outros considerados de maior importância para a argumentação proposta. E, nesse sentido, Certeau concorda com a afirmação de Veyne de que o acontecimento se configura como um cruzamento de inúmeros itinerários possíveis que são desvelados na narrativa. Usando a metáfora de um mapa, Veyne (1983, p. 53) coloca que a construção das narrativas referenciais não seria essencialmente diferente da construção de itinerários através de um mapa: a partir de pontos previamente selecionados, pode-se construir diversos caminhos ou roteiros possíveis. Isso quer dizer que o verdadeiro está sempre submetido ao tipo de itinerário narrativo que é construído quando se conta uma história. E, dessa forma, o número de verdadeiros possíveis é igual ao número de itinerários ou de enredos que podem ser construídos a partir do conjunto dos fatos coletados. É a construção de enredo que se torna o ato fundador dos discursos referenciais e, além de recortar o seu objeto especial, é ela também que constitui os fatos como tais. A própria configuração de enredo já implica, portanto, uma explicação e uma forma específica de argumentação.

2. Como desdobramento do processo descrito em (1), a narrativa referencial deve calcar a sua autoridade em um outro espaço: "aquilo que se perde em rigor deve ser compensado por um acréscimo de credibilidade" (CERTEAU, 2008, p. 101). Ora, esse outro espaço é justamente o espaço do conhecimento do outro, na medida em que o saber referencial está calcado sempre na fala de um terceiro, seja esse terceiro um testemunhante, um documento, um especialista. A narrativa referencial constrói a sua autoridade segundo uma "problemática

de citação" que aparece como um saber, fazendo surgir, nesse movimento, uma linguagem propriamente referencial que aparece como realidade. Há, portanto, sempre a introdução de um extratexto necessário em toda a narrativa referencial – extratexto esse que funciona como modo de articulação do texto com a sua *exterioridade semântica*, permitindo-lhe "fazer de conta que assume uma parte da cultura e assegurar, assim, uma credibilidade referencial". Mais do que isso, a narrativa referencial "se conta *na* linguagem do seu outro. Brinca com ela. O estatuto da metalinguagem é, pois, o postulado de um 'querer compreender'" (CERTEAU, 2008, p. 102), constituindo-se como um *a priori*.

3. Mais do que isso, a própria narrativa já cria um lugar a ser ocupado pelo leitor, pois se estabelece a partir de um contrato enunciativo que é posto entre o enunciador e o enunciatário. A própria estrutura do discurso produz um tipo de leitor que já está "citado, identificado e doutrinado pelo próprio fato de estar colocado na situação da crônica diante de um saber". E, assim, "*organizando o espaço textual, estabelece um contrato e organiza também o espaço social*" (CERTEAU, 2008, p. 103). Mais do que por uma característica positiva do relato, as narrativas ficcionais e as referenciais "distinguem-se pela natureza do pacto implícito ocorrido entre o escritor e seu leitor. Embora informulado, esse pacto estrutura expectativas diferentes, por parte do leitor, e promessas diferentes, por parte do autor" (RICOEUR, 2007, p. 274). O relato referencial é acreditado por antecipação e, portanto, terá tanto mais efetividade quanto alicerçado em efeitos de real articulados em conjunto na narrativa.

Em resumo, à constante instabilidade do referente, a escrita referencial contrapõe um mecanismo de escrita que combina a narração ao discurso lógico, articulando a esse uma série de mecanismos que calcam a sua autoridade tanto no discurso de terceiros que confirmam o dito quanto em estratégias de referencialidade que posicionam o leitor diante de uma mensagem que se supõe afiançável por antecipação.

Ao construir o acontecimento no ato mesmo de sua enunciação, a narrativa referencial se ancora sobre um discurso que está "semanticamente saturado (não tem mais falhas da inteligibilidade), comprimido (graças a uma diminuição máxima do trajeto e da distância entre os focos funcionais da narrativa) e fechado (uma rede de catáforas e de anáforas assegura incessantes remetimentos do texto a ele mesmo, enquanto totalidade orientada)" (CERTEAU, 2008, p. 103).

Na perspectiva de Certeau, o ato escriturário pode ser tomado como um rito de sepultamento para o acontecimento – na medida em que fornece ao fenômeno já morto uma representação – e, mais do que isso, como o articulador de uma função simbolizadora, como o instalador de uma demanda, na medida em que incute no relato sempre um *dever fazer* ou um *dever crer*.

O movimento de semantização da narrativa, em resumo, é um processo de escrita implicado para além do imperativo da cronologização. Ele diz respeito não tanto aos elementos que formarão a narrativa, mas sim, a um movimento de escrita, comportando também os elementos do discurso lógico, de forma que a verificabilidade atribuível aos seus enunciados se estrutura a partir de uma série de silogismos que determinam a maneira de exposição através de induções e deduções (CERTEAU, 2008). A semantização do material coletado, portanto, efetua a passagem dos elementos descritivos para um encadeamento sintagmático dos enunciados.

É também nessa linha que, para Quéré (2006), não se pode falar em "acontecimentos em si", mas apenas em "acontecimentos sob descrição". E isso porque, entendido como algo que irrompe perturbando a normalidade do tecido social, o acontecimento deve ser posto em termos de sua capacidade de explicação desse tecido social, na medida em que sua descrição é capaz de instaurar agenciamentos coletivos, alocando as pessoas e as situações em sínteses explicativas.

A originalidade do pensamento certeauniano está em inserir essas problemáticas vinculadas ao trabalho da escrita ao complexo formado pelo lugar social e pela prática de uma determinada atividade simbólica. A escrita da reportagem jornalística enquanto um gênero do discurso não pode ser desvinculada do conjunto mais amplo dos problemas que envolvem a constituição de valores internos a um grupo profissional específico (o seu lugar social) e as práticas profissionais consideradas validadas por esse grupo (o seu trabalho prático).

A escrita jornalística, sob essa perspectiva, é um ato performativo (pois constrói o seu referente à medida que o enuncia) alicerçada em um determinado lugar social que garante o seu crédito imaginário com o real a partir das práticas de pesquisa e de apuração consideradas legitimadas pelo grupo profissional mais amplo e que são reconhecidas pelos leitores – práticas essas que, por sua vez, delimitam as possibilidades estéticas que o narrador pode assumir: não se escreve sobre dados numéricos em uma cultura profissional que não considera o procedimento estatístico como uma prática validada de apuração.

Ao analisarmos os diferentes registros históricos que marcaram mudanças nos aspectos formais das narrativas jornalísticas no século XX, podemos ver de maneira clara as intersecções que o lugar social e as práticas correntes tiveram com o arranjo da escrita e da urdidura de enredo. Ou, em outros termos, nos processos formais de semantização do acontecimento jornalístico. Essas mudanças textuais são testemunhas de uma mudança nos valores profissionais norteadores e dos próprios termos em que era constituída uma *expertise técnica* alicerçada em práticas de apuração consideradas validadas pelo grupo profissional mais amplo.

Diante do exposto, fica evidente o fato de que, para estudarmos como a narrativa jornalística de revista mudou no decorrer do século XX, a partir das modificações nos códigos compartilhados de narração, buscando, a partir disso, as diferentes estratégias de semantização utilizadas pelos jornalistas ao longo do tempo, é necessário levar em consideração não a narrativa como um elemento isolado, mas como um ponto nodal de articulação das problemáticas que envolvem a constituição de um lugar social, de uma prática e de uma escrita. É evidente o modo como as mudanças nos valores jornalísticos e em suas práticas cotidianas de apuração levam a reorganizações no nível narrativo.

CAPÍTULO 2

O Jornalismo como narrativa:
a atualização de elementos virtuais em texto

Uma das grandes contribuições trazidas pela Análise Estrutural da Narrativa foi a explicitação de que a arrumação dos fatos em história não é um procedimento natural, evidente ou livre: ele está sujeito, a todo o momento, a estruturas pré-determinadas de narração que moldam as histórias, de forma que o que importa não é uma obra em particular, mas sim, as virtualidades do discurso que se atualizam dentro de uma narrativa específica, ao mesmo tempo, perpassando o conjunto de todas as obras escritas.

O entendimento de que as narrativas jornalísticas se constituem como articulação de uma série de elementos pré-textuais que se materializam em textos específicos é fundamental para que possamos explicitar o funcionamento do código narrativo como um articulador de sentidos pré-textuais atuantes nas histórias contadas pela imprensa. Surge, contudo, um problema quanto à aplicação desse modelo no caráter *histórico* da montagem das narrativas. Ao se preocupar com as relações internas ao sistema, o modelo estrutural articula esquematismos que expulsam a temporalidade da análise.

A busca por estruturas profundas que se manifestam na superfície narrativa do modelo estrutural está posta em uma ambição "de fundar a perenidade da função narrativa em regras do jogo subtraídas à história". E assim, "se, por seu estilo de tradicionalidade, a função narrativa pode reivindicar a perenidade, é preciso fundar esta última em inunções acrônicas. Em suma, é preciso trocar a história pela estrutura" (RICOEUR, 2010b, p. 51).

Para entender as mudanças na narrativa da reportagem jornalística em revista, portanto, é necessário adotar um outro modelo de atualização de unidades virtuais. Para que possamos alinhavá-lo, contudo, é necessário esmiuçar os termos propostos, em uma tentativa de coadunação dos ganhos trazidos pela análise estrutural com os elementos de atualização que não se mantenham cerrados no modelo semiótico. Nesse sentido, a perspectiva de Paul Ricoeur sobre o funcionamento das três mímeses na montagem narrativa é interessante, na medida em que incorpora, enquanto virtualidade que se atualiza, os elementos do tripé certeauniano "lugar social – prática – escrita", em uma proposta que insere historicidade na estrutura.

Se todo discurso produzido – e toda história contada – sempre carrega as marcas de seu lugar de produção, é sobretudo sobre essas marcas que o trabalho de Ricoeur se estrutura e, como tal, tem a vantagem de mostrar como a mudança em determinadas condições históricas (vinculadas aos campos práticos de ação) pode levar a mudanças nos próprios códigos padrões de narração.

Para isso, portanto, é necessário esmiuçar o modelo estrutural e a discussão estabelecida por Ricoeur, bem como o modelo proposto, então, pelo autor. É somente a partir desse conjunto de pressupostos que poderemos entrever os contornos que Barthes confere à noção de código em S/Z e o seu modo de aplicação para a análise das mudanças narrativas no jornalismo de revista.

O MODELO DA ANÁLISE ESTRUTURAL DA NARRATIVA:

Ao enorme conjunto de estórias contadas no mundo, a análise estrutural da narrativa contrapôs um modelo audacioso: a fundamentação da narrativa não nas singularidades de sua composição, mas na construção de modelos de descrição compostos por subclasses postas em relação que se repetem na diversidade das narrativas. Fundamentada na órbita da linguística – "indo da vaga analogia á estreita homologia" (RICOEUR, 2010b, p. 53) – essa linha compartilha com ela a noção de que em toda a construção da linguagem é sempre possível separar o código da mensagem, de forma que o código, enquanto construção sistemática e estruturada, é o elemento de destaque para entendimento do funcionamento lógico da linguagem. Ele funciona como um pressuposto virtual que se atualiza em cada mensagem e, como tal, é formado por um conjunto de unidades que compõem um sistema, com seu conjunto de regras internas e estruturadas segundo a regra do valor (cada elemento vale pela relação estabelecida com os demais componentes do sistema).

Em sua fase estruturalista, Barthes (1976, p. 24) chega a afirmar que "já não é mais possível conceber a literatura como uma arte que se desinteressa de toda a relação com a linguagem" uma vez que "a linguagem não cessa de acompanhar o discurso estendendo-lhe o espelho de sua própria estrutura". O espelhamento entre as estruturas da linguagem e as estruturas da narrativa, dentro do modelo estrutural, opera de forma que "a homologia que se sugere aqui não tem apenas um valor heurístico: implica numa identidade entre a linguagem e a literatura" (Idem).

Esse é um dos pontos do pensamento de Barthes que sofrerá uma mudança radical em seus livros posteriores, especialmente em S/Z, como nos esforçaremos por mostrar no próximo capítulo. O que é importante salientar por hora, é essa homologia marcantemente posta entre o sistema proposto por Saussure para analisar a linguagem e o sistema de atualizações de código em narrativa aludido no modelo da análise estrutural da narrativa.

Ora, essa homologia pode ser exposta a partir da noção de que "a narrativa apresenta a mesma combinação que a língua entre dois processos fundamentais: a articulação e integração", ou seja, entre a forma (que produz unidades por segmentação) e o sentido (que reúne essas unidades em unidades de nível superior) (RICOEUR, 2010b, p. 55). Apesar das diferenças implicadas nos diversos modelos que foram propostos, fica claro porque o modelo da análise estrutural é atemporal, uma vez que a sua base impõe uma análise que é a-histórica. Todo o modelo está assentado sobre um conjunto de premissas que eliminou a história em prol da estrutura.

Isso porque o modelo estrutural, se seguirmos a crítica de Ricoeur (2000, p. 14), está alicerçado sobre uma "recessão do problema do discurso", no sentido dado por Benveniste, nos estudos de linguagem, no sentido de que a preocupação recai na língua enquanto estrutura e sistema, e não enquanto usada. O preço pago pelas contribuições de Saussure à linguística, para Ricoeur, foi um achatamento radical do evento linguístico para que a primazia do sistema pudesse ser mantida como ferramenta de análise.

Ora, essa primazia pode ser detectada nos próprios termos da distinção entre *langue* (como conjunto de códigos) e *parole* (como discurso em ato) e se desdobra em todas as outras dicotomias propostas no modelo saussuriano. Ao propor que uma mensagem é individual e o seu código é coletivo ou, ainda, que uma mensagem é intencional ao passo que o código é anônimo e despido de intencionalidades – na própria medida em que uma mensagem é arbitrária e contingente enquanto o código é sistemático e compulsório – é possível observar como a mensagem e o código pertencem à temporalidade de maneiras muito diferentes: "uma mensagem é um evento temporal na sucessão de eventos que constituem a dimensão diacrônica do tempo, ao passo que o código está no tempo como um conjunto de elementos contemporâneos, isto é, como um sistema sincrônico" (RICOEUR, 2000, p. 15).

A ênfase nos elementos sincrônicos da linguagem, nesse sentido, põe entre parênteses "a mensagem por mor do código, o evento por mor do sistema, a intenção por mor da estrutura e a arbitrariedade do ato pela sistematicidade das combinações dentro de sistemas sincrônicos" (Idem).

Todo o funcionamento do código se desvincula do tempo, na medida em que a abordagem sincrônica ganha primazia em relação à diacrônica, sob o pretexto de que os sistemas são mais inteligíveis do que o devir. Mesmo quando a alteração no estado de coisas é admitida, a história desse devir é posta sempre em termos de modificações no sistema, de forma que é necessário analisar primeiro os estados sincrônicos dos sistemas, para, então, em seguida cotejá-los.

Para que esse problema possa ser posto é necessário, antes de tudo, ter em conta a questão da importância do valor na estrutura linguística. Uma vez que o sistema é sempre composto por um conjunto finito de entidades, a sua constituição é dada pelo conjunto de relações que é estabelecido entre os elementos. Em outros termos, "a posição paradigmática dos sistemas constituídos por conjuntos finitos de entidades discretas reside na capacidade combinatória e nas possibilidades quase algébricas que pertencem a tais conjuntos" (Ibidem, p. 17).

Nesses termos, uma entidade não significa nada em si, sendo determinada mesmo pela oposição que essa estabelece em relação às outras unidades que são componentes do sistema. O valor é o que determina a entidade, de forma que ela não pode ser entendida fora da forma oposicional posta no interior do próprio sistema.

Mais do que isso, todas as relações são imanentes ao sistema, de forma que se lida, o tempo todo, com sistemas fechados. É nesses termos que qualquer mudança operada em um dos elementos do sistema implica na alteração de todo o conjunto, no sentido em que é o próprio sistema de valores e relações internas que é atingido. Se o estudo da linguagem está ligado a uma reflexão acerca dos elementos que compõem um sistema autossuficiente de relações internas, fica claro como a análise estrutural está comprometida com um modelo de pensamento que se desvincula do tempo.

A subordinação do aspecto temporal da narrativa a seu estatuto acrônico correspondente pode ser visto mesmo no trabalho fundador de Vladimir Propp acerca da morfologia do conto maravilhoso, com todas as diferenças que podem ser alinhavadas entre o modelo estrutural e o formalista.

Para Propp (2001, p. 12), é possível estabelecer uma classificação taxinômica dos elementos integrantes da estrutura narrativa, de forma que, para ele, "a classificação é uma das primeiras e principais etapas da investigação. Basta lembrar a importância que teve para a Botânica a primeira classificação científica de Lineu. Em nossa ciência, porém, encontra-se no período anterior a Lineu".

A partir dessa tentativa de sistematização taxonômica das partes componentes do conto russo, é possível alinhavar duas características principais de sua obra, a saber: (1) o fato de que "os elementos constantes, permanentes, do conto maravilhoso são as funções dos personagens, independentemente da maneira pela qual eles as executam. Essas funções formam as partes constituintes básicas do conto"; e (2) "o número de funções dos contos de magia conhecidos é limitado" (PROPP, 2001, p. 17).

Ou seja, apesar das inúmeras aparências possíveis que um conto possa assumir, os componentes básicos de sua constituição são sempre finitos. É nesse sentido que é possível que o autor alinhave 31 funções que se combinam, sempre em uma mesma sequência, para a composição da narrativa do conto russo.

A essa visão taxonômica da estrutura, no entanto, Propp acrescenta ainda a concepção orgânica da estrutura, derivada de Goethe, de forma que, em um artigo intitulado "Estudo Estrutural e Histórico do Conto de Magia", escrito como uma resposta às críticas que Lévi-Strauss fez ao seu trabalho, Propp critica a edição inglesa de seu livro, justamente, por ter eliminado as citações de Goethe que o autor colocou na abertura aos capítulos de seu livro – Goethe fornece cinco epígrafes para sua obra.

Segundo Propp (2001, p. 134), "todas estas epígrafes foram tiradas daquela série de trabalhos de Goethe reunidos por ele sob o título genérico de *Morfologia*, bem como de seus diários, e tinham por finalidade expressar o que não fora dito no próprio livro". A inserção de Goethe em seu trabalho tinha uma finalidade específica: a de situar o termo "morfologia" não tal como o utilizado nos manuais de botânica (ligados à sistemática) nem tal como posto nos tratados gramaticais (como mera classificação), mas sim, a partir dos contornos dados por Goethe.

Segundo a leitura de Propp (2001, p. 135) da obra de Goethe, "o coroamento de toda ciência é a descoberta de leis. Onde o empírico-puro não vê senão fatos desligados, o empírico-filósofo vislumbra o reflexo de uma lei". E assim, "eu percebi uma lei dentro de um campo bem modesto: um dos tipos e conto popular; mas já então parecera-me que a descoberta dessa lei podia ter uma significação mais geral".

Da mesma forma que Goethe, portanto, buscava a formulação de leis por detrás de determinadas séries de repetição encontradas na natureza, a busca de Propp é a de leis capazes de descrever a repetição dos fenômenos, bem como a causa da repetição, no que concerne aos contos populares russos.

Mas, mais do que isso, no que diz respeito a essa significação mais geral, é necessário levar em consideração que, assentada no modelo goethiano, o estudo das leis diz respeito, principalmente, ao estudo das transformações dos elementos que se repetem. O objeto de pesquisa, nesse sentido, não é estático, sendo caracterizado por uma série contínua de transformações. Não é por acaso que Propp (2001, p. 20) escolhe, como abertura para o capítulo II de seu livro, Método e Material, a seguinte epígrafe de Goethe: "eu estava absolutamente convencido de que o tipo geral, *fundado em transformações,* passa através de todas as substâncias orgânicas".

Na perspectiva da narrativa, esse princípio geral tomou a forma da seguinte proposição na obra de Propp: o conto maravilhoso russo, não obstante suas diversas formulações, nos é apresentado como a *metamorfose contínua de um tipo primitivo de composição* – se entendermos por composição uma entidade singular feita a partir da sucessão de funções genéricas. Todos os contos teriam sido derivados desse conto primordial que, embora não exista empiricamente, mostra a estruturação da narrativa.

De acordo com a explicação de Schnaiderman *et alii* (2010, p. 13), essa filiação "deixa entrever que os diferentes personagens formam um mesmo personagem. Analogamente, na perspectiva morfologista e transformista da unidade do plano de composição, todos os animais são um mesmo animal e todas as plantas conhecidas formam uma única planta". Ora, é justamente essa perspectiva herdada de Goethe que faz com que ainda se conserve, na perspectiva de Propp, certo caráter cronológico.

A crítica de Ricoeur ao modelo de Propp, não obstante isso, se estrutura justamente em certo desencaixe que pode ser percebido entre as duas heranças reivindicadas por Propp: "a resistência da concepção orgânica e teleológica da ordem, ao estilo de Goethe, ante a concepção taxinômica e mecânica do encadeamento das funções, ao estilo de Lineu" expulsam a historicidade da narrativa, de forma que a temporalidade aparece apenas como cronologização e encadeamento.

A desvinculação da história também é reafirmada na distinção que Propp faz entre o plano da narrativa ou do enredo (da história) e o plano da composição. E eis aqui que nos encontramos com o ponto de seu trabalho que mais foi utilizado pela análise estrutural. Para o autor, é possível desvincular esses dois planos na medida em que "a mesma composição pode estar na base de muitos enredos e, por outro lado, muitos enredos têm por base a mesma composição" (PROPP, 2001, p. 138), tomando por composição o conjunto das funções genéricas. E assim, "a composição é um fator estável, o enredo, variável". E, portanto, "a composição não possui existência real na mesma medida em que no mundo das coisas não existem aqueles conceitos gerais que se encontram somente na consciência do homem. Mas é precisamente graças a esses conceitos gerais que nós conhecemos o mundo, descobrimos suas leis e aprendemos a governá-lo" (PROPP, 2001, p. 138).

É essa distinção entre a narrativa e o código que funda a base do modelo estrutural da narrativa. No entanto, se ainda havia um aspecto de cronologização, de temporalidade, na perspectiva do formalista russo, a perspectiva estrutural se esforçará, justamente, em apagar tanto quanto possível o caráter histórico da narrativa.

Assentado na tripla influência representada pela Fenomenologia da Percepção de Merleau-Ponty, pela tradição saussuriana e pelo estudo estrutural do mito e do folclore de Vladimir Propp e Claude Lévi-Strauss (NEF, 1977), a análise da narrativa proposta por Algirdas Julien Greimas também diz respeito à interconexão entre os códigos sincrônicos presentes no ato de contar histórias.

Para Greimas (1977, p. 195), o discurso, se considerado no nível de sua superfície, aparece como "um desdobramento sintagmático salpicado de figuras polissêmicas, carregadas de virtualidades múltiplas, reunidas frequentemente em configurações discursivas contínuas ou difusas". Não obstante isso, é possível observar que o esquema actancial de Greimas não se apresenta como meramente estático, uma vez que o autor leva em consideração o fato de que, mais do que uma mera junção entre as estruturas narrativas e os papéis temáticos, ele é "lugar de investimento destes papéis, mas também de sua transformação, pois o fazer semiótico, que opera no quadro dos objetos narrativos, consiste essencialmente no jogo de aquisições e de desperdícios, de substituições e de trocas de valores, modais ou ideológicos".

Essa mudança, no entanto, não é contemplada dentro dos próprios quadros a partir dos quais se estrutura. Para Ricoeur, a tentativa de sistematização da narrativa de Greimas é ainda mais radical do que a sua predecessora, na medida em que se ancora na "ambição de construir um modelo rigorosamente acrônico". E isso porque, a partir desse modelo, a vinculação com a proposta de Saussure se torna explícita e, seguindo o linguista Lucien Tesnière - "segundo o qual a frase mais simples já é um pequeno drama implicando um processo, atores e circunstâncias" (RICOEUR, 2010b, p. 78) – o esquema actancial já está enraizado em uma estrutura que se propõe como homóloga da própria língua.

Mais do que isso, ao fundamentar-se na estrutura da língua, o esquema actancial "apresenta um caráter de limitação e de fechamento que convém à pesquisa sistemática", de forma que é "tentador extrapolar da sintaxe do enunciado elementar à do discurso, em virtude do axioma de homologia entre língua e literatura" (*Ibidem*, p. 79).

Afinal de contas, para Greimas (1973, p. 223), o modo de existência de seu modelo é posto na medida em que os papéis atribuídos "são mais gerais que os conteúdos particulares e aparecem como invariantes, como tipo de organização da significação em microuniversos, dos quais os conteúdos investidos não são senão variáveis".

Mesmo que o modelo actancial não satisfaça plenamente todas as exigências sistemáticas do estruturalismo – na medida em que "a extrapolação da sintaxe do enunciado para a sintaxe do discurso requer inventários de papéis extraídos pelos analistas anteriores de diversos *corpus* empiricamente dados" (RICOUER, 2010b, p. 79) – a busca pela adequação entre um modelo que explicasse a narrativa a partir de um código que se atualiza em história a partir de um conjunto sincrônico de relações se tornou a grande empreitada levada a cabo por diversos autores.

Os modelos pela busca das formas se multiplicam nesse sentido. Todorov (1976) apresenta pelo menos duas tendências principais: o modelo triádico (baseado em uma simplificação das ideias de Claude Bremond) e o modelo homonológico (derivada de Lévi-Strauss). De acordo com o primeiro modelo,

> a narrativa inteira é constituída pelo encadeamento ou encaixamento de micronarrativas. Cada uma destas micronarrativas é composta de três (ou por vezes de dois) elementos cuja presença é obrigatória. Todas as narrativas do mundo seriam constituídas por diferentes combinações de uma dezena de micronarrativas de estrutura estável, que corresponderiam a um pequeno número de situações essenciais na vida: poder-se-ia designá-los por palavras como 'trapaça', 'contrato', proteção etc. (TODOROV, 1976, p. 216).

Em outros termos, para o estabelecimento dessas micronarrativas, há sempre o alinhavamento de sequências elementares que podem ser resumidas em uma sucessão de ações da seguinte ordem: uma situação que abre uma possibilidade – a atualização dessa possibilidade – o resultado da ação.

Partidário dessa corrente teórica, Bremond (1976, p. 111) nos fornece, nesse sentido, por exemplo, o seguinte diagrama:

A partir deste esquema inicial, Bremond busca o desdobramento desses elementos em sequências complexas enunciadas a partir de processos de junções sucessivas ou a partir de mecanismos de enclave. Essas sequências complexas alinhavam lugares possíveis que os personagens podem ocupar na narrativa – um inventário, portanto – mas organizados segundo uma lógica.

Para Ricouer (2010b, p. 73), Bremond coloca em operação uma descronologização ainda mais completa da narrativa, uma vez que "a nomenclatura dos papéis equivale a estabelecer o quadro paradigmático dos principais lugares suscetíveis de ser ocupados por qualquer personagem na narrativa. Formalização mais avançada [em relação a Propp], descronologização mais completa, o modelo de Bremond pode reivindicar os dois títulos".

Quanto ao segundo modelo, o homonológico, a projeção sintagmática das relações paradigmáticas é posta a partir da busca, na narrativa, do conjunto de elementos que estão postos em dependência, de modo que essa é colocada na própria sucessão e encadeamento dos elementos. "Esta dependência é, na maior parte dos casos, uma 'homologia', isto é, uma relação proporcional de quatro termos (A:B:a:b)". Ou, então, "pode-se também proceder na ordem inversa: tentar dispor de diferentes maneiras os acontecimentos que se sucedem, para descobrir, a partir das relações que se estabelecem, a estrutura do universo apresentado" (TODOROV, 1976, p. 218).

Essas duas correntes que, para Todorov, na época, representavam o estado da arte do campo da análise estrutural da narrativa, se ancoram, portanto, nas características que enunciamos anteriormente: (1) na homologia mais ou menos explícita entre o funcionamento da língua e o funcionamento da narrativa; e (2) a sucessão das ações obedece a certa lógica que pode ser inventariada.

Ou, como resume Bremond (1976, p. 110), se o estudo da narrativa pode ser dividido em dois setores – sendo o primeiro "as constrições lógicas que toda série de acontecimentos ordenada sob a forma da narrativa deve respeitar sob a pena de ser ininteligível" e o segundo "as convenções de seu universo particular características de uma cultura, de uma época literária, de um gênero literário ou de um estilo" – a análise estrutural escolhe, explicitamente, a primeira opção: "a necessidade de traçar, anteriormente a toda descrição de um gênero literário definido, o mapa das possibilidades lógicas da narrativa".

A crítica que Ricoeur alinhava ao modelo semiótico se estrutura em dois pontos centrais. O primeiro deles diz respeito às condições que o próprio modelo se impõe e que não consegue satisfazer totalmente. Embora os modelos se constituam como modelos fortes, na aplicação às histórias é sempre necessário certa adequação das condições autoimpostas – "como muitas vezes acontece com a interpretação num determinado domínio dos modelos construídos *a priori*" (RICOEUR, 2010b, p. 96) – de forma que algumas de suas exigências devem ser constantemente atenuadas.

A necessidade dessa atenuação, no entanto, é interessante na medida em que explicita a noção de que se todas as operações narrativas fossem tão previsíveis e calculáveis, "então, nada aconteceria. Não haveria acontecimento. Não haveria surpresa. Não haveria nada para contar" (*Idem*).

O segundo ponto diz respeito a um movimento que Ricoeur percebe no próprio desenvolvimento do trabalho de Greimas: a necessidade de adoção de uma combinação entre o modelo taxonômico e uma semântica da ação. Essa mudança enriqueceu os modelos propostos inicialmente porque foi capaz de efetuar a passagem entre os modelos que meramente alinhavavam operações sintáticas que no quadro taxinômico eram previsíveis e calculáveis para modelos que pensavam, propriamente, nos processos criadores de valores.

O que Ricoeur está propondo aqui, portanto, é a necessidade de aprofundamento das relações estabelecidas entre o plano semiótico e o plano práxico.

Essa relação, que ainda não estava pressuposta em Propp, mas que começa a ser alinhavada nos trabalhos mais recentes de Greimas mostra, para Ricoeur, um "distanciamento entre o esquema inicial, em que todas as relações se compensam, e o esquema final, em que valores novos são produzidos". Se em Propp, a circulação dos valores sempre desemboca em uma restauração do estado inicial e, mesmo nos primeiros modelos de Greimas, notadamente em *Semântica*

Estrutural, a função mais geral da narrativa é reestabelecer uma ordem de valores que foi ameaçada, é necessário levar em consideração a imensa variação que esse esquema inicial pode sofrer e que deve estar vinculado, em um espectro geral, aos próprios desdobramentos da cultura.

"Ora, como bem sabemos, graças ao esquematismo das intrigas produzido pelas culturas de que somos herdeiros, essa restauração caracteriza somente uma categoria de narrativas e, talvez, provavelmente contos. Como são diversas as maneiras como a intriga articula 'crise' e 'desenlace'" (RICOEUR, 2010b, p. 102).

A proposta de Ricoeur, portanto, não consiste na invalidação do modelo semiótico, mas sim no reconhecimento de que ele diz respeito a um dos planos da narrativa – mais especificamente, como detalharemos a seguir, no que diz respeito a um dos estágios da passagem da mímesis I para a mímesis II. O que falta a essa proposta é justamente um aprofundamento das relações entre a *práxis* e a narrativa que, no limite, dotam o modelo de movimento e permite que ele seja aplicável a um número muito maior de histórias – não se limitando ao ficcional.

Nesse ponto, fica claro o modo como a crítica que o autor tece ao modelo semiótico resvala em seus estudos sobre a narrativa. Isso porque ali o autor deixa claro o reconhecimento quanto aos ganhos trazidos por essa corrente teórica – uma vez que "toda a apologia da fala como evento é significativa se e somente se torna visível a relação de atualização, graças à qual a nossa competência linguística se atualizada na performance" (RICOEUR, 2000, p. 23) – mas, ainda assim, toma como necessário o reconhecimento do axioma de que "se todo discurso se atualiza como um evento, todo o discurso é compreendido como significação".

A questão da atualização das regras da linguagem em um discurso que é entendido enquanto evento coloca a linguagem dentro de uma relação comunicativa, de forma que o evento "não é apenas a experiência enquanto expressa e comunicada, mas também a própria troca intersubjetiva, o acontecer do diálogo" (*Ibidem*, p. 28). Ou seja, uma das implicações desse axioma está no reconhecimento da própria troca comunicacional, da troca linguageira que se estabelece como evento dialógico.

O discurso, nesse sentido, é dado a partir de uma junção entre o evento (a troca) e o sentido, de forma que a questão da significação não se resolve apenas a partir de regras internas ao sistema, mas se coloca como exterioridade. "Porque o sentido de uma frase é, por assim dizer, 'externo' à frase, pode transferir-se; a exterioridade do discurso de si mesmo (...) abre o discurso ao outro" (*Idem*).

O problema da significação, portanto, deve lidar com outros contornos que não a mera adequação a um sistema de regras: seguir uma narrativa vai além do mero estabelecimento de uma correlação estática entre os seus componentes, embora não haja fala sem estruturação, nem narrativa sem sistemática.

Em *S/Z*, Barthes (1992, p. 37) compara os procedimentos adotados pelos semióticos da narrativa aos budistas que, à força de ascese, dizem conseguir ver uma paisagem inteira dentro de uma fava: o sonho desses teóricos era, segundo ele, "ver todas as narrativas do mundo (há tantas e tantas houve) em uma única estrutura: vamos extrair de cada conto seu modelo, pensavam em seguida, desses modelos faremos uma grande estrutura narrativa, que então derramaremos (para verificação) sobre qualquer narrativa". E a isso, ele acrescenta: "tarefa exaustiva e, no fundo, indesejável, pois o texto perde, dessa forma, sua diferença".

Ao inserir essa ordem de questões, é justamente na direção do aprofundamento das relações entre a lógica práxica e a estruturação narrativa que Ricoeur se encaminhará para construir seu modelo.

O MODELO DAS TRÊS MÍMESES:

O resumo da crítica que Ricoeur (2010a, p. 94) faz ao modelo semiótico de análise da narrativa, conforme alinhavamos no tópico anterior, diz respeito a uma oposição à ideia de que uma ciência do texto pode ser estabelecida apenas com base tão-só na abstração do conjunto de normas que regem a tessitura textual "e pode considerar apenas as leis internas da obra literária, sem levar em conta o antes e o depois do texto".

Nesse sentido, o autor se esforçará em construir um modelo em que a questão das regras da tessitura narrativa se coloca como uma *mediação* entre dois outros campos: a prefiguração do campo prático-cultural e a refiguração pela recepção da obra. Nesse modelo, em outras palavras, "tenho que estabelecer o papel mediador da composição da intriga entre um estágio da experiência prática que a precede e um estágio que a sucede" (RICOEUR, 2010a, p. 95).

Esses "antes" e "depois" do texto, contudo, não devem ser entendidos como unidades ontológicas, mas sim, dentro do projeto filosófico mais amplo empreendido pelo autor. Toda a filosofia de Ricoeur, a partir dos anos 60, está articulada em torno do pressuposto de que "o mundo real, o mundo conjunto de fenômenos, não pode ser comunicável nem apreensível enquanto tal, mas tem que ser constituído linguisticamente para existir" (VILLAVERDE, 2003, p. 79). E, portanto, embora o autor se filie à fenomenologia e à hermenêutica, estas não podem ser confundidas nem com a hermenêutica praticada pelos exegetas cristãos, nem com a fenomenologia clássica husserliana. Como explica Villaverde (2003, p. 79), "sendo o texto a mediação por antonomásia de que a hermenêutica se ocupa para desvelar o ser e o mundo", na filosofia de Ricoeur esses dois termos passam a ter acepções bem claras e distintas das tradições a que se vinculam, uma vez que, "neste caso, a noção de ser coincide com a de 'ser interpretado' e a noção de mundo encontra nova aplicação expressiva e cognoscitiva no âmbito da textualidade. Dois aspectos que nos permitem falar, não só do texto do mundo (o mundo como texto), mas também do mundo do texto".

A obra de Ricoeur efetua, como explica Dosse (1997, p. 372), uma clivagem nos estudos fenomenológicos, instalados em dois aspectos centrais. O primeiro deles diz respeito ao fato de que há uma valorização das mediações; o segundo, à questão de que a experiência em si deve passar, necessariamente, por um *locus* intermediário, representado pelo mundo do texto.

A filosofia de Ricoeur, portanto, está vinculada a uma dupla tarefa posta nos seguintes termos: por um lado, estudar "a dinâmica interna que preside à estruturação da obra, por outro lado, o poder que a obra tem de se projetar para fora de si mesma, e engendrar um mundo que seria verdadeiramente a 'coisa' do texto". O seu modelo de narrativa se alicerça no pressuposto de que "dinâmica interna e projeção externa constituem isso a que chamo o trabalho do texto. A tarefa da hermenêutica é reconstituir esse duplo trabalho do texto" (RICOEUR, 2008). Esses pressupostos estarão presentes quando Ricoeur dividir a estruturação narrativa em mímesis I (dinâmica interna) e mímesis III (projeção externa), conforme mostraremos a seguir.

É nesses termos que Ricoeur está mais vinculado a uma metahermenêutica, uma vez que o autor não está preocupado com os sentidos verdadeiros de um texto, mas sim, com a sua estruturação discursiva e com os seus protocolos de recepção. A busca do autor, portanto, está alicerçada nas metarregras da interpretação.

Na percepção de Ricoeur, "um texto convida-nos a interpretar uma *proposta de mundo*, de um mundo que pode ser habitado por nós e onde nós podemos projetar-nos" (VILLAVERDE, 2003, p. 82), de forma que "compreender um texto é compreender-se diante de um texto" (RICOEUR, 2008). É nesse sentido que a narração é o único mecanismo a partir do qual um acontecimento pode ser compreendido. "Perguntar pelo significado de um acontecimento, no sentido histórico do termo, é perguntar algo que só pode ser respondido no contexto de um relato (*story*)". E assim, "a narratividade não é, pois, uma característica do acontecimento em si, mas do acontecimento entendido enquanto objeto de conhecimento" (VILLAVERDE, 2003, p. 118).

Obviamente essas constituições narrativas obedecem aos postulados que regem os discursos e, como tais, estão submetidas às condições de sua enunciação. Como explica Thompson (1990, p. 51), o conceito de texto de Ricoeur pressupõe que "ele é uma estrutura totalmente irredutível às sentenças em que ele é composto. Essa totalidade é produzida de acordo com as regras que definem um gênero literário e que transformam o discurso em um poema, um romance ou uma peça". Enquanto mediação entre a esfera da produção e a esfera da recepção, esses gêneros delimitam as expectativas recíprocas, estabelecendo certas regras de produção do discurso e normas de interpretação de acordo com os gêneros. É nesse sentido que cada gênero (ou, mais corretamente, cada prática) possui as suas próprias matrizes de verdade presumida, uma vez que compostas nessas regras do discurso.

Esses elementos mais gerais da teoria do texto de Ricoeur serão transpostos para os seus estudos sobre a narrativa. Embora essa temática perpasse toda a obra de Ricoeur, é nos três tomos de *Tempo e Narrativa* que a sua teoria sobre a narrativa é inteiramente exposta. Essa obra confere uma legitimidade até então inédita à obra de Ricoeur, em um cenário de queda do paradigma estruturalista na França. A obra foi recebida como a obtenção da conciliação entre a estrutura e o sentido, como a articulação entre o entendimento de que a obra literária funcionava como reflexo de estruturas primeiras, sem a imobilidade imposta pelo modelo do estruturalismo (DOSSE, 1997, p. 566).

Já havíamos dito anteriormente que o modelo narrativo proposto por Ricoeur em *Tempo e Narrativa* se estrutura como a mediação entre a prefiguração do campo prático-cultural e a refiguração pela recepção da obra. Para estabelecer esses momentos de mediação entre um antes e um depois do texto, o autor se vale do conceito de mímesis, uma vez que ele representa uma vantagem dupla: a primeira delas se liga à aproximação que o termo estabelece, como mostraremos adiante, na própria obra de Aristóteles, com a noção de *mythos*, entendida enquanto composição de intriga (ou, em outros termos, como agenciamento dos fatos em sistema); e, segundo, pelo grau de abstração que permite que a noção seja aplicada não apenas às narrativas ficcionais, estabelecendo um modelo de análise útil também às narrativas referenciais.

Se, segundo o autor, o próprio signo opera uma retirada em relação às coisas e a frase faz regressar a linguagem ao mundo, isso terá efeitos específicos na narrativa:

> Disse já que fixei esta dupla função do signo num vocabulário particularmente apropriado ao narrativo, distinguindo a *configuração* – a capacidade que a linguagem tem de se configurar a si mesma no seu espaço próprio – e a *refiguração* – a capacidade que a obra tem de reestruturar o mundo do leitor ao desarrumar, contestar e remodelar as suas expectativas. Qualifico a função de refiguração como *mimética*. É extremamente importante, porém, não se enganar sobre a sua natureza: ela não consiste em reproduzir o real, mas em reestruturar o mundo do leitor, confrontando-o com o mundo da obra. (RICOEUR, 1995, p. 236)

Embora, sem dúvida, a afirmação de que as narrativas referenciais – e, portanto, também as jornalísticas – se estruturem a partir de um movimento mimético com o evento relatado implique a assunção de que elas guardam uma relação de semelhança com esse acontecimento, é necessário, contudo, enfatizar o fato de que esse conceito não se cofunde, em nenhum de seus contornos, com um sentido grosseiro de imitação, cópia ou reprodução. A tradução latina desse termo por *imitatio* gerou uma série de mal entendidos que, atualmente, muitos autores têm se esforçado em desfazer.

Nesse sentido, a mímesis aristotélica, ligada à produção poética, não está relacionada a uma ideia de imitação da realidade, mas, "ao invés, partilha das leis que governam a *physis*, é uma potencialidade (*dynamis*) que se atualiza em um produto (*ergon*)" (LIMA, 2003, p. 68).

A problemática que envolve o conceito de mímesis diz respeito ao fato de que a sua conceituação já foi delimitada de diversas formas em sua história. Lima (2003) faz um inventário de algumas das interpretações que têm tensionado esse conceito. Uma primeira linha é aquela que enfatiza o primado do modelo prévio. A partir de uma preeminência da percepção, esse entendimento enxerga a obra mimética como um prolongamento do real (ou, mais acertadamente, de uma determinada concepção do real), "devendo o *mimema* ser julgado de acordo com seu ajuste/desajuste quanto ao real modelar" (LIMA, 2003, p. 72).

A principal razão para o abandono dessa concepção está no entendimento de que o produto mimético não se confunde com o seu referente, tratando-se de um tipo de produção que pode ser posto em semelhança à criação orgânica. Autores como Martineau (*apud* LIMA, 2003), por exemplo, enfatizam essa questão a partir do espanto que Aristóteles mostra diante da mímesis de um cadáver: "A prova é-nos visivelmente fornecida pelos fatos: objetos reais que não conseguimos olhar sem custo, contemplamo-los com satisfação em suas representações mais exatas" (ARISTÓTELES, 2007, p. 05).

Neste trecho fica clara a noção de que não só a representação e o representado não são idênticos, como também, o fato de que eles despertam diferentes sentimentos nos contempladores, colocando a mímesis como uma atividade irrealizante, na medida em que "não é julgável de acordo com a tematização adequada ao perceptível". E isso porque "percebido, o cadáver provoca horror; em estado de mímesis, uma espécie particular de prazer. É próprio da mímesis provocar uma experiência, não de reconhecimento do real, mas de irrealização, de aniquilamento do real enquanto perceptível" (LIMA, 2003, p. 72).

A essa segunda interpretação do conceito de mímesis – que afasta, de forma categórica, a ideia de uma imitação, mesmo que sofisticada, na medida em que supõe que a obra mantém uma relação de semelhança que não reduplica, imita ou naturaliza o real – outros autores acrescentaram a ideia de que era necessário levar em consideração o aspecto comunicacional presente na atividade mimética.

E isso implica a assunção de que "a irrealização do objeto mimético se cumpre por meio de comunicação que só se realiza à medida que o receptor encontra na *irrealidade do mimema* correspondências com suas pré-noções filtradoras". Isso permite assumir que "não sendo o homólogo de algum referente, tanto ao ser criada, quanto ao ser recebida, ela o é em função de um estoque prévio de conhecimentos que orientam a sua feitura e a sua recepção" (*Ibidem*, p. 70).

Essa questão abre espaço para que o discurso mimético possa ser entendido como "o discurso de um significante à busca de um significado". Ou, em outras palavras, "na realidade efetiva do produto mimético, isto é, na sua circulação, realiza-se a combinação de uma *semelhança*, que funciona como o precipitador do significado que nele se aloca, e de uma *diferença*, o que não 'cabe' naquele significado e, então, permite a variação interpretativa" (*Idem*, p. 71).

A diferença aludida também não encontra correspondência em algum lugar do real, mas sim, no preenchimento do texto pelos conhecimentos prévios do leitor. E, nesse sentido, se é que se pode falar em termos de semelhança na mímesis, sua condição mimética mesma está sempre sujeita a uma mutabilidade histórica, pois submetidas às variações de interpretação de um determinado tempo e lugar.

Nessa concepção, o objeto mimético é criado e recebido a partir de uma concepção internalizada do real que é sempre comparada à bagagem cultural e de conhecimentos que tanto o autor quanto o receptor carregam e que constituem, por sua vez, essa concepção de real. "Toda concepção de mímesis", portanto, "se liga a uma concepção do conhecimento do mundo", de forma que o leitor possa alinhavar semelhanças entre o que ele vê no discurso mimético e a sua própria situação histórica. "A situação histórica funciona, portanto, como o possibilitador do significado que será alocado no texto. A obra, enquanto tal, é um significante a que o leitor empresta um significado" (Idem, p. 81). A mímesis, nesse sentido, funciona como uma espécie de *agenciador do imaginário*.

E, nesses termos, é possível entendê-la como um modo de identificação coletiva: "a mímesis grega, supondo uma semelhança com o real considerado como possível, é um meio de reconhecimento da comunidade consigo mesma, ou seja, um instrumento de identidade social".

Um outro contorno acerca dessa questão é dado por Derrida (2004, p. 206), quando ele alinhava a noção de que "a mímesis tem que seguir o processo da verdade". A confusão em torno do conceito, nesses termos, é derivada dos dois grandes sistemas de verdade que dominaram o pensamento ocidental que ora conceberam a verdade como a manifestação da coisa em si – dotando a mímesis de um poder revelador, como uma apresentação mesma da natureza – ou a articularam enquanto *adequatio* – identificando a mímesis à imitação.

Nesses termos, outras articulações em torno da construção da verdade demandam outros entendimentos em torno do próprio conceito de *mímesis*. A partir de uma leitura do texto *Mimique*, de Malarmé, Derrida (2004, p. 208) afirma que esse outro entendimento deve estar articulado a partir da noção de que não há imitação alguma: "o mímico não imita nada. E, para começar, ele não imita. Não há nada que antecede a escrita de seus gestos. Nada é preceituado para ele. Nenhum presente precedeu ou supervisionou o traço de sua escritura". E isso porque o mímico não imita nada que não seja o seu próprio ato, a sua própria operação de imitação. A mímica é puramente uma ação figurativa.

E, entendida a partir dessa chave de leitura, a própria mímesis não passa senão de um movimento de insinuação recorrente, de um deslocamento em direção a duplos que não podem ser apartados de todos os outros processos de significação: e isso tem como implicação, para Derrida, o fato de que a mímesis está sujeita ao mesmo processo imposto pelo traço e pela *différance*.

A mímesis deve ser entendida como uma dramatização que não tem como objetivo ilustrar uma presença ou se adequar a um esquema pré-existente, mas sim, deve estar posta nos próprios mecanismos a partir dos quais um signo ou um ato sempre diferem de sua referência.

Uma vez explicitado o fato de que a mímesis não se confunde com a noção de cópia, podemos explorar os contornos que Ricoeur confere a essa questão – e, especialmente, o seu entendimento de que a composição de intriga se estrutura a partir da atualização, em um texto específico, de uma virtualidade.

Para Ricoeur (1995, p. 236), "foi quando a pintura, no século XX, deixou de ser figurativa que pudemos, por fim, avaliar plenamente a mimese, que não tem por função ajudar-nos a reconhecer objetos, mas a descobrir dimensões da experiência que não existiam antes da obra". E assim, "num plano filosófico, isso conduz a impugnar de novo a concepção clássica da verdade como adequação do real, pois, se podemos falar de verdade a propósito da obra de arte, é na medida em que designamos por tal a sua capacidade de abrir um caminho no real renovando-o *segundo ela*, se assim se pode dizer".

Em *Tempo e Narrativa*, segundo Ricoeur (2010a, p. 61), o conceito aristotélico de mímesis deve ser aproximado ao de *mýthos*, que é o *agenciamento dos fatos em sistema*, propondo uma identificação entre as duas expressões (a de imitação ou representação da ação e a de agenciamento dos fatos).

Essa equivalência já excluiria, a princípio, qualquer interpretação que situe o conceito de mímesis como cópia ou réplica ao idêntico: "a imitação ou a representação é uma atividade mimética na medida em que produz algo, ou seja, precisamente o agenciamento dos fatos pela composição da intriga". Assim também "saímos, num único movimento, do uso platônico de mímesis, tanto em seu emprego metafísico como em seu sentido técnico (...) que opõe a narrativa 'por mímesis' à narrativa 'simples'" (RICOEUR, 2010a, p. 61).

Se a atividade mimética pode ser entendida como o agenciamento dos fatos em um sistema, não se trata, no entanto, de uma atividade que pode ser apreendida em um só golpe. Embora a mímesis-criação (que o autor chama de *mímesis II*) seja entendida como o núcleo do conceito (uma vez que é ela que possui a função do corte que institui o mundo da composição poética, a literariedade da obra literária), o autor considera que é necessário preservar, na própria significação do termo, um antes da composição (a *mímesis I*) e uma desembocadura no público (a *mímesis III*).

Para o autor, a atividade mimética investida enquanto composição de intrigas "tira sua inteligibilidade de sua função de mediação, que é a de conduzir do antes do texto ao depois do texto por seu poder de refiguração" (RICOEUR, 2010a, p. 82-83). E isso porque a mímesis *não diz respeito a um problema de estrutura e sim de estruturação*, de forma que se trata de um processo que só é levado a termo no espectador ou leitor.

No que diz respeito á mímesis I, ligada ao momento anterior ao agenciamento dos fatos, ela concerne à noção de que "por maior que seja a força de inovação da composição poética (...), a composição de intriga está enraizada numa pré-compreensão do mundo da ação" (RICOEUR, 2010a, p. 96), de forma que há a exigência de reconhecimento dos elementos mínimos que constituem uma ação e das mediações simbólicas da ação.

Essa pré-compreensão prática aludida por Ricoeur diz respeito, entre outros componentes, aos elementos que a análise estrutural da narrativa tanto se esforçou por categorizar em termos de actantes. É nesse sentido que a "frase narrativa mínima é uma frase de ação na forma X faz A em tais ou tais circunstâncias e levando em conta o fato de que Y faz B em circunstâncias idênticas ou diferentes", pressupondo uma familiaridade do leitor com termos tais como agente, objetivo, circunstância, ajuda, cooperação, conflito, sucesso, fracasso, entre outros. "A análise estrutural da narrativa, em termos de funções e de actantes, confirma essa relação de pressuposição que estabelece o discurso narrativo sobre a base da frase de ação". E assim, "não há análise estrutural da narrativa que não adote elementos de uma fenomenologia implícita ou explícita do 'fazer'" (*Ibidem*, p. 99).

Os paralelos com a narrativa jornalística não poderiam ser mais evidentes do que nesse ponto, principalmente a partir da afirmação de Ricoeur (2010a, p. 98) de que "em suma, esses termos ou outros afins aparecem em respostas a perguntas que podem ser classificadas em perguntas sobre o 'o quê', o 'por quê', o 'quem', o 'como', o 'com' ou o 'contra quem' da ação". Ora, são justamente as respostas a essas perguntas que formam o que podemos chamar de núcleo de uma narrativa jornalística que, no jargão profissional, chama-se de *lead*. Trata-se de uma competência prática que já está posta antes de qualquer inscrição textual, de forma que "dominar a rede conceitual no seu conjunto e cada termo a título de membro do conjunto é a ter a competência que podemos chamar de compreensão prática".

A ligação entre uma competência prática e uma competência narrativa é efetuada tanto por uma relação de pressuposição quanto por uma atividade de transformação, na medida em que ela abarca, de um só golpe, tanto a linguagem do fazer quanto a tradição cultural que precede a tipologia das intrigas.

Sobre esse assunto, Ricoeur (2010a, p. 100) coloca que "ao passar da ordem paradigmática da ação para a ordem sintagmática da narrativa, os termos da semântica da ação adquirem integração e atualidade". Atualidade no sentido de que termos que só tinham uma significação virtual na ordem paradigmática, isto é, "uma pura capacidade de uso, recebem uma significação efetiva graças ao encadeamento sequencial que a intriga confere aos agentes, ao seu fazer e ao seu sofrer".

Quanto à integração, ela está posta na medida em que termos tão heterogêneos como agentes, motivos e circunstâncias tornam-se compatíveis e "operam conjuntamente em totalidades temporais efetivas. (...) A dupla relação entre as regras de composição de intriga e os termos de ação constitui ao mesmo tempo uma relação de pressuposição e uma relação de transformação" (RICOEUR, 2010a, p. 100).

A pré-compreensão ligada à mímesis I, no entanto, não diz respeito somente ao entendimento prático da ação e ao reconhecimento das regras narrativas, mas também está posta nas possibilidades da mediação simbólica da ação. Em outros termos, "se, com efeito, a ação pode ser narrada, é porque ela já está articulada em signos, regras, normas: está, desde sempre, simbolicamente mediatizada" (*Ibidem*, p. 101), enfatizando o caráter público da articulação significante que antecede as narrativas.

O que Ricoeur põe em jogo aqui é a cimentação cultural que permite que uma narrativa seja compreendida e julgada de acordo com determinados padrões normativos de entendimento ou, em outros termos, as representações sociais que formam o contexto de descrição que fazem com que determinadas ações particulares sejam julgadas de tal ou tal maneira socialmente. Em outros termos, ao solo cultural e simbólico que fornece legibilidade às ações humanas.

E, como consequência, a mímesis I diz respeito ao campo que articula os conhecimentos que possibilitam o entendimento da narrativa, na medida em que, a partir de uma ligação entre o conceito de mímesis à ética aristotélica, "se a tragédia pode representá-los (os agentes) 'melhores' e a comédia 'piores' que os homens atuais, é porque a compreensão prática que os autores compartilham com seu auditório comporta necessariamente uma avaliação dos caracteres e de sua ação em termos de bem e de mal" (*Ibidem*, p. 104). À compreensão prática e narrativa juntam-se, na mímesis I, os elementos ligados às representações sociais e aos discursos circulantes que prefiguram os entendimentos da história que ainda está para ser contada.

Aos elementos virtuais que a análise estrutural da narrativa tratava em termos de funções ou actantes, Ricoeur acrescenta mecanismos de julgamento e de valoração cultural, bem como procedimentos e estruturações de ordem prática. Isso muda, em termos gerais, os próprios elementos que estão em virtualidade, uma vez que eles não são mais regidos unicamente em termos de valor, mas postos em diferentes níveis de codificações culturais que estão em constante movimentação.

Eis aqui que nos reencontramos com o caráter histórico desses elementos virtuais: se retornarmos aos elementos presentes no tripé certeauniano ("um lugar social – uma prática – uma escrita"), vemos que Ricoeur insere, na própria estruturação da mímesis I, os elementos que conferem dinamicidade ao código narrativo. *A mudança em um elemento do tripé se atualiza, ela mesma, como uma mudança nos padrões narrativos*, se entendida a partir deste modelo linguístico de estruturação da narrativa.

As hierarquias de valores, os padrões de julgamento, os saberes próprios articulados em torno do grupo profissional (e, entre eles, o próprio saber narrar), bem como os diferentes conjuntos de técnicas ligadas à *expertise* de um grupo encontram nesse modelo uma expressão e um reconhecimento, na medida em que, embora não necessariamente articulados em sistema, eles são postos enquanto virtualidades, ligadas a esquematismos simbólicos da ação, que se manifestam na articulação narrativa.

Trata-se do reconhecimento de que se existe a primazia do discurso jornalístico em cada texto produzido em particular, essa primazia deve também ser encarada enquanto uma virtualidade que se atualiza em cada texto produzido – e que, como tal, está sujeita às próprias mudanças no campo profissional e no campo prático.

O modelo proposto por Ricoeur com a sua mímesis I, nesse sentido, é de grande valor para a análise das mudanças dos códigos narrativos no jornalismo de revista, na medida em que alinhava a gramática a partir da qual os elementos do tripé certeauniano são atualizados no ato de contar histórias.

Uma vez explicitada a constituição da mímesis I, podemos passar para o que Ricoeur entende por mímesis II ou, mais propriamente, o movimento que concerne ao agenciamento dos fatos em um sistema, à composição da intriga propriamente dita. Estamos diante aqui, portanto, da noção de *mythos*. A mímesis II é o núcleo da mímesis na medida em que ela diz respeito ao tecimento da narrativa propriamente dita, ao arranjo dos elementos que estavam virtualmente postos na mímesis I, à atualização desses elementos em texto. Eis aqui que se pode falar propriamente em agenciamento dos fatos em sistema, em composição narrativa.

Para Ricoeur (2010a, p. 112), "com a mímesis II abre-se o terreno do *como se*", na medida em que, a partir da configuração dos elementos heterogêneos, é possível criar, através da narrativa, um novo mundo, cujas referências estão instaladas enquanto um ato performativo, ou seja, criadas no instante mesmo de sua enunciação.

Nesse quadro, o posicionamento da mímesis II no espaço do "entre" não está posto apenas por uma relação de anterioridade ou posteridade: a mímesis II se encontra no meio porque, para Ricoeur, ela é o próprio espaço da *mediação*. Ela se coloca como mediadora entre os elementos virtuais dos agenciamentos simbólicos da ação e a jusante do processo literário, o leitor.

Esse caráter de *mediação* se realiza em, pelo menos, três aspectos. O primeiro deles é o arranjo que a mímesis II promove entre incidentes singulares a ponto de costurá-los em uma história única que faça sentido. Ou seja, ela faz a mediação entre meros acontecimentos e uma história narrada. Na medida em que uma história não pode ser definida a partir de uma enumeração serial dos eventos que a compõem, é a mímesis II que irá configurar o todo inteligível. Em suma, "a composição de intriga é a operação que tira de uma simples sucessão, uma configuração" (RICOEUR, 2010a, p. 114), extraindo uma narrativa sensata de um amontoado de fatos.

Um segundo aspecto diz respeito à noção de que a narrativa *"compõe juntos"* elementos absolutamente dispersos e heterogêneos, tais como actantes, agentes etc. a partir da atualização dos elementos virtuais presentes na mímesis I em um texto concreto — em uma operação que efetua a passagem da ordem paradigmática da narrativa para a ordem sintagmática. Nesses termos está a própria passagem da mímesis I para a mímesis II, essa é a obra da atividade de *configuração*.

Por fim, a mímesis II se estrutura como mediação porque combina duas instâncias temporais distintas, uma cronológica e outra não-cronológica. "A primeira constitui a dimensão episódica da narrativa: caracteriza a história como feita de acontecimentos. A segunda é a dimensão configurante propriamente dita, graças à qual a intriga transforma os acontecimentos *em* história" (*Ibidem*, p. 115).

Para resumirmos a questão, a mímesis II transforma os elementos que estavam postos enquanto potencialidade na mímesis I (a experiência prática, os esquematismos da narrativa, os agenciamentos simbólicos etc.) em um texto particularizado. Nesse sentido, a mímesis I é uma virtualidade que se realiza na mímesis II.

E, por fim, ela também efetua uma passagem para a mímesis III, a desembocadura do circuito mimético no leitor. Ora, aqui ela também assume um caráter de mediação na medida em que "o que é experimentado pelo espectador deve primeiro ser construído na obra" (*Idem*, p. 89).

"Generalizando, diria que a mímesis III marca a intersecção entre o mundo do texto e o mundo do ouvinte e do leitor", ou seja, a intersecção entre o mundo configurado pela produção poética "e o mundo no qual a ação efetiva se desdobra" (RICOEUR, 2010a, p. 123).

Além da bagagem cultural que determina entendimentos específicos em torno de uma mesma leitura em leitores diferentes, a mímesis III também é composta pelos buracos (ou zonas de indeterminação) que todo texto carrega. E assim, "acompanhar uma história é atualizá-la em leitura" (*Idem*, p. 131).

O ato de refiguração a que o leitor se entrega durante a leitura é posto por Ricoeur no sentido de um reconhecimento que inaugura um novo acontecimento. E isso porque o sentido do texto, na sua desembocadura no leitor, é totalmente desvinculado de qualquer intencionalidade do autor, de forma que o ato da leitura não pode ser confundido com a mera repetição do evento do discurso em um evento semelhante, mas sim, tem que levar em consideração o fato de que compreender é gerar um novo acontecimento a partir do texto.

A partir do exposto, é clara a maneira como Ricoeur tenta inserir a *práxis* no cerne da estruturação narrativa através da interligação entre características práticas da ação, as mediações simbólicas que são dadas a partir dos códigos e das normas e, por fim, a presença da historicidade e do tempo não apenas como característica da narrativa (ou como um elemento de cronologia no ato de contar histórias), mas como categoria configurante da narrativa, como um elemento que funda uma historicidade no modo como as narrativas são contadas, interpretadas e julgadas.

Esse modelo é interessante se quisermos notar as mudanças nos códigos compartilhados de narração nas reportagens publicadas no jornalismo de revista ao longo de sua história. Em um primeiro aspecto, ele é útil no sentido em que toma a atividade mimética não como uma reprodução do real, mas sim no sentido de uma *composição de intriga*. Mais do que isso, toma essa própria composição de intriga como um modelo estruturado, já que tem como base os elementos virtuais que se atualizam em um texto específico nas narrativas referenciais, podendo ser entendida como o *agenciamento dos fatos em um sistema*.

O entendimento de que a narrativa jornalística pode ser definida a partir da atualização de uma série de elementos virtuais pré-textuais é de fundamental importância para que possamos delimitar as mudanças que o jornalismo de revista sofreu no decorrer de sua história no que diz respeito a sua maneira específica de contar histórias. Se nem sempre as narrativas foram contadas da mesma maneira, de forma que podemos perceber uma mudança acentuada na ênfase de seus códigos de narração, é porque esses elementos virtuais (mímesis I) sofrem determinados rearranjos ao longo do tempo, de forma que esse saber narrar foi sendo constantemente ressignificado.

Na medida em que toda a ação narrativa está submetida a uma estruturação inscrita nos sistemas culturais, o modelo proposto por Ricoeur a respeito do funcionamento mimético dos textos é interessante, pois incorpora questões tais como o lugar social ocupado pelo jornalista (enquanto sistema de hierarquização de valores profissionais de julgamento que transbordam para a escrita) bem como suas ações profissionais práticas (que também estruturam as próprias informações que serão colhidas, buscadas, enfatizadas e urdidas em enredo). Ora, conforme posto no Capítulo 1, são esses mecanismos ligados à tríade "lugar social – prática – escrita" que conferem historicidade aos códigos compartilhados de narração, uma vez que a sobredeterminação desses elementos faz com que a mudança dos códigos profissionais reestruture os próprios procedimentos da escrita (e a consequente atualização em texto).

Ao colocar os elementos do tripé certeauniano em esquema, Ricoeur estrutura o modo a partir do qual os próprios modos do saber narrar são historicamente marcados e determinados por elementos culturais e simbólicos de mediação. E ele o faz na medida em que assume a noção de que o mecanismo de agenciamento dos fatos em um sistema para a composição de intrigas está submetido, primeiramente, a compreensões práticas e narrativas, aos agenciamentos simbólicos da ação, bem como a mecanismos tão diversos postos nos sistemas culturais como os discursos circulantes e os padrões de julgamento que estruturam todos os textos antes mesmo de sua escrita efetiva. São destes elementos virtuais, justamente, que é formada a mímesis I e que são materializados na mímesis II, culminando na desembocadura no leitor concernente a mímesis III. A junção de Ricoeur e Certeau é interessante na medida em que Ricoeur fornece uma estrutura propriamente linguística a um problema que, em Certeau, era tratado em termos sociológicos.

Se Certeau nos forneceu os elementos que inserem historicidade na escrita e Ricoeur nos mostrou como esses elementos se estruturam em sistema, é a partir dos contornos específicos que Barthes alinhava a noção de *código narrativo* em *S/Z* que iremos procurar os modos de manifestação dessas características nas produções textuais.

Olhar a narrativa a partir dessa perspectiva significa reconhecer que "interpretar um texto não é dar-lhe um sentido (mais ou menos embasado, mais ou menos livre), é, ao contrário, estimar de que plural é feito" (BARTHES, 1992, p. 39). E é justamente como um aparato teórico-metodológico que se coloca em busca desse plural que o conceito de código é articulado. É necessário, portanto, esmiuçarmos esse conceito para que possamos começar a analisar de quais plurais foram feitos, ao longo do tempo, as narrativas jornalísticas em reportagens informativas.

CAPÍTULO 3

O código narrativo e a tessitura de vozes em um texto:
repetições e translações de sentido na forma da narrativa

Para que possamos estudar a forma como a narrativa da reportagem de revista mudou ao longo de sua história, elegemos como objeto teórico a noção de *código narrativo*, tal como utilizada na obra de Roland Barthes, de forma que o estudo dos códigos no jornalismo de revista visa, com efeito, observar como são articuladas as repetições e as translações significantes na composição narrativa.

Ora, o conceito de código é fundante nos estudos da linguagem. Em seu dicionário de linguística, Dubois (1973, p. 113-114) define-o como "o sistema de transmutação de uma mensagem em outra forma que permite sua transmissão entre um emissor e um receptor por meio de um canal", seguindo a definição dada por Jakobson (1989) de que o código "combina o *signans* (significante) com o *signatum* (significado) e este com aquele". Ao não se caracterizar como um mecanismo estático de representação, o código "não se limita àquilo que os engenheiros de comunicação chamam de 'conteúdo puramente cognitivo do discurso'", mas sim, diz respeito também à "estratificação linguística dos símbolos léxicos, bem como as variações pretensamente 'livres' (...) são previstas e preparadas pelo código" (JAKOBSON, 1989, p. 77).

O código, portanto, é um veículo transmissor da mensagem, se tomarmos a palavra veículo em um sentido largo que pode abarcar desde as línguas nacionais até os meios menos largamente compartilhados, embora estruturados e codificados, como os idioletos, os localismos, as mensagens visuais, sonoras etc. O código, portanto, é sempre um mecanismo socialmente partilhado de atribuições de sentido.

Não será essa definição clássica de código, contudo, que servirá de conceito operatório para este trabalho. Tomaremos, como ponto de partida, os contornos em torno do conceito de código narrativo que Barthes alinhavou em *S/Z*. Este conceito, embora debitário da definição clássica, não se confunde com ela e pode ser tomado como a expressão de uma fase de radicalização do trabalho de Barthes, de um momento em que ele entra em confronto com a análise estrutural da narrativa e mesmo com uma parte anterior de seu trabalho. O estudo dos códigos para Barthes, com efeito, diz respeito aos modos a partir dos quais é possível observar a translação de sentidos em um texto através de um estudo da forma.

A aproximação entre Barthes e Ricoeur é interessante na medida em que, se Certeau nos forneceu os elementos que garantem o caráter histórico dos formatos narrativos e Ricoeur nos mostra a sua forma de estruturação enquanto virtualidade que se atualiza em discurso, Barthes, através de sua notação sobre o código, mostra os modos de aparição e funcionalização da proposta ricoeuriana. Ele nos mostra os modos de manifestação dessas características nas produções textuais.

DA ESTRUTURA À ESTRUTURAÇÃO: ENTRE O DIAGRAMA E A PARTITURA

É como parte do estudo das conotações que Barthes elege como conceito privilegiado a noção de código. Se acompanharmos a trajetória intelectual de Barthes, é fácil perceber como esse conceito sofre uma guinada radical, especialmente se compararmos o arsenal teórico desenvolvido em *Mitologias* com aquele que posteriormente se consolidará em *S/Z*. O trabalho de Barthes pode ser dividido em quatro fases, a partir da filiação desse autor a diferentes correntes teóricas de influência.

Em seus primeiros trabalhos, dos quais se destacam *O Grau Zero da Escritura* e *Mitologias*, o autor estabelece um diálogo, principalmente, com Jean Paul Sartre – diálogo este essencial para que possamos entender o seu conceito de escritura e o desenvolvimento de suas reflexões sobre a significação.

Em sua obra *Que é a Literatura*, Sartre estabelece as relações existentes entre o ato de escrever e o engajamento político. Na medida em que a arte literária só se justifica se acompanhada de uma função social, Sartre coloca que "o escritor engajado sabe que a palavra é ação: ele sabe que desvelar é mudar e que não se pode desvelar a não ser projetando mudar". É diante disso que "desde já podemos concluir que o escritor escolheu desvelar o mundo e, particularmente, o homem aos outros homens para que esses assumam em face do objeto assim desnudado sua inteira responsabilidade" (SARTRE, 1988, p. 35).

Esse engajamento, no entanto, não é algo que possa ser visto como um ato voluntarioso que provém unicamente do autor. Muito embora a arte de escrever esteja sempre ligada a uma vontade do artista de se sentir essencial ao mundo na criação de sua obra, esse é sempre posto diante da sua própria inessencialidade diante da obra criada. É somente diante de um leitor que a obra de arte pode ser engajada: "a operação de escrever implica a operação de ler como seu correlativo dialético e esses dois atos conexos necessitam dois agentes distintos". E, portanto, "é o esforço conjugado do autor e do leitor que fará surgir esse objeto concreto e imaginário que é a obra do espírito. Não existe arte a não ser para o outro e pelo outro" (SARTRE, 1988, p 52).

A leitura, para Sartre, é uma criação dirigida, ao mesmo tempo uma atividade de desvelamento e de recriação. Mais do que isso, a leitura é um apelo ao leitor para que este colabore, com a sua liberdade, para a criação de uma significação não implicada na narrativa enquanto intencionalidade do autor. Uma vez que reconhecer a própria liberdade implica na valorização da liberdade do outro, a narrativa não pode se configurar senão como o exercício de liberdade de um autor em solidariedade com o exercício da liberdade de um leitor, desvelando a própria liberdade de um ao vê-la manifestada no outro. E é nesse sentido que "escrever é, ao mesmo tempo, desvelar o mundo e propô-lo como uma tarefa à generosidade do leitor" (SARTRE, 1988, p. 58).

O ato de escrever, nesse sentido, não pode ser senão um exercício de liberdade, na medida em que é ela que assegura que a narrativa não se reduza a uma mera emanação de ideologias totalitárias: se a interpretação é livre, nada pode contê-la.

Mais eis aqui o ponto em que a problemática se esgarça. Dentro do projeto sartriano, a liberdade é uma conquista de uma dada situação histórica e não uma condição pré-estabelecida. Na medida em que existem liberdades que se encontram estagnadas, mascaradas ou indisponíveis, a narrativa pode, igualmente estar a serviço de uma visão de mundo retrógrada e conservadora. E assim, "eu digo que a literatura de uma determinada época é alienada quando não chegou à consciência explícita de sua autonomia e se submete às potências temporais ou a uma ideologia" (SARTRE, 1988, p. 58). Existe uma série de imposições, portanto, que atuam como limitadores da narrativa enquanto engajamento. Dentro do projeto sartriano, "a literatura é, por essência, a subjetividade de uma sociedade em revolução permanente" (SARTRE, 1988, p. 139).

É dentro desse debate que Barthes se insere na grande cena literária francesa. Sob influência das preocupações de Sartre, mas também a partir de um questionamento de alguns de seus postulados, O Grau Zero da Escritura instala uma nova noção de engajamento posta não no conteúdo das obras, mas sim na sua própria forma de escrita.

De fato, a noção de engajamento de Sartre não pode ser separada do conteúdo narrativo. Para ele, "uma literatura é abstrata quando ainda não adquiriu a visão plena de sua essência, quando ela somente colocou o princípio de sua autonomia formal e considera o assunto da obra como indiferente" (SARTRE, 1988, p. 134).

Ora, para Barthes, é justamente o princípio formal que pode servir como a chave para o engajamento político através da narrativa. É a própria forma da escrita que pode carregar uma significação para além de sua mensagem textual, para além de seu conteúdo narrativo.

Aqui nos encontramos, portanto, com a noção de escritura. Para Barthes, a língua não pode ser tomada como nada mais além de um mero corpo de percepções e hábitos comuns dos escritores de uma época. Nesse sentido, ela não é uma fonte de materiais, mas sim, apenas um horizonte, um possível, uma espécie de linha que quase pede uma transgressão para algo (algum código) que a sobreponha. A língua é apenas a instauração de certa familiaridade e o posicionamento de um lugar de limite correspondente a uma sociabilidade compartilhada: "falar que Camus e Queneau falam a mesma língua é apenas presumir, por uma operação diferencial, todas as línguas, passadas ou futuras, que não falam" (BARTHES, 1997, p. 20).

Diferentemente da língua e do estilo de cada autor, no entanto, Barthes elege a escritura como o conceito privilegiado que dota de valor a forma. A escritura é um movimento de escrita que atua enquanto função (diferentemente da língua e do estilo que se constituem enquanto objeto) e marca o *ethos* de uma narrativa, um determinado posicionamento de um autor frente ao mundo.

Mais do que isso, a escritura "é uma relação entre a criação e a sociedade, é a linguagem literária transformada por seu destino social" (BARTHES, 1997, p. 22). Em resumo, trata-se da reflexão do autor sobre o uso social da forma e a eleição de uma forma específica. É nesse sentido politicamente comprometido que o autor pode afirmar que, se o que separa o pensamento de Flaubert e de Balzac é uma variação de escolas, o que opõe as suas escrituras é uma ruptura muito mais radical, posta "no instante mesmo em que duas estruturas econômicas se imbricam, arrastando em sua articulação mudanças decisivas de mentalidade e consciência" (BARTHES, 1997, p. 22).

Do mesmo modo que Sartre, Barthes (1997, p. 24) também elege a escritura como a manifestação de uma liberdade: "a escolha, e logo a responsabilidade de uma escritura, designam uma liberdade", mas com o importante adendo de que "essa liberdade não tem os mesmos limites nos diferentes momentos da história".

E isso porque, obviamente, a própria escritura está sujeita às codificações culturalmente marcadas e socialmente compartilhadas que identificam certos formatos narrativos a modos de ação politicamente engajados. Não há, dessa maneira, formas literárias atemporais e é somente a partir do peso da História e da Tradição que esses modos narrativos são assentados. "A escritura é precisamente este compromisso entre uma liberdade e uma recordação, é esta liberdade recordante que só é liberdade no seu gesto de eleição e já em sua duração" (BARTHES, 1997, p. 24).

Portanto, mais do que com a noção de escritura, nós nos encontramos também com outro princípio geral: a mutabilidade histórica das formas narrativas. Como bem assinala Allen (2003, p. 16-17) "uma vez que nós começamos a entender a escrita como a expressão de um engajamento ideológico da parte de um autor, nós estamos em posição de estudar como os autores, ao longo da história, responderam às suas realidades políticas e sociais escolhendo formas distintas de expressão".

Há um princípio geral, portanto, que guia a obra de Barthes desde o início: o questionamento sobre as formas da escrita, sobre os modos de construção narrativa, bem como a problemática da mudança dessas formas ao longo da história. É este o ponto de contato que ligará os seus trabalhos estruturalistas aos pós-estruturalistas.

Os contornos que Barthes confere à noção de conotação nessa primeira fase, que podemos encontrar no livro *Mitologias*, também seguem esse debate descrito até aqui, a partir do desenvolvimento de um argumento que já pode ser encontrado em *O Grau Zero da Escritura*: o de que a literatura, assim como todas as práticas culturais, é uma instância de poder e, como tal, está a favor de uma determinada ideologia dominante. Embora as possibilidades abertas pela escritura pareçam realmente promissoras, há um pessimismo marcado na obra no que se refere ao seu diagnóstico: embora a forma possua um conteúdo politicamente marcado, uma das características da ideologia burguesa é, justamente, a de se comportar como uma "devoradora de estilos", atuando, com isso, no desengajamento da forma.

Em *Mitologias*, essa ideia é desenvolvida a partir da tentativa de mostrar que a função do mito, em suas diversas manifestações "é transformar uma intenção histórica em natureza, uma contingência em eternidade" (BARTHES, 1975, p. 162). O mito aludido aqui, portanto, não tem o sentido original dado pela antropologia, mas sim, diz respeito ao próprio funcionamento da ideologia burguesa na deformação dos sentidos e na naturalização dessa deformação nas práticas culturais consumidas diariamente.

E é nesse sentido que Barthes (1975, p. 163) afirma que "se a nossa sociedade é objetivamente o campo privilegiado das significações míticas, é porque o mito é formalmente o instrumento mais apropriado para a inversão ideológica que a define: a todos os níveis da comunicação humana, o mito realiza a inversão da *anti-physis* em *pseudo-physis*". Ora, o mito, para Barthes não é determinado a partir do conteúdo de uma mensagem: aqui, novamente, ele retoma a forma, aludindo que "o mito não se define pelo objeto de sua mensagem, mas pela maneira como a profere: o mito tem limites formais, mas não substanciais" (BARTHES, 1975, p. 131).

Aqui está o sentido próprio do mito enquanto uma das formas da conotação. O mito, portanto, como um sistema particular, se constrói a partir de uma cadeia semiológica que é anterior a ele, ou seja, trata-se de um sistema semiológico segundo. "O que é signo (isto é, a totalidade associativa de um conceito e de uma imagem) no primeiro sistema, transforma-se em simples significante do segundo" (*Ibidem*, p. 136).

Em um exemplo ilustrativo, o autor descreve a foto de um jovem negro de uniforme militar saudando a bandeira francesa na capa de uma revista de grande circulação. Há ali, sem dúvida, um sentido da imagem que funciona como um sistema semiológico primeiro. Ao mesmo tempo, contudo, existe ali também um sistema semiológico ampliado que transforma esse sentido em um mero significante: o jovem militar é inseparável de uma significação que alude à grandiosidade do Estado e a determinados valores correntes e socialmente desejáveis.

A significação do mito, portanto, deve ser lida em uma chave dupla, pois designa e notifica, abarcando uma compreensão e uma imposição.

Essa significação, contudo, só pode se impor sob o preço de uma deformação, de forma que a própria significação estaria escondida sobre o peso de um fato, de um saber supostamente compartilhado. O mito é uma fala despolitizada porque ignora a contingência histórica do mundo: ele não esconde ou dissimula os sentidos, mas sim, os inocenta, dando-lhes a aparência de uma constatação. Em suma, ele os fundamenta sob a forma de uma natureza (ou essência) das coisas.

Nesse sentido, se é a história que transforma o real em discurso, o mito é uma fala escolhida pela história que não se mostra como tal. Em resumo, Barthes exprime, nesse trabalho, "um sentimento de impaciência frente ao 'natural' com que a imprensa, a arte, o senso comum, mascaram continuamente uma realidade que, pelo fato de ser aquela em que vivemos, não deixa de ser por isso perfeitamente histórica". Trata-se, assim, de certo abuso ideológico *do-que-é-óbvio*, a partir de uma conformação entre Natureza e História que se expressa na própria forma dos enunciados (BARTHES, 1975, p. 7).

Ao ser tratada nos termos de uma conformação à ideologia burguesa e não como mero funcionamento da linguagem, o que fica patente nesses primeiros textos é o reconhecimento da possibilidade de existência de uma significação não mítica, não marcada pelas implicações ideológicas. Pode-se mesmo pensar que se trata de uma busca por uma essencialidade do sentido inserida na própria crítica de uma pretensa essencialidade mascarada. É essa ideia presente nos primeiros escritos de Barthes que sofrerá uma rearticulação radical nos seus escritos posteriores.

Outro ponto a ser observado é a questão de que a forma também possui aqui uma prevalência na atenção que Barthes dedica ao estudo da narrativa. Em um ensaio ácido a respeito de Barthes, Paul de Man alude esse aspecto, ao se referir ao fato de que o seu colega, ao contrário de outros autores franceses cuja ênfase teórica se coloca do lado do significado, se posiciona em favor do significante ou, em outros termos, em favor das propriedades objetivas do signo, independentemente de sua função semântica enquanto um código ou veiculador de mensagens.

Para comentar sobre esse aspecto da obra de Barthes, de Man (1990) faz referência à análise acerca do jogo de vale-tudo empreendida pelo autor em *Mitologias*: ali, não se trata de mostrar os engodos do sentido, não se trata de analisar os esforços empreendidos para disfarçar a farsa e mostrar que o que acontece no ringue é real. O ponto de inflexão de análise é completamente outro. O que surpreende Barthes é justamente o fato de que tanto os lutadores quanto os espectadores *sabem* que o jogo é uma farsa e, mesmo assim, se entregam completamente a ele.

O que sobra, nesse mecanismo, é apenas a encenação de uma série de gestos que atuam como significantes: o triunfo do ganhador, as lágrimas do adversário, as reviravoltas inesperadas. Todas elas, contudo, tem o seu valor apenas enquanto forma narrativa, independentes do resultado do jogo ou, em outros termos, independentes do conteúdo que lhes dará significação.

Trata-se de um mecanismo, contudo, que está longe de ser inocente. Como comenta de Man (1990, p. 182-183), "é da natureza das ficções serem mais persuasivas do que os fatos e especialmente persuasivas em parecerem mais reais que a própria natureza (...). A sua própria artificialidade endossa-as com a máxima aparência de naturalidade". E assim, "a particular sombra de perversão e má consciência associada à ficção diminui a partir da cumplicidade envolvida na parcial consciência dessa ambivalência, associada a um desejo ainda maior de resistir à sua exposição".

É este o aspecto que será dominante na segunda fase da obra de Barthes, sob uma forte influência estruturalista, e que marcará as análises dos anos 60 em torno da narrativa. Especialmente expressiva desse momento é a introdução que o autor faz ao livro *Análise Estrutural da Narrativa*, onde a montagem de histórias é abordada sob a perspectiva das unidades (ou níveis) que a compõe: as funções, as ações e a narração.

Nesse texto, Barthes (1976, p. 20) coloca que a analogia entre o funcionamento da língua e a estruturação narrativa não deve ser vista apenas como uma metáfora vagamente válida, mas sim, que deve ser posta nos termos de uma análise direta.

> "Diante da infinidade de narrativas, da multiplicidade de pontos de vista pelos quais se podem abordá-las (histórico, psicológico, sociológico, etnológico, estético etc.), o analista encontra-se quase na mesma situação que Saussure, posto diante do heteróclito da linguagem e procurando retirar da anarquia aparente das mensagens um princípio de classificação e um foco de descrição".

Muito embora as unidades narrativas sejam independentes das unidades linguísticas, Barthes mostra o estado da arte dos estudos narrativos justamente a partir de um desfilamento das diversas tentativas de estabelecimento dessas unidades mínimas. Nesses termos, é possível delinear tentativas que se concentram no nível das funções (como uma unidade de conteúdo a partir do qual a história se apresenta como o termo de uma correlação), das ações (a partir das quais o personagem é definido, sendo essas pouco numerosas, típicas e classificáveis) e da narração (relacionada à problemática da descrição do código através do qual narrador e leitor são significados no desfilar da própria narrativa), muito embora esses níveis se complementem.

A grande característica da "língua narrativa" para Barthes, nessa fase, é a de operar a partir de um mecanismo de expansão e de integração.

A expansão dá-se no sentido de que uma narrativa é altamente catalisável. Em outros termos, a uma sequência determinada de ações é possível distender todo um conjunto de pequenas ações que se acumulam, na medida em que "podem-se preencher os interstícios com um número muito grande de catálises" – que, por sua vez, podem ser também postas sob uma outra estruturação, formando níveis. "Aqui, uma nova tipologia pode intervir, pois a liberdade de catálise pode ser regulada segundo o conteúdo das funções" (BARTHES, 1976, p. 56).

A questão que se coloca, contudo, é a de que a essa força de expansão, Barthes contrapõe, nesse momento, a *integração*, entendida como uma força que tem a capacidade de unir, em um nível superior, o que foi separado em um outro nível – em uma sequência, por exemplo. Nesses termos, a narrativa é entendida tal como um organograma, a partir do qual todos os sentidos estão correlacionados.

Barthes assume a perspectiva de que, devido a essa força da integração na narrativa, "cada nível (integratório) dá a sua isotopia às unidades do nível inferior" e assim, *"impede a significação de oscilar"*. A narrativa é posta como uma articulação dos códigos em diversos níveis e como o fechamento de uma significação.

É sob o peso dessa leitura e dessa influência que de Man (1990, p. 181) pode afirmar que "Barthes nasceu semiologista, dotado de um senso inato para os jogos formais das conotações linguísticas". O entendimento de Barthes em torno desse jogo formal dessas conotações, no entanto, embora mantenha alguns de seus postulados, sofre uma rearticulação sensível nos escritos posteriores.

Uma primeira rearticulação desses preceitos já pode ser alinhavada a partir de sua obra *Sade, Fourier, Loyola*. E isso porque, aqui, Barthes (2005, p. IX) não pensa em uma estrutura única que atravessaria a obra dos três autores, mas sim, pensa cada obra articulada por uma estruturação distinta, de forma que cada um desses autores estudados, a seu modo, coloca a "comunicação na dependência de uma ordem inflexível ou, para ser ainda mais ofensivo, de uma combinatória".

Embora nessa obra o autor ainda esteja trabalhando de acordo com os preceitos da análise semiótica, já é possível compreender um deslocamento, na medida em que cada autor que forma o título de seu livro, segundo ele, inaugura uma espécie de língua. Sem confundir-se com as línguas naturais, mas articuladas a partir do jogo entre representação e estilo, a analogia é justificada pelo modo em que os três autores recorrem, cada um a sua maneira, a três operações básicas que estruturam uma língua.

A primeira delas é o isolamento. Para Barthes (2005, p. X), "a língua nova deve surgir de um vazio material; um espaço anterior deve separá-la das outras línguas comuns, ociosas, ultrapassadas, cujo 'ruído' poderia perturbá-la". Como exemplo desse isolamento, o autor cita o fato de os personagens sadianos estarem sempre trancados em ambientes invioláveis.

A articulação é o segundo ponto da analogia. Na medida em que não existem línguas sem signos distintos, nem tampouco a partir do qual esses signos não sejam retomados em uma combinatória precisa, esses três autores, para Barthes, também em suas obras, engendram mecanismos de "corte – combinação – ajustamento", articulando regras de junção entre os signos escolhidos (que, por sua vez, também não se confundem com os signos linguísticos).

E, por fim, há a questão da ordenação, na medida em que as obras dos três autores têm sempre um Ordenador, ou um Mestre de Cerimônias que serve como um ponto de organização dos componentes distintos.

E assim, "se então Sade, Fourier e Loyola são fundadores de língua, e não mais do que isso, é justamente para nada dizer, para observar uma vacância", de forma que "a língua, campo do significante, põe em cena relações de insistência, não de consistência: dispensa-se o centro, o peso, o sentido". E é nesse sentido que, para Barthes, com esses autores, é necessário escutar "o arrebatamento da mensagem, não a mensagem (...), o desdobramento vitorioso do texto significante" (BARTHES, 2005, p. XIX).

Esse funcionamento da obra de um autor enquanto língua fica claro quando Barthes explica, por exemplo, o valor que a comida ou as roupas exercem na obra do Marquês de Sade. Ambos funcionam como signos de uma economia libidinal, marcando toda a tipologia dos personagens, bem como estabelecem um jogo claro entre signos e funções.

Nesse sentido, Barthes identifica em todas as histórias de Sade uma unidade mínima, tal como os fonemas, que ele chama de *postura*. Essa mínima unidade diz respeito, por exemplo, simplesmente a uma ação específica acrescido de um ponto corporal de sua aplicação. "Sendo a postura uma formação elementar, repete-se fatalmente e, diante disso, podemos contabilizá-la" e, por exemplo, é nesse sentido que "Juliette faz as contas: foi possuída 128 vezes de um jeito, 128 vezes de outro, sejam 256 vezes ao todo etc." (BARTHES, 2005, p. 20).

A combinação dos diversos conjuntos de posturas resulta no que Barthes chama de *operação*, que pode se configurar tanto enquanto *figura* (quando os personagens envolvidos são articulados em unidades diacrônicas) quanto enquanto *sessão* (quando eles estão dispostos sincronicamente). O conjunto de operações forma, por fim, uma *cena* ou *sessão*.

Passada a cena, Barthes identifica uma unidade maior da narrativa, a marca própria da escritura sadiana: a dissertação. É o momento em que fica explícito o elemento que "afora o assassínio, só há um traço que os libertinos possuem como próprio e não repartem nunca, seja sob qual forma for: é a palavra". Essa unidade maior é o que compõe o espírito da obra de Sade porque, ali, "o agente não é fundamentalmente aquele que tem o poder ou o prazer, é aquele que detém a direção da cena e da frase" (BARTHES, 2005, p. 24).

É importante enfatizar que todas essas unidades estão submetidas a regras diversas de combinação ou de composição, de forma que *Sade, Fourier, Loyola* talvez seja o livro mais bem alinhado com os preceitos da análise semiótica da narrativa de Barthes, mesmo que subverta, logo de saída, justamente, um de seus aspectos fundamentais, ou seja, a desconsideração do estilo do narrador.

Conforme já colocamos anteriormente, contudo, embora alguns desses princípios gerais se mantenham, é clara uma mudança de perspectiva nos últimos livros de Barthes. Parte dessa reformulação é tributária da influência exercida por Derrida em seu trabalho e é em *S/Z* que ela pode ser sentida de forma mais patente. Se antes Barthes utilizava a metáfora do diagrama para estabelecer a hierarquia dos códigos em uma narrativa, essa será abandonada, como mostraremos a seguir, em favor da metáfora da partitura – a partir da ideia de que os códigos estão postos enquanto vozes que compõem o texto. François Dosse (2007), em seu livro sobre a história do estruturalismo, coloca *S/Z* como uma obra que marca uma quebra na primeira fase do estruturalismo francês.

O(S) CÓDIGO(S) E OS PLURAIS DA NARRATIVA

A primeira quebra em relação a seus trabalhos anteriores é dada logo de antemão, no argumento da obra. *S/Z* é o estudo da narrativa de apenas uma obra, a saber, da novela *Sarrasine*, de Balzac, e diz respeito a uma busca pelas redes múltiplas de sentidos que se constroem ali. Barthes continua a se interessar pelas formas, portanto, mas não mais para entender os efeitos de naturalização dos sentidos, mas sim, como uma forma de encontrar os plurais da narrativa. A partir de *S/Z* já não é mais possível encontrar na obra de Barthes ecos de uma busca antiga por significações não-mitificadoras, não ideologicamente marcadas e nem ao menos uma estruturação rígida e hierarquizada dos códigos narrativos.

Trata-se de um livro que marca a fase pós-estruturalista nos estudos de Barthes e que, de acordo com uma entrevista dada pelo próprio autor, se pauta pela adoção de um modelo que não mais está preocupado com as formas mitificadoras, mas sim, com a própria construção do conhecimento a partir da narrativa.

A influência que as reflexões de Jacques Derrida tiveram no cenário francês nesse período é um dos grandes fatores que levaram a esse deslocamento. Se o grande interesse de Barthes ao longo de toda a sua carreira estava justamente em torno da articulação dos sentidos pela forma, a contribuição de Derrida se dará justamente a partir da constatação da impossibilidade de uma essencialidade do sentido. Uma vez submetida á noção de traço, a significação, na concepção derridariana, só pode ser concebida como um jogo infinito de adiamentos e remissões que faz com que um sentido nunca seja estático e nunca coincida com ele mesmo. Vejamos como se dá essa influência na obra de Barthes.

Na concepção de Derrida, o traço antecede todo o sistema de significação e toda a cadeia significante, de forma que ele é o movimento da própria diferença. Em suas palavras, "o traço (puro) é a *différance*" (DERRIDA, 1997a, p. 62), aludindo a esse jogo mesmo de adiamentos pressupostos em todo o ato significante.

Para Derrida, Saussure abriu o caminho para a gramatologia na medida em que foi hábil em estabelecer o mecanismo da *différence*, ou seja, o fato de que um signo é aquilo que os outros signos não são e que ele tem apenas um valor relativo, ou seja, determinado por sua posição em relação a outros signos do sistema. Para Derrida, no entanto, existe um outro mecanismo de diferença que também está em jogo na aferição de sentidos: a *différance*. A *différance* derridariana alude, justamente, a uma temporização do signo, ou seja, a um retardamento, a um adiamento que faz com que os sentidos estejam sempre em construção. O traço é a manifestação dessa *différance*.

Ora, esse sistema de significação só pode ser erguido a partir de uma crítica radical ao próprio pensamento estruturalista cujas bases estão em Saussure. Isso porque a sua noção de *différance* só pode ser articulada a partir da crítica às oposições binárias articuladas no sistema estruturalista (uma vez que ela é um ponto não fixo que está posta em qualquer lugar do sistema) e de uma concepção de jogo entre os signos, na medida em que está calcada nas possibilidades imprevisíveis da criação de significados na narrativa.

Para Derrida (1995, p. 230), "a estrutura, ou melhor, a estruturalidade da estrutura, embora sempre tenha estado em ação, sempre se viu neutralizada: reduzida por um gesto que consistia em relacioná-la a um ponto de presença, a uma origem fixa". Tal tentativa tinha como objetivo "não apenas orientar e equilibrar, organizar a estrutura", já que não se pode pensar em uma estrutura sem organização, "mas, sobretudo, levar o princípio de organização da estrutura a limitar o que poderíamos denominar jogo da estrutura".

À rigidez da estrutura antepõe-se, portanto, o próprio jogo, como a manifestação da *différance*, como a não fixidez do sentido em geral. E isso, na medida em que "o jogo é sempre jogo de ausência e de presença, mas se o quisermos pensar radicalmente, é preciso pensá-lo antes da alternativa da presença e da ausência; é preciso pensar o ser como presença ou ausência a partir da possibilidade do jogo e não inversamente" (DERRIDA, 1995, p. 248).

E é a partir desse conceito que podemos entender porque, em Derrida, o ato de dar nomes às coisas está sempre sujeito à sua inscrição em traços, sendo que estes marcam toda e qualquer inscrição no presente. Como explica Rego (2006, p. 152-155), sob essa concepção, "o traço põe em relação: a estrutura da relação com o outro (no sentido do diferente), o movimento de temporalização e a linguagem como escrita". E assim, "o traço é radicalmente a origem absoluta do sentido em geral, o que é o mesmo que afirmar a não-origem absoluta do sentido em geral".

O projeto da desconstrução, segundo as próprias palavras de Derrida, portanto, diz respeito ao reconhecimento de que "o sentido como última camada do texto sempre é dividido e múltiplo e não se deixa apanhar como um todo. O empenho de alcançar um sentido fundamental e originário está condenado, de antemão, a uma espécie de multiplicação e divisão que tornam impossível o ficar imóvel diante de um sentido". E, nesses termos, "se digo impossível, isso não quer significar um limite, um fracasso, mas que o texto pode ter um sentido, porque a diferença ou a divisão, ou a dispersão (*dissémination*) constitui a origem" (DERRIDA apud STEIN, 2001, p. 114).

S/Z pode ser considerado o trabalho em que Barthes mais se aproxima de uma filosofia da desconstrução exatamente por levar em consideração, em suas reflexões, as observações de Derrida acerca do funcionamento dos sentidos marcado pela *différance* e pelo traço. É nesse sentido que podemos entender a sua busca pelos plurais de um texto através do conceito de código.

Existem, portanto, alguns preceitos desconstrucionistas que Barthes irá adotar em seu trabalho e que são fundamentais para que possamos entender os contornos do conceito de código em S/Z. O primeiro deles é o fato de que a desconstrução não se detém nos paradigmas estruturalistas. "Por esse primeiro caminho, a desconstrução possui uma vocação antiestruturalista e se pode observar em Derrida uma proposta de pôr em movimento a estrutura através da decomposição, da dessedimentação e da desmontagem" (STEIN, 2001, p. 106). E assim, embora o modelo da desconstrução seja derivado do universo linguístico, seu objetivo central era justamente descortinar mecanismos outros de aferição de sentidos para além da estruturação semiótica.

Além disso, é patente também o movimento contra a universalização que é instaurado ao alocar a ênfase na singularidade dos textos. Nesses termos, é possível notar como Barthes abandona a ideia de que existe a possibilidade de se delimitar todos os códigos de um texto e mesmo a noção de que esses códigos sejam universais. Muito pelo contrário, eles podem se prestar à análise de uma única obra.

Isso posto, é interessante observar, no entanto, que Barthes funcionaliza esses preceitos gerais de uma forma bem menos agressiva do que Derrida. Nesse sentido, Bucher (1990) chama a atenção para o fato de que, apesar da similaridade patente, as concepções de "diferença" dos dois autores se distanciam um pouco na medida em que Barthes, bem menos radical do que Derrida, não abandona todo o preceito de organização formal. "S/Z não é apenas uma desconstrução de *Sarrasine*, mas é também uma reconstrução criativa na forma de uma reescrita que estrela o texto original sem, no entanto, contradizê-lo" (BUCHER, 1990, p. 174).

Isso fica claro no modo como Barthes tenta articular esses plurais que envolvem a escritura de um texto. Para o autor, se falássemos de um texto ideal, teríamos que considerar a seguinte ordem de coisas:

> Nesse texto ideal, as redes são múltiplas e se entrelaçam, sem que nenhuma possa dominar as outras; este texto é uma galáxia de significantes, não uma estrutura de significados; não tem início; é reversível; nele penetramos por diversas entradas, sem que nenhuma possa ser considerada principal; os códigos que mobiliza perfilam-se a perder de vista, eles não são dedutíveis (o sentido, neste texto, nunca é submetido a um princípio de decisão, e sim por um lance de dados); os sistemas de sentido podem apoderar-se deste texto absolutamente plural, mas seu número nunca é limitado, sua medida é o infinito da linguagem. (BARTHES, 1992, p. 39-40)

Isso não implica em apenas conceder a cada parte do texto a sua parcela de verdade, mas sim, trata-se, "contra toda in-diferença, de afirmar o ser da pluralidade, que não é o ser do verdadeiro, do provável ou até do possível".

A estes ecos claramente derridarianos, Barthes interpõem, contudo, os próprios limites desse tipo de entendimento. Citando diretamente Derrida, ele coloca que "esta afirmação necessária é, no entanto, difícil, pois, ao mesmo tempo em que nada existe fora do texto, nunca há um todo do texto (que seria, por reversão, origem de uma ordem interna, reconciliação de partes complementares, sob o olhar paterno do Modelo representativo)" (BARTHES, 1992, p. 40).

É nesse sentido que Barthes coloca que, a toda vez que nos aproximamos de um texto que permite a sua análise em termos de uma gramática ou de uma lógica narrativa, estamos lidando com textos "incompletamente plurais", montados a partir de plurais que podem ser delimitados e discerníveis – muito embora a ênfase ainda recaia sobre a pluralidade e, portanto, alinhave um campo de análise que se estrutura a partir do afastamento dos postulados tradicionais da análise estrutural da narrativa e de seus primeiros trabalhos nessa área.

O *código narrativo*, nessa lógica, é o elemento que fornece os contornos metodológicos que permitem a análise dessa diferença, desses plurais limitados que fundam um texto.

Nesses termos, o código não diz respeito a uma estrutura propriamente dita, mas sim, à produção de uma estruturação. E isso, na medida em que "se o texto é submetido a uma forma, *esta forma não é unitária, arquitetada, acabada*" (BARTHES, 1992, p. 54). Aos estudos que veem a narrativa como um conjunto fechado, portanto, Barthes contrapõe a pluralidade das formas que o compõem.

A forma do texto, para Barthes, agora, "é o trecho, é o fragmento, a rede cortada ou apagada, são todos os movimentos, todas as inflexões de um imenso *fading*, responsável, simultaneamente, pelo encavalgamento e pela perda das mensagens".

O código narrativo, portanto, é posto como uma *lista* que é necessário reconstituir. "O código é uma perspectiva de citações, uma miragem de estruturas", é o conjunto de estilhaços de textos já lidos, é "uma das forças que se podem apoderar do texto", é "uma das Vozes que compõem a malha do texto" (BARTHES, 1992, p. 54).

Obviamente, podemos notar aqui que Barthes não abandona antigos questionamentos. Entre eles, existe ainda uma preocupação muito patente com a *forma*. O estudo dos códigos, nesse sentido, é um estudo formal na medida em que busca a articulação de sentidos (plurais) em um texto a partir não do conteúdo que é articulado, mas sim, levando-se em consideração a própria estruturação da narrativa.

Outra preocupação patente diz respeito à não-essencialidade desses códigos. Cada narrativa (ou, em um sentido amplo, cada escola literária, cada gênero do discurso ou cada dispositivo de comunicação) possui os seus códigos próprios e, mais do que isso, historicamente determinados. A análise de *Sarrasine* leva em consideração os códigos articulados por esse romance em particular, mas não tem a pretensão de inaugurar códigos que possam ser universalmente utilizados em todos os tipos de textos ou de forma independente à sua condição historicamente determinada.

O código narrativo, nesse sentido, pode ser definido como uma sobreposição de estruturas narrativas que se combinam para formar um texto. Ele implica que não há uma estrutura única a que cada texto faça remissão, mas sim, confere existência a uma miríade de possíveis estruturas postas em diferentes níveis textuais que se combinam, tal como citações de ordens diversas, para que o ato de contar uma história seja possível, organizando o saber narrar em uma determinada configuração historicamente marcada.

O código narrativo, nos termos expostos por Barthes, é a marca de um *já narrado* ou, mais precisamente, dos vários *já vistos* que se combinam na composição textual, a partir de uma remissão contínua que cada texto faz em relação a todos os outros textos já escritos. Em seu conjunto, os códigos, nesses termos, delimitam o que é permitido e o que é proibido dentro das preconcepções poéticas e de estilo em vigor em cada período histórico e determinam o julgamento e a partilha que separam as boas das más estórias em termos formais dentro de um campo de possibilidades.

Sob essa perspectiva, a narrativa não pode mais ser tomada sob a forma de um diagrama, mas sim, é a partir desse entendimento que o papel do código na composição narrativa pode ser aproximado da noção de *tessitura de vozes* em um texto. Sob esse aspecto, os códigos não dizem respeito a uma estrutura textual propriamente dita, mas sim, a *um movimento de estruturação narrativa*, formando "uma espécie de rede, de tópicos através do qual passa todo o texto (ou melhor: faz-se texto ao passar)" (BARTHES, 1992, p. 53).

Se todo texto remete a todos os textos já lidos, em uma constante alusão a um inventário, o código é a própria marca deste *já* que atravessa cada nova produção textual. Da ordem da citação, os códigos são como vozes em *off*, portanto, que se fazem ouvir a cada novo enunciado proferido e que, em rede, compõem uma escritura.

Para analisar a novela *Sarrasine*, de Balzac, Barthes elege cinco Vozes principais: "Voz da Empiria (os proairetismos), Voz da Pessoa (os semas), Voz da Ciência (os códigos culturais), Voz da Verdade (os hermetismos), Voz do Símbolo" (BARTHES, 1992, p. 54). A cada uma dessas vozes corresponde um código específico, conforme descrevemos a seguir.

Ao *código proairético*, Barthes reserva a linha condutora dos comportamentos e ações dos personagens em uma narrativa. Seu nome advém justamente da terminologia aristotélica que liga a *práxis* à *proairésis* a partir da noção de que as ações só podem ser imputáveis e consideradas de responsabilidade de seu agente se forem não aleatórias, ou seja, se forem precedidas de uma escolha deliberada. Trata-se de um efeito discursivo, portanto – já que o que determina a ação em uma narrativa não é um personagem, e sim um discurso – que organiza os personagens e suas ações em sequências lógicas diversas.

De uma maneira geral, Barthes reserva ao código proairético justamente os elementos narrativos que foram perseguidos pela análise estrutural da narrativa através da noção de actantes. Como ele próprio escrevera, o personagem sempre impôs um problema à análise da narrativa na medida em que, não podendo ser descrito nos termos de uma pessoa, ele é, no entanto, o eixo articulador "fora do qual as 'pequenas ações' narradas deixam de ser inteligíveis" (BARTHES, 1976, p. 43).

Trata-se do eixo central do agenciamento dos fatos em sistema para a composição de intriga, na medida em que define o personagem a partir de sua participação em uma esfera delimitada de ações – esferas estas que, por sua vez, são pouco numerosas, típicas e classificáveis (o passeio, o assalto, o beijo etc.).

Como exposto desde os primeiros entendimentos em torno da análise estrutural da narrativa, trata-se aqui muito claramente de uma estrutura virtual que se atualiza em textos específicos, de forma que é possível discernir uma repetição constante em termos de actantes nas mais diversas histórias narradas.

Ao colocar essa esfera dos personagens e das ações nos termos de um código, contudo, Barthes os posiciona como apenas uma das vozes da narrativa, uma das estruturas virtuais possíveis que devem ser atualizadas para a formação de um texto e de seu plural narrativo. Além dessa esfera mais óbvia, outras vozes se interpõem, formando novas rotas de inteligibilidade narrativa e outras escrituras articuladoras de diferenças.

Uma outra voz possível que se costura ao texto diz respeito aos termos de uma narrativa que se organizam em torno da nomeação e da solução de um enigma, aos quais Barthes reserva o nome de *código hermenêutico*.

Trata-se dos procedimentos a partir dos quais um mistério "se ajusta, se formula, se enuncia, em seguida se retarda e, enfim, se desvenda". Em outros termos, ele diz respeito às unidades que formulam e ajudam a decifrar um enigma e tem como função "articular, de diversas maneiras, uma pergunta, sua resposta e os diversos acidentes que podem ou preparar a pergunta ou retardar a resposta" (BARTHES, 1992, p. 50) em torno do mistério. São os momentos da narrativa em que, em suma, diz-se que "há enigma" e em que se preparam as respostas dissimuladas, os engodos, as pistas e as soluções em torno desse narrado.

97

A urdidura da significação, nesse código narrativo, está posta em outro nível textual, na medida em que não está articulada a partir da esfera mais geral das ações e dos personagens, mas sim, está posta nos termos da própria formulação formal a partir do qual o mistério se impõe.

O código hermenêutico, pode-se assim dizer, articula a sua autoridade a partir da tentativa de estabelecimento de certo pacto com o leitor sem o qual a audição de sua voz não seria possível na medida em que, como bem observa Compagnon (2012, p. 146), ele "é definido como um conjunto de enigmas que compete ao leitor desvendar como faz um caçador ou um detetive, através de um trabalho com os índices". E assim, "estes são desafios, pequenas sacudidelas de sentido. Sem esse trabalho, o livro fica inerte".

Dentro do projeto de análise que Barthes se autoimpõe em S/Z, a separação do código hermenêutico das outras esferas de ação é de uma importância basilar, na medida em que enuncia que esse código inaugura, dentro daquele texto específico, um sistema de significações próprio para aquela narrativa, que não pode ser resumido ou agrupado nas demais esferas das pequenas ações. Ela inaugura a enunciação de um plural próprio dentro daquela história. Vejamos as outras vozes que Barthes ainda tece.

Por *semas*, o autor se refere ao código a partir do qual se pode observar uma unidade aglomerativa de sentido. Para ele, trata-se do termo que diz respeito à conotação propriamente dita, ao significado por excelência, na medida em que remete a cintilações do sentido que se organizam como pinceladas ao longo do texto.

Tradicionalmente, o sema corresponderia a uma espécie de signo particular, cuja significação corresponde não a um signo, mas a um enunciado da língua (ECO, 2007, p. 137). A operação aludida aqui diz respeito a uma operacionalização do conceito para a narrativa, entendendo os pequenos símbolos textuais como enunciados complexos.

Em *Sarrasine*, por exemplo, um dos semas analisados por Barthes é o da riqueza. Trata-se de uma imagem que, sem ser nomeada, aparece diversas vezes no narrado a partir de figuras como a localização da mansão, a festa elegante, os convidados ilustres e os acessórios que carregavam. Ao mesmo tempo em que o sema é constantemente citado, ele é posto de maneira sempre sub-reptícia, descontínua. A fragmentação traz uma espécie de técnica impressionista ao relatado: "quanto maior a distância sintagmática de duas informações convergentes, mais hábil é a narrativa: a habilidade consiste em jogar com certo grau de impressão" (BARTHES, 1992, p. 56).

Aqui, novamente, trata-se de uma outra voz (ou uma outra virtualidade) que tece o texto, formando-o, inaugurando novas possibilidades de plurais narrativos. À escritura do texto, portanto, vão se interpondo as diversas escrituras dos códigos.

O *código simbólico*, por sua vez, diz respeito às operações de recorte que a narrativa opera para inaugurar as possibilidades dos espaços de substituições e as variações no narrado. Dentro de certas narrativas, por exemplo, todo o narrado é organizado sob a forma de antíteses, constituindo-as como uma grande forma simbólica que se conjugará mais tarde em um determinado nome ou ação.

Mais uma vez, nota-se que se trata de um recorte formal, de um modo de narração que se repete e que não está relacionado ao conteúdo do narrado, mas sim à sua forma de apresentação. O código simbólico marca grandes campos de recortes estilísticos que, em sua própria forma, costuram sentidos na tessitura do texto. Se tomarmos a antítese como exemplo, podemos notar, como o faz Barthes, que ela opera a construção em torno de uma transgressão que se dá não no nível do enredo, mas no nível de uma barreira ainda mais inflexível: a barreira do sentido.

E, por fim, o último código tratado por Barthes é o *código cultural*. Ele diz respeito aos momentos da narrativa em que o texto se refere a uma autoridade científica ou moral que, de qualquer forma, se constitui como um código de referência, como um saber legitimado e socialmente compartilhado. Trata-se, portanto, de uma voz que é anônima e coletiva, advinda de um suposto saber coletivo reconhecível e aceito. São citações de uma determinada sabedoria acerca do mundo.

Trata-se de um saber que está calcado em estereótipos e em discursos circulantes que constroem um pacto entre o texto e o leitor. Afirmar que "por vezes, alguns alemães levavam a sério essas engenhosas brincadeiras da maledicência parisiense" (BARTHES, 1992, p. 74) articula uma série de subtendidos acerca da psicologia dos dois povos citados, reafirmando um paradigma de época em torno da ingenuidade dos alemães e da fanfarronice dos franceses. Trata-se de um código que está calcado em um poder de reconhecimento por parte do leitor, na medida em que essa é a condição de sua validação, a circunstância indispensável para que o entendimento seja possível.

Em suma, o código cultural diz respeito a um consenso compartilhado acerca do mundo e de seu funcionamento. Ele inaugura um campo de entendimentos que se darão por inferência, atualizando o significado do narrado a partir de implicações que "por um torniquete característico da ideologia burguesa, que inverte a cultura em natureza, parecem fundamentar o real, a Vida" (BARTHES, 1992, p, 223).

Todos os códigos apontados por Barthes são portadores de virtualidades que se materializam em textos específicos, inaugurando, cada um deles, um campo de significações. É interessante notar, contudo, que esses códigos não estão postos, necessariamente, em uma relação estruturada. É nesse sentido que cada um deles funda um plural da narrativa.

Ora, uma vez expostos os códigos apontados por Barthes, vejamos, então, a relação que eles estabelecem entre si na tessitura da narrativa.

Para isso, o autor utiliza uma metáfora profícua: "o espaço do texto (legível) é perfeitamente comparável a uma partitura musical (clássica)" (BARTHES, 1992, p. 61). A comparação com a partitura já deixa claro a forma como, nesse estudo, Barthes se afasta dos postulados tradicionais da análise semiótica da narrativa, mostrando como a articulação entre os códigos não se apresenta mais como um todo estruturado (tal como a metáfora do diagrama que o autor apresentava em seus estudos semióticos), mas como o conjunto de vozes que compõe uma pluralidade harmoniosa.

Se pensarmos no modo de organização de uma partitura, pode-se perceber muito claramente como cada instrumento toca uma composição completamente diferente dos demais, tendo cada um o seu sentido próprio, ao mesmo tempo em que, no todo, eles são capazes de formar uma música, uma estruturação em que cada instrumento é tomado a partir de sua adequação a uma totalidade significativa.

Indo mais longe, é como se cada código fosse um instrumento na composição de uma música. Pode-se dizer que os semas, os códigos culturais e os símbolos são análogos ao papel que os metais e percussões desempenham em uma orquestra. Isso porque eles possuem um valor descontínuo dentro da narrativa embora inaugurem e deixem impresso, a cada enunciação marcada, as significações em torno do narrado.

O código hermenêutico, por sua vez, pode ser pensado em analogia ao canto. Isso porque é justamente a sequência dos enigmas, bem como os diversos retardamentos na sua resolução, que formam certo desenrolar em um devir inteligível, marcado por pausas, acelerações, retardamentos. Para sustentar toda essa cadeia – tal qual a função dos instrumentos de corda em um concerto – está o código proairético, marcando as ações, os gestos, as movimentações dos personagens.

Ao conjunto formado pelos códigos hermenêutico e proairético (as duas sequências polifônicas), Barthes (1992, p. 62) estabelece a função tonal da melodia e da harmonia na música clássica, ou seja, "cujo hábito produz uma leitura tão condicionada quanto nossa audição: há um *olho legível*, como há um ouvido tonal, de maneira que desaprender a legibilidade equivale a desaprender a tonalidade". E ssim, portanto, "esses cinco códigos, por vezes ouvidos simultaneamente, garantem ao texto certa qualidade plural (o texto é realmente polifônico)" (BARTHES, 1992, p. 63).

Posteriormente, essa ideia de um texto que se compõe por códigos de sentidos independentes que, estão, contudo, em conluio com um todo do texto, representado aqui pela ideia de partitura, será ainda mais radicalizado em o *Prazer do Texto*, quando essa metáfora da partitura dá lugar à imagem do tecido.

E assim:

> *Texto* quer dizer *Tecido*; mas enquanto até aqui esse tecido foi sempre tomado por um produto, por um véu todo acabado, por trás do qual se mantém, mais ou menos oculto, o sentido (a verdade), nós acentuamos agora, no tecido, a ideia gerativa de que o texto se faz, se trabalha através de um entrelaçamento perpétuo; perdido neste tecido nessa textura o sujeito se desfaz nele, qual uma aranha que se dissolvesse ela mesma nas secreções construtivas de sua teia. Se gostássemos dos neologismos, poderíamos definir a teoria do texto como uma hifologia (*hyphos* é o tecido e a teia da aranha). (BARTHES, 1987, p. 81-82)

O texto, nesse sentido, é esse lugar onde os diversos códigos são entrelaçados enredando um todo ao mesmo tempo em que fundam pluralidades de sentido, agenciamentos coletivos, mapas cognitivos, lugares performáticos para os sujeitos, a partir de diferentes estratégias formais.

Tomados em conjunto, *os códigos podem ser lidos como sintomas de um saber narrar de determinada época histórica*, uma espécie de delimitador da partilha entre os elementos que devem estar presentes para a formação de uma história inteligível a partir de preconcepções estilísticas e poéticas que se atualizam em textos específicos.

Em um texto não assinado presente nas orelhas de *S/Z*, escreve-se que, a partir desse estudo, "fica-se com a impressão de que Balzac escreveu *Sarrasine* para que Barthes o interpretasse". De fato, a escolha dos códigos e dos temas parece se encaixar perfeitamente à escritura desse livro em particular, de forma que, a partir disso, pode-se questionar se esses códigos explicitamente nomeados por Barthes podem ser tomados como válidos (ou principais) para todo e qualquer tipo de narrativa. Ora, a resposta a esse questionamento é claramente não.

A afirmação de sua validez geral, aliás, é contrária à própria empreitada barthesiana, na medida em que o autor anuncia, explicitamente, que os códigos ali elencados não são exaustivos, nem exclusivos. De acordo com as suas próprias palavras, "penetrar por essa entrada é visar, ao longe, não uma estrutura legal de normas e desvios, uma Lei narrativa ou poética, mas uma perspectiva (de fragmentos, de vozes vindas de outros textos, de outros códigos), cujo ponto de fuga é sempre transladado, misteriosamente aberto" (BARTHES, 1992, p. 46).

Nesse sentido, é necessário enfatizar que a perspectiva adotada na presente pesquisa será a de utilizar o conceito de código narrativo como objeto teórico e metodológico e não como uma teoria de pura aplicação ao jornalismo – o que contraria os próprios contornos que Barthes deu ao termo.

Trata-se da adoção dessa perspectiva aberta pela ideia de vozes que compõem um texto e que são materializadas através de códigos identificáveis na narrativa que servirá de base para este trabalho. Estamos, portanto, distantes de uma aplicação simples e direta dos códigos anunciados por Barthes e proporemos um conjunto de códigos próprios à tessitura da reportagem jornalística de revista – códigos esses que são rearranjados de tempos em tempos, abrindo a possibilidade de novas escrituras da notícia e do delineamento de uma história narrativa da produção noticiosa em revista.

É a ideia do código, bem como o seu funcionamento na tessitura narrativa, que nos interessa, e não os códigos específicos aludidos e nomeados por Barthes em sua análise particular. Mais do que isso, o que nos interessa é essa ideia muito particular de texto que a noção de código narrativo traz. Isso posto, podemos pensar nas implicações disso para a análise das mudanças narrativas que podem ser notadas na reportagem do jornalismo de revista ao longo do tempo.

OS CÓDIGOS NA NARRATIVA JORNALÍSTICA

A partir das aproximações entre Certeau, Barthes e Ricoeur é possível delimitar um modelo de entendimento útil acerca da montagem das narrativas jornalísticas, bem como o modo a partir do qual essa narrativa sofre periódicos deslocamentos em sua forma.

Se adotarmos o modelo proposto por Ricoeur para a configuração narrativa – ou, em seus próprios termos, para o agenciamento dos fatos em sistema pressuposto em todo ato de contar histórias – é possível pensar que o texto jornalístico é formado por atualizações de estruturas virtuais que se manifestam na narrativa, atualizando-se em cada texto em particular. Esses elementos virtuais, contudo, são formados não apenas pela atribuição de conjuntos de regras internas pressupostas no modelo semiótico, mas também por processos criadores de valores implicados no campo da práxis.

Há uma prefiguração narrativa que antecede a escrita dos textos e que determina o seu modo de feitura. Essa prefiguração está inscrita nos sistemas culturais e, dessa forma, diz respeito não apenas a um conjunto fixo de valores, como postulavam os estudiosos dos primeiros tempos da narratologia, mas sim, a elementos que mudam de acordo com o solo cultural em que estão assentados. Em suma, essa prefiguração diz respeito a todos os elementos que prefiguram o caráter socialmente compartilhado da articulação significante que antecede as histórias contadas pela imprensa.

Na mímesis I, portanto, já estão pressupostos, enquanto virtualidade, os elementos apontados por Certeau em seu tripé "lugar social – prática – escrita" e que, por sua vez, conferem historicidade e movimento para os significantes de uma narrativa. Esse modelo já pressupõe, portanto, a influência que o sistema de hierarquização de valores profissionais de julgamento existente entre os repórteres e as práticas de apuração jornalística adotadas irão ter no próprio sistema da escrita, no próprio agenciamento dos fatos em sistema que formarão a narrativa jornalística.

As mudanças no desenho do lugar social ocupado pelo jornalista, bem como no conjunto das práticas profissionais adotadas, nesses termos, transbordam para a própria narrativa, resultando em modificações nos padrões regulados de narração.

Se Certeau nos fornece os elementos que articulam a mudança nos significantes e Ricoeur nos mostra a sua forma de estruturação e atualização, é a partir da aproximação do conceito de código de Barthes, em sua última fase, que podemos perceber o modo como esses elementos se manifestam no texto jornalístico.

Ao abandonar a ideia de que a narrativa é um sistema fechado e se concentrar na busca pelos plurais de um texto – ou, em outros termos, por suas vozes, por suas diversas modulações significantes – Barthes articula um conceito de código que não se encerra no modelo estruturalista, mas que se compõe como uma das diversas estruturações da narrativa, como a face discernível de um dos plurais que atravessam um texto, constituindo-se, metaforicamente, como vozes em *off* que são ouvidas paralelamente aos enunciados das narrativas.

Nesses termos, o texto jornalístico pode ser definido como uma série de estruturações narrativas que se sobrepõem, entrecruzando-se – ou em outros termos, *como o conjunto organizado desses códigos padrões de narração*.

A partir da aproximação entre Ricoeur e Barthes, portanto, é possível ver que os elementos presentes na mímesis I se articulam, justamente, enquanto códigos identificáveis na narrativa jornalística e que se manifestam na mímesis II. Se Ricoeur insere a *práxis* na estruturação narrativa a partir da virtualização, como mímesis I, das características práticas da ação e das mediações simbólicas, é enquanto *código* que esses elementos se tornam discerníveis em um texto – é enquanto código que é possível percebê-los como elementos configurantes da narrativa.

As regras virtuais da escrita pressupostas na mímesis I – que são, por sua vez, determinadas por sua condição enquanto membro de um conjunto composto por um lugar social, um conjunto de práticas socialmente validadas e algumas regras genéricas de escrita – são objetivadas, portanto, enquanto códigos padrões de narração. As reportagens escritas, dessa forma, refletirão processos de esquematismos narrativos inscritos nos sistemas sociais, atualizando um determinado regime de códigos padrões específicos e historicamente marcados em um texto particular.

A aproximação entre os dois autores explicita, ainda, uma outra questão que não pode ser ignorada: a significação dos códigos urdidos depende de um *reconhecimento* por parte do leitor do texto: "um reconhecimento que sai do quadro da intriga para tornar-se o do espectador, o qual aprende, conclui, reconhece a forma inteligível da intriga" (COMPAGNON, 2012, p. 126). Em outros termos, o código narrativo não pode prescindir de um leitor que o dote de sentido e que está instalado na mímesis III.

Não trataremos da recepção do texto no presente trabalho. Não obstante isso, é necessário não ignorar o fato de que o código só tem efetividade quando reconhecido por todos os atores da troca linguageira – mecanismo este que é explicitado quando tomado a partir da perspectiva de que a narrativa não pode ser desvinculada de um campo de reconhecimento (mímesis III) "que é construído na obra e experimentado pelo leitor" (COMPAGNON, 2012, p. 128).

Enquanto implicação para a atividade jornalística, tal contemplação pressupõe que os elementos que definem o que é uma reportagem não estão instalados apenas no grupo profissional formado pelos jornalistas, mas, sobretudo, dependem de um reconhecimento genérico mais amplo instalado no público leitor, enquanto condição para que a própria narrativa funcione. Os códigos padrões de narração, nesse sentido, devem ser mutuamente reconhecidos.

Entender a narrativa jornalística sob essa perspectiva implica em reconhecê-la como a montagem de um conjunto de códigos que se interpõem. Mas, mais do que isso, implica também uma outra visada sobre a própria articulação da reportagem.

Isso porque uma das implicações que devem ser enfatizadas, nesse ponto, diz respeito à noção de que, dentro desse conjunto de ideias, há uma crítica radical acerca do modo como a referencialidade de uma narrativa é articulada. Isso porque, na perspectiva anunciada por Barthes, o realismo não se refere à realidade e nem é, ao menos, realista. Ele diz respeito à *manifestação de um sistema de códigos* convencionais, uma espécie de gramática tão onipresente que nem notamos como ela estrutura a narrativa moderna.

Trata-se de um entendimento que toma como ponto de partida o fato de que há sempre um fundo de irrepresentação pressuposto em qualquer tipo de representação do mundo, de forma que "o realismo não pode ser (...) a cópia das coisas, mas o conhecimento da linguagem; a obra mais 'realista' não será a que 'pinta' a realidade, mas a que, servindo-se do mundo como conteúdo (...) explora mais profundamente a realidade irreal da linguagem" (BARTHES, 1964, p. 164).

Nessa lógica, o efeito de referencialidade do realismo é construído, justamente, a partir de uma série de procedimentos estilísticos que estão ancorados em regras culturais de representação ou, para usarmos outros termos, em torno de um saber narrar específico, em torno dos códigos que estruturam as suas formas narrativas.

É nesse sentido que "o artista realista não coloca de modo algum a 'realidade' na origem do seu discurso, mas apenas e sempre, por mais longe que se pretenda ir, um real já escrito, um código prospectivo, ao longo do qual nunca se avista mais do que uma ilimitada sucessão de cópias" (BARTHES, 1992, p. 173). O efeito de referencialidade é uma estratégia articulada *nos* códigos e *pelos* códigos utilizados.

Para Derrida (2001, p. 78) é possível pensar na possibilidade de que cada prática simbólica possua os seus próprios regimes de crença, na medida em que damos créditos diferentes para um romance ou para uma apresentação teatral, para uma fotografia, para uma pintura ou para um documentário. Mais do que isso, esses regimes de crença são determinados historicamente, de forma que mesmo dentro de uma mesma prática é possível pensar na articulação de diferentes investimentos de crença na sucessão temporal.

Nesse espectro de questões, a própria reportagem também poderia ser definida, justamente, como esses conjuntos de códigos padrões de narração. Nesse sentido, partiremos da perspectiva de que os códigos de narração articulados pela narrativa da reportagem jornalística em revista ao longo de sua história mostram que o calçamento na realidade apregoado pelo jornalismo não é mais do que uma estratégia discursiva que também é articulada, tal como no realismo literário, em torno desses códigos que estruturam o seu saber narrar.

Se "o real não é representável, e é porque os homens querem constantemente representá-lo por palavras que há uma história da literatura" (BARTHES, 2004, p.

22), nós não podemos nos esquecer de que essa é uma questão que se torna ainda mais urgente quando se trata da atividade jornalística – modo de escrita que está ancorado justamente na obsessão por um real que se projeta, ao mesmo tempo, como matéria-prima impossível e como objeto de desejo que não cessa de emergir.

A PARTILHA DO SENSÍVEL

Ao discorrer sobre o aspecto político que perpassa todo ato de escrita, Jacques Rancière (1995, p. 7) coloca que "antes de ser o exercício de uma competência, o ato de escrever é uma maneira de ocupar o sensível e de dar sentido a esta ocupação". A partir desses parâmetros, a escrita não pertence ao campo da política simplesmente porque ela é um instrumento do poder ou, ainda, porque ela se constitui como a condição de possibilidade do saber. "Ela é coisa política porque seu gesto pertence à constituição estética da comunidade e se presta, acima de tudo, a alegorizar essa constituição".

Ora, por "constituição estética", o autor está se referindo justamente a essa *partilha do sensível* que está pressuposta em todo ato de comunicação. E, mais do que isso, o termo partilha é tomado a partir de toda a ambiguidade de sua constituição, significando "a participação em um conjunto comum" e, inversamente, "a separação, a distribuição dos quinhões".

"Uma partilha do sensível é, portanto, o modo como se determina no sensível a relação entre um conjunto comum partilhado e a divisão de partes exclusivas" (RANCIÈRE, 1995, p. 7). A configuração do sensível só pode ser entendida a partir de uma relação que é estabelecida entre os modos de fazer, os modos de ser e os modos de dizer, de forma que a partilha do sensível, longe de ser inocente, determina a ordem do visível e a ordem do dizível em um determinado conjunto social.

Os códigos padrões de narração participam dessa partilha do sensível na medida em que podem ser vistos como indícios de como cada época histórica, ao longo da trajetória da revista no Brasil, participou da estetização do acontecimento, organizando os modos legitimados de se contar uma história. Compostos a partir do desenho de um lugar social, de uma prática e de uma escrita, os códigos são expressões de um conjunto de hierarquias de valores ligados aos modos como os jornalistas podem ver o mundo e contar sobre ele. Os códigos são marcas de "uma forma de visibilidade e de dizibilidade do que é próprio e do que é comum" (RANCIÈRE, 1995, p. 8).

O objetivo deste trabalho é delimitar as diferentes partilhas do sensível operacionalizadas pelas reportagens em revista ao longo de sua trajetória histórica no Brasil a partir da demarcação dos códigos padrões de narração utilizados. A mudança nesses códigos narrativos socialmente compartilhados sugerem modificações em torno da partilha do sensível materializada nessas narrativas ao longo da história do jornalismo, bem como a mudança no conjunto e na hierarquia de valores utilizados pelos jornalistas para o julgamento dos modos de se contar uma boa história. Em última instância, acabam por demarcar significados diferentes implicados no próprio termo *reportagem* em diferentes períodos históricos.

A essa questão pode ser acrescida ainda a problemática das estetizações relacionadas à produção de um efeito de real – entendido enquanto efeito discursivo que se constrói a partir de um conjunto de códigos de narração compartilhados socialmente. O jornalismo tem utilizado diferentes estratégias de articulação do efeito de real em suas histórias, de forma que essa também pode ser tomada enquanto uma marca histórica.

Trata-se de uma questão que é trabalhada por Barthes desde seus anos de filiação à análise estrutural da narrativa. Já nessa época, o autor afirmava que "a função da narrativa não é a de 'representar'" em absoluto, mas sim, a de "constituir um espetáculo" e, a partir dessa perspectiva, a realidade de uma sequência narrativa "não está na constituição 'natural' das ações que a compõem, mas na lógica que se aí expõe, que aí se arrisca e eu aí satisfaz". E, assim, portanto, "a narrativa não faz ver, não imita" (BARTHES, 1976, p. 59-60).

Toda a questão da referencialidade, portanto, se posta sob esse quadro de análise, deve ser repensada a partir do pressuposto de que "'o que se passa' na narrativa não é do ponto de vista referencial (real), ao pé da letra: nada; 'o que acontece' é a linguagem tão-somente, a aventura da linguagem, cuja vinda não deixa nunca de ser festejada" (*Ibidem*, p. 60).

O que está desenhado nessa perspectiva é a ideia de que a narrativa não é capaz, em si, de estabelecer qualquer laço com a referencialidade, mas tão somente pode filiar-se a uma urdidura de efeitos de real conjugados que passam a impressão de dizer o real, não obstante, esses estejam apenas cerrados no próprio jogo da linguagem. A narrativa realista, tomada sob essa perspectiva, é uma partilha do sensível altamente codificada, que se estrutura em torno de uma série de efeitos de referencialidade.

Ao tratar dessa questão, Sollers (1982, p. 72) chega a colocar o realismo como um "preconceito que consiste em acreditar que uma escritura deve exprimir alguma coisa que não é dada nesta escritura". Para esse autor, a expressão de algo exterior à narrativa "só pode se dar sobre convenções prévias, sendo a própria noção de realidade uma convenção e um conformismo, uma espécie de contrato tácito entre o indivíduo e seu grupo social".

É diante desse quadro intelectual de referência que Barthes (1992, p. 109) afirma que, mesmo em narrativas referenciais "o referente não tem 'realidade'" ou, em outros termos, que "o discurso não tem nenhuma responsabilidade em relação ao real". E assim, "o que se chama de real (...) nunca é mais do que um código de representação (de significação): nunca é um código de execução" (BARTHES, 1992, p. 109).

Se preferirmos os termos de Thomas Pavel (1986, p. 114), ele irá dizer que a narrativa, "se tomada a partir de uma ótica pós-estruturalista, não fala nunca de estados de coisas que lhe seriam exteriores, uma vez que tudo o que nos parece fazer referência a um fora-do-texto é, na verdade, regido por convenções rigorosas e arbitrárias, e o fora-do-texto é, consequentemente, o efeito de um jogo ilusionista". Trata-se de convenções, para esse autor, não muito diferentes das convenções composicionais para a formação de rimas nos sonetos ou da alteração entre os enredos centrais e secundários nas novelas renascentistas. "E uma vez que a linguagem e o discurso não podem copiar a realidade, a convenção realista é tão arbitrária e não referencial como qualquer outra".

Para todos esses autores, o ponto em comum está posto no fato de que "a ilusão referencial resulta de uma manipulação de signos que a convenção realista camufla, oculta o arbitrário do código e faz crer na naturalização do signo. Ela deve, pois, ser interpretada em termos de código" (COMPAGNON, 2012, p. 107).

O caráter do jornalismo enquanto narrativa referencial não poderia subtraí-lo dessa ordem de questões. Não obstante o fato de que o jornalismo possui as suas próprias técnicas de verificabilidade criadas pelo grupo profissional, o compromisso que o jornalismo põe a si próprio com a realidade não invalida a questão de que a sua narrativa é uma encenação da ordem da linguagem, nos termos pensados por Barthes. Ou, em termos mais precisos, de que a sua narrativa seja articulada a partir de uma série de efeitos de realidade que visam garantir confiabilidade (e, talvez, mais importante do que isso, legitimidade) ao relato.

Uma vez que a narrativa em si não é capaz de dizer nada sobre a referencialidade, é possível observar que existiram, ao longo da história do jornalismo de revista, diferentes acordos sobre as estratégias textuais que tornavam uma história mais crível – acordos estes historicamente datados e em disputa, que estavam marcados por acordos socialmente reconhecidos e respaldados.

Por esse motivo, interrogar-se sobre a partilha do sensível posta em operação pelo jornalismo a partir de seus códigos padrões de narração significa também questionar-se sobre os diferentes acordos envolvidos na produção de seus efeitos de real, enquanto característica historicamente marcada.

No jornalismo, portanto, a realidade enquanto efeito também é dada *nos* códigos e *pelos* códigos padrões de narração. Uma vez isso posto, neste capítulo, iremos expor alguns procedimentos metodológicos que serão adotados na presente pesquisa para que possamos demarcar quais são esses códigos padrões de narração. No próximo tópico, iremos expor o arsenal teórico-metodológico que será utilizado para que possamos fazer o recorte dos códigos narrativos nos textos do *corpus* proposto, com o objetivo de entender as mudanças narrativas presentes ao longo da história do jornalismo de revista.

ÚLTIMAS CONSIDERAÇÕES DE ORDEM METODOLÓGICA:

Tal como posto na leitura barthesiana, embora o conjunto de códigos padrões de narração que formam um texto não componha propriamente uma estrutura (mas, sim, uma miríade de estruturações), isso não significa que ele não se mova a partir de um determinado sistema organizativo. Em todo texto, há sempre certo movimento de alternância entre o fluxo e o fragmento, de forma que os códigos padrões de narração podem ser pensados a partir de um determinado arranjo hierárquico, de uma urdidura cujas partes não possuem a mesma relevância ou função no todo.

O próprio Barthes, ao comparar as estruturações narrativas de um texto a uma partitura musical, impõe certa organização aos códigos dispersos uma vez que a alguns códigos, de acordo com sua metáfora, pode ser atribuída uma função tonal correspondente à melodia e à harmonia (notadamente as sequências proiarética e hermenêutica) enquanto a outros pode ser atribuída uma função análoga aos metais e às percussões, uma vez que eles impõem sua presença de forma irregular (no sentido de não sujeito à sucessão temporal das ações), mas marcante no texto.

Para a análise da história da narrativa da reportagem em revista, esse é um dos aspectos que também devem ser levados em consideração. Nas revistas analisadas, é possível observar que, embora possam ser encontrados diversos códigos na composição narrativa das reportagens, nem todos possuem o mesmo nível hierárquico. Alguns são mais centrais na escrita do texto, funcionando como pontos nodais de narração, e se repetem em todos os textos escritos. Outros aspectos formais, contudo, embora apareçam com uma frequência considerável, funcionam como elementos estéticos que não necessariamente se repetem em todas as reportagens e funcionam como ampliadores de um núcleo central da narrativa. Ora, para que possamos lidar com essa questão, é necessário esmiuçarmos alguns adendos de ordem metodológica.

Ao invés da metáfora barthesiana da partitura ou do tecido, optamos por utilizar, no presente trabalho, a analogia matemática do interruptor, uma vez que ela nos ajuda na visualização das combinações dos códigos narrativos em uma multiplicidade de "todos organizados" que podem ser formados em cada regime histórico de narrativa, conforme mostraremos a seguir.

De acordo com Daghlia (2011, p. 18), chama-se de interruptor, nos estudos matemáticos, "o dispositivo ligado a um ponto do circuito elétrico, que pode assumir um ou dois estados: fechado ou aberto". Uma vez que esse processo busca denotar a noção de que "quando fechado, o interruptor permite que a corrente passe através do ponto e, enquanto aberto, nenhuma corrente passa pelo ponto" (DAGLIA, 2011, p. 18), o que, afinal, podemos assumir que esteja "ligado" ou "desligado" quando pensamos em termos da estruturação narrativa de uma reportagem?

Essa representação é interessante porque nos permite estabelecer uma relação entre os códigos centrais que compõem uma estruturação narrativa e aqueles que aparecem na história de forma suplementar e menos frequente, estabelecendo uma hierarquia e uma organização para os diversos códigos padrões de narração que podem ser encontrados em um determinado regime histórico da reportagem em revista. É essa distinção que nos ajudará a delinear os dois polos opostos dos interruptores.

De um lado do interruptor, podemos encontrar o que chamaremos, neste trabalho, de *matriz da narrativa*. Ela será composta pelo conjunto de códigos que, em uma determinada revista, desenha os elementos obrigatórios do relato: um conjunto de códigos que caracteriza a publicação em questão e que forma o seu cerne narrativo, a sua forma própria e específica de contar histórias. A matriz narrativa, portanto, será formada pelos códigos principais de um determinado sistema narrativo, ligado a uma época histórica específica.

O outro lado do interruptor, por sua vez, se seguirmos adiante com a comparação, será formado por um outro conjunto de códigos narrativos, que chamaremos aqui de *códigos suplementares*. Por código suplementar, iremos nos referir aos códigos padrões de narração que se juntam a essa matriz narrativa, fornecendo um suplemento estético a ela, completando-a. Trata-se de códigos que não necessariamente aparecem em todas as reportagens (embora estejam presentes em um grande número delas) e fornecem as capacidades combinatórias de um determinado regime narrativo historicamente marcado.

Esse modelo é interessante uma vez que deixa entrever quais são os códigos padrões de narração que sempre estarão presentes nas reportagens que compõem um determinado regime narrativo de narração, bem como quais são aqueles que se destacam como elementos que, embora pertencentes a um campo de possibilidades, são optativos. Ele é também útil, em um segundo aspecto, na medida em que explicita as possibilidades de combinação de códigos padrões de narração em cada regime histórico de reportagem – de forma que insere o próprio fato de que nem todas as reportagens de um período histórico são exatamente iguais em seus pressupostos.

Uma vez que esses dois polos representam conjuntos de códigos, eles devem ser representados levando-se em consideração os elementos que os compõem, bem como as possibilidades combinatórias pressupostas pelos modos "abertos" ou "fechados" de suas ligações. Dessa forma, se a título de exemplo estivéssemos diante de um regime narrativo composto por quatro códigos padrões de narração distintos, sendo um deles formador da matriz narrativa e três deles componentes dos códigos suplementares, a esse regime padrão acrescentam-se, ainda, todas as possibilidades combinatórias de "aberto" ou "fechado" que os códigos suplementares podem ter em relação à matriz da narrativa. Dessa forma, para o exemplo dado, teríamos os seguintes conjuntos de possibilidades de combinatórias dentro desse regime narrativo:

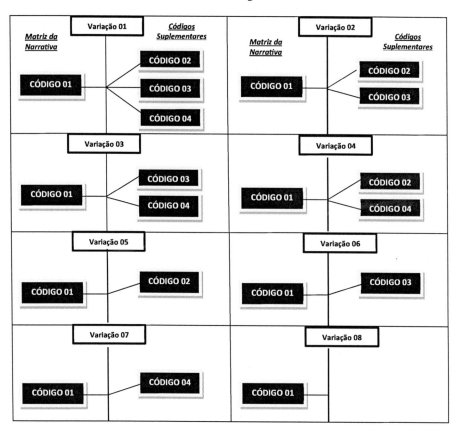

É importante lembrar que esse quadro de variações é válido apenas na medida em que estabelece as combinatórias entre um conjunto fixo de códigos que formam a matriz da narrativa e códigos suplementares que podem aparecer ou não a partir do mecanismo "aberto" ou "fechado". Dentro do eixo da matriz da narrativa, portanto, as possibilidades combinatórias não se alteram. É apenas no que diz respeito aos códigos suplementares que a mudança pode ser observada, se seguirmos os pressupostos desse modelo teórico-metodológico.

Esses esquemas são aportes metodológicos valiosos para que possamos organizar os códigos padronizados de narração encontrados nas revistas estudadas. No decorrer das análises, no entanto, nós não iremos esmiuçar todas as combinações possíveis para cada um dos códigos devido ao seu grande número: em um regime narrativo que contivesse cinco códigos padrões de narração suplementares, por exemplo, teríamos uma possibilidade de 32 combinações diferentes em relação à sua matriz narrativa; em um regime que contivesse sete códigos de narração suplementares, seriam possíveis 128 combinações diferentes. Essa, contudo, é uma perspectiva que irá nos nortear neste trabalho.

A metáfora dos interruptores é interessante enquanto esquema organizador, uma vez que explicita também a miríade de estruturações que podem estar postas em um sistema narrativo – mostra, se preferirmos os termos de Barthes, os plurais possíveis de um texto. É justamente esses plurais narrativos que iremos buscar a partir de agora.

CAPÍTULO 4

A *Revista da Semana* e a Narrativa *Mise en Abyme*:
a reportagem como martírio do repórter (1900-1940)

Em termos gerais, pode-se dizer que a *Revista da Semana* representou um dos primeiros sucessos comerciais no mercado brasileiro de revistas no século XX. Surgida em 1900 como um suplemento do *Jornal do Brasil*, a tiragem do periódico salta de 50 mil exemplares, em 1900, para 62 mil, em 1902 (CASTRO, 2007, p. 46) com o encarte da revista. A publicação é a grande vedete do mercado editorial brasileiro até, pelo menos, a década de 1940, quando a revista O Cruzeiro — que, aliás, tem o seu projeto inspirado na *Revista da Semana* — assume essa posição. Mesmo depois disso, contudo, a *Revista da Semana* ainda mantém-se influente. Em 1945, por exemplo, as revistas mais lidas eram "O Cruzeiro (37,7%); Revista da Semana (15,5%); Careta (11,3%); Seleções (10,7%); A Cigarra (9,7%)" (MIRA, 2001, p. 14).

Para que possamos estudar os códigos padrões de narração presentes nas reportagens da *Revista da Semana* é necessário, primeiramente, contudo, entendermos o contexto de sua inserção no cenário editorial brasileiro, bem como o projeto que era proposto por ela. A partir disso, poderemos alinhavar os plurais narrativos que essas primeiras experiências de reportagens em revista engendraram no jornalismo brasileiro.

A proposta editorial da revista, comum a outras publicações da época, estava calcada na mistura entre textos de autores ilustres da época com uma grande quantidade de recursos ilustrativos. E assim, é possível encontrar em suas páginas uma combinação de fotorreportagem, material literário (crônicas, contos, poesias), crítica cultural, notícias curtas sobre acontecimentos da semana, textos de conhecimento geral, crônica social, conselhos práticos e, muito secundariamente, um trabalho de reportagem.

Nesse sentido, a *Revista da Semana* se apresenta como uma revista de passagem entre os séculos XIX e XX, uma vez que ela ainda está calcada em um modelo em que a reportagem não se constitui como o principal gênero textual em seus domínios. Embora esse gênero já apareça de uma forma bem mais ostensiva do que nas revistas do século XIX, a reportagem era apenas um gênero em meio a inúmeros outros textos.

De fato, como aponta Velloso (2006, p. 313), desde o final do século XIX, os intelectuais começaram a perceber na revista um lugar estratégico de veiculação de suas obras, um espaço de articulação de projetos políticos e culturais a partir de um eixo duplo: tanto pelo envolvimento de diversos intelectuais que se tornaram proprietários de periódicos, quanto como espaço de debates e publicação de suas ideias.

A revista desempenhava um lugar estratégico na vida cultural brasileira, desenhando-se como um microcosmo em relação ao livro, em um movimento de ampliação dos espaços tradicionalmente ocupados pela cultura literária como a academia ou os salões. Trata-se de um mecanismo de busca por novos espaços cuja função era anteriormente exercida pelos jornais que – cada vez mais dedicados à produção de notícias – se fecham aos experimentos literários. É a revista que, portanto, se estabelece como o lugar que, especialmente entre 1900 e 1920, irá servir como espaço em que os intelectuais irão dar vazão às suas "novas formas de expressão e linguagem, difundindo-as por intermédio da propaganda, das caricaturas e dos experimentos poéticos" (VELLOSO, 2006, p. 314). E assim, "os literatos abandonavam um pouco os jornais para concentrarem-se nas revistas que sempre apresentavam algo de literatura, quando não eram predominantemente literárias" (BUITONI, 1986, p. 43).

Moldada a partir da crônica – gênero utilizado pelos literatos quando interessados em tratar de assuntos mais efêmeros – a reportagem em revista nos primeiros anos do século XX, quando aparecia, era tida como algo complementar à ilustração, em um arranjo feito "mais para ver do que para ler" – uma estrutura que também era largamente utilizada pela *Revista da Semana*.

E, assim, quando se tratava de realizar efetivamente coberturas, a proeminência estava do lado das fotorreportagens. A sua cobertura da Revolta da Vacina, por exemplo, em 1904, ficou célebre, nesse sentido, uma vez que as únicas imagens conhecidas acerca do conflito foram publicadas, justamente, pela *Revista da Semana*. A publicação também ficou famosa pela cobertura da I Guerra Mundial e, principalmente, pela reconstituição de crimes em forma de ilustrações que costumava fazer.

Para conseguir a tecnologia necessária para o seu projeto, Álvaro Teffé, fundador da revista, teria ido à Paris buscar os equipamentos fotográficos que o seu projeto requeria. Conta-nos Costa (2007, p. 280) que, "à última hora, os dois técnicos contratados, temerosos dos perigos das epidemias de febre amarela que assolavam o Rio, recusaram-se a embarcar. Não lhe restou alternativa senão fazer, ele mesmo, um rápido aprendizado numa oficina parisiense para ensinar os segredos da nova técnica aos zincógrafos que trabalhavam nas oficinas do *Jornal do Brasil*".

Essa fórmula, baseada no enaltecimento da fotografia enquanto meio para contar histórias, é posta logo no editorial de apresentação da *Revista da Semana*, que descrevia a missão da publicação nos seguintes termos:

> de tudo quanto se passar durante a semana e que mereça atenção, procurará dar, em excelentes gravuras, copiadas de fotografias, o que deva exercitar a curiosidade pública. Quando o caso assim exigir, juntar-se-a a isso o texto necessário para a boa compreensão dos fatos, embora, em regra, nos empenhemos em multiplicar de tal modo as estampas, escolhendo-as tão bem que dispensem comentários. Onde houver o que agrade ou impressione os espíritos curiosos, haverá um operador da Revista fotografando-o (*apud* RS, 30/12/1922, p. 01).

Por sua ênfase no uso de imagens, Buitoni (2007) considera que, durante muito tempo, a *Revista da Semana* foi "a responsável pelo imaginário visual brasileiro". E assim, em suas páginas, comumente podemos encontrar "comemorações, paisagens, personagens, que iam mostrando caras e cenas posadas; um ou outro flagrante, numa estética bastante ufanista".

A *Revista da Semana* deve ser inserida dentro do contexto da ecologia informativa de sua época que, desde o final do século XIX, estipulava uma divisão de trabalho entre os jornais e as revistas que delimitava os programas dos periódicos. "Aos jornais, a matéria política; às revistas, a literatura, as modas, o entretenimento" e, como explicita Martins (2001, p. 126), se nos primeiros "os jornalistas assumiram o papel de paladinos da verdade, colocando-se num olimpo intocável de fornecedores de opinião, apartidários, sendo 'intérpretes de um poder impessoal', o que justificava a sua atuação crítica e contestadora aos atos do governo", à revista coube um papel muito diferente. A ela, restou-lhe o papel de "sorriso da sociedade" (MARTINS, 2001, p. 126).

De fato, a revista era a face mais visível de um Brasil cuja construção da imagem de si estava toda voltada para o progresso. Enquanto, em 1920, os subúrbios abrigavam quase metade da população carioca, os aluguéis sofriam um aumento em torno de 300% e o analfabetismo atingia cerca de 25% da população (BARBOSA, 2007, p. 57), a revista insistia na veiculação dos ícones da modernidade. A denúncia e a preocupação social, embora já de longa data fizessem parte das preocupações centrais da imprensa brasileira, eram temáticas reservadas aos jornais que faziam delas as suas matérias-primas. Des Hons (1987, p. 27) descreve essa primeira geração de revistas brasileiras como publicações que visavam espelhar o que de mais distinto havia na sociedade: "Mesmo que estas revistas fossem endereçadas a um público variado, que incluía a burguesia e a classe média, elas ainda eram impregnadas pelo elitismo cultural, marca da imprensa do século XIX. O emprego de uma linguagem pesquisada, o cuidado com as 'belas letras', o conformismo moralizador, o interesse pelos acontecimentos mundanos dão seu estilo a essas revistas do entreguerras".

Inserida nesse entorno, muitos textos da *Revista da Semana* versavam sobre curiosidades gerais como, por exemplo, a origem do jogo de polo, a vida do Marquês de Pombal, o início do hipismo militar, entre inúmeros outros temas cujo tratamento se vincula mais à crônica ou à cultura geral do que propriamente à reportagem.

Uma vez exposto o contexto em que a publicação se insere, podemos começar a analisar os códigos padrões de narração que eram utilizados pela *Revista da Semana* em suas reportagens.

OS CÓDIGOS PADRÕES DE NARRAÇÃO NA REVISTA DA SEMANA
O CÓDIGO AUTORREFERENCIAL

Na edição de 03 de Novembro de 1945, a *Revista da Semana* noticiava a triste história do assassinato de Irene Romero Cid de Freitas, cujo corpo, esquartejado, havia sido encontrado dentro de uma mala no Rio de Janeiro. Para contar essa história, o repórter Celius Aulicus iniciava a sua reportagem contando o trabalho da própria reportagem com os seguintes termos:

> Há muitos anos já que os acontecimentos restritos unicamente aos noticiários policiais não nos faziam abalar da redação para o local de um crime ou de uma catástrofe de repercussão nacional. Agora, porém, sob as vistas curiosas de uma multidão de proletários e indigentes, entre os elementos

de uma caravana policial, cercados pelos colegas dos jornais diários, eis-nos novamente às voltas com um sensacional caso de morte (RS, 03/11/1945).

Para além dessa referência inicial ao trabalho da imprensa, todo o relato prossegue a partir da adoção do ponto de vista do repórter e suas impressões, de forma que ele continua o seu relato mostrando que "o delegado Ademar Braz (...) acompanha com vivo interesse o trabalho dos 'coveiros' Eurico e Valdemar que, com calma irritante, vão refazendo toda a sua sinistra tarefa e respondendo às perguntas dos oficiais que os cercam". Também "a própria multidão parece petrificada de tanto cinismo". Além disso, "os coveiros tem ambos, na fisionomia e no porte, as marcas características dos etilistas crônicos, e a sua condição de ébrios contumazes evidencia-se nas próprias atitudes e no modo de andar" (RS, 03/11/1945).

Diferentemente dos padrões a que estamos acostumados nas reportagens atuais, a essas impressões do repórter não se contrapõem entrevistas com os presentes no local, nem mesmo com o delegado que conduzia as investigações ou com os acusados do crime – toda a articulação do relato é dada pela fala do repórter que, no nível textual, se coloca como a principal testemunha e narrador em primeira pessoa. O seu relato não é onisciente, de forma que ele relata apenas o que vê, e tem-se a impressão de que qualquer outro transeunte do local estaria vendo a mesma cena descrita acima.

O seu papel enquanto testemunha é reforçado, ainda, por uma ênfase acentuada na descrição do trabalho dos outros profissionais de imprensa que também estavam no local. O relato do assassinato é temperado com a movimentação dos outros jornalistas, de forma que o repórter descreve o momento em que "os flashs dos fotógrafos estouram a miúde, e os dois homens começam a cobrir as malas com a terra sólida do quintal". No fim da reconstituição do crime, "movimentam-se agora os repórteres para telefonar aos jornais do Rio" (RS, 03/11/1945).

Podemos acompanhar, pelo seu relato, o trabalho da imprensa do início ao fim:

> Em companhia do auxiliar de perito Oswaldo Martins, do Instituto de Medicina Legal do Estado do Rio, rumávamos para o necrotério daquele serviço, onde poderíamos constatar o estado em que fora encontrado o cadáver da infeliz Irene. (...) Repórteres antigos, habituados já a todos os espetáculos de pavor e de tragédia, não podemos deixar, mesmo assim, de sentir um ligeiro arrepio diante do corpo mutilado de Irene. (RS, 03/11/1945)

Antes de reconstituir a vida de Irene e de seu algoz, o repórter introduz o tema, afirmando que:

> Esta foi a nossa primeira visão do crime da ladeira de Santa Tereza. Assim nos pusemos em contato com o caso, e agora, ao redigirmos essas notas, presas ainda da emoção que nos causaram todos os pormenores trágicos do fato, tentaremos, entretanto, reproduzir friamente todas as situações e passagens do horripilante homicídio e tirar da sequência dos acontecimentos que precederam e sucederam ao assassinato as conclusões lógicas possíveis. (RS, 03/11/1945)

O relato desses acontecimentos, contudo, é dado unicamente pela voz do repórter que, agora se torna uma testemunha onisciente, sem a articulação de entrevistas ou de outras testemunhas. Há apenas uma pequena nota em que o narrador indica, no meio da história que: "abrimos aqui um parênteses, chamando a atenção de nossos leitores para isso: todas as passagens desta narração (...) são baseados em declarações e depoimentos de Antônio Soares Brito", o assassino, "feitos todos com o fio visível de incriminar o mais possível sua ex-amante", que também estava envolvida no caso. Os seus relatos, contudo, não são reproduzidos na narrativa. "Fechado o parênteses, voltemos à sequência cronológica dos fatos" (RS, 03/11/1945).

Pelo relato apresentado, fica claro que a história que o repórter conta está baseada em pesquisas e entrevistas junto aos envolvidos no caso. Mas não há, contudo, atribuição individual da fala de cada um na narrativa da reportagem. A história contada é articulada toda pela figura do narrador-repórter – para além de sua presença marcada na reportagem, o restante todo se conta sozinho.

O estilo de narração utilizado por essa matéria está longe de ser isolado. Na *Revista da Semana* é comum encontrarmos, nos textos jornalísticos, passagens em que o próprio trabalho da reportagem é enfatizado, com uma proeminência acentuada no papel do repórter, nas suas impressões e nos seus métodos de apuração. Esse procedimento narrativo, que mostra uma imprensa que adora remeter a si própria para além do fato noticiado, pode ser tomado como um código padrão de narração na *Revista da Semana*. A ele, chamaremos de *código autorreferencial*.

Por código autorreferencial iremos nos referir a um código padrão de narração a partir do qual o texto da reportagem faz ressoar em sua trama uma reflexão sobre a própria reportagem ou, em outros termos, que instala uma duplicidade semântica entre a narração do fato e o ato da reportagem, de forma a instalar entre eles uma *mise en abyme*. Trata-se, portanto, de uma reportagem que, em determinados momentos, reflete sobre a própria reportagem (seja em seu próprio trabalho de construção textual, seja em nível prático em termos de apuração).

Como explica Dällenbach (1989, p. 59) acerca da autorreferencialidade, "o enunciado em que se apoia a reflexividade funciona em, pelo menos, dois níveis: o do relato, em que continua significando, o mesmo que qualquer outro enunciado; e o da reflexão, em que assume a condição de elemento de uma metassignificação mediante a qual o relato pode tomar a si mesmo por tema".

Na *Revista da Semana* podemos encontrar um jornalismo que tem grande prazer em falar sobre si próprio, de forma que o código autorreferencial pode ser encontrado em uma quantidade expressiva de reportagens.

A descrição do trabalho do repórter não é nada banal na revista, a ponto de ser possível encontrar, na edição do dia 12/07/1941, o seguinte subtítulo em uma reportagem sobre cegos que voltaram a enxergar: "*como nasceu a ideia da reportagem*". Após descrever que "nesta rápida reportagem daremos alguns aspectos de como a pessoa cega de nascença, depois de curada, vai se acostumando a ver. E isso devido ao Dr. Bandeira Cavalcanti, que gentilmente nos contou algumas observações", nos é informado procedimentos muito típicos do trabalho jornalístico da época:

COMO NASCEU A IDEIA DA REPORTAGEM

> Numa das sessões plenárias tivemos ocasião de ouvir interessante tese sobre um caso em que quatro irmãos [que voltaram a enxergar]. (...) As surpresas infindáveis que eles poderiam ter tido, tudo isso deveria ser tão interessante que não resistimos ao desejo de aproximarmo-nos do Dr. Bandeira Cavalcanti e conversar com ele sobre o caso. Insistimos muito para obter o seu consentimento na publicação de algumas observações que não eram propriamente médicas e a muito custo conseguimos que ele nos autorizasse a falar sobre o caso em nossa revista. (...) Pouco depois, nos despedimos do Dr. Bandeira Cavalcanti, agradecidos pela amável palestra que nos concedera sobre um problema curiosíssimo. (RS, 12/07/1941)

Até mesmo nas raras entrevistas publicadas é possível encontrar rasgos de autorreferencialidade. Em uma conversa feita com o escritor João Ribeiro, o abre da reportagem é posto nas seguintes palavras:

"_ É de 5-0655?
_Justamente.
_ Desejávamos entrevistá-lo, professor, sobre assunto da Academia.
_O senhor pode vir entre 17 e 18 horas: recebê-lo-ei com prazer.
Minutos depois, o carro parava em frente ao número 36 da Rua Correia Dutra, residência do conhecido ensaísta e uma das mais sólidas culturas adquiridas pelo Petit Trianon, o professor João Ribeiro. (...) Recebeu-nos o mestre com a mais encantadora simplicidade. Jovial. (RS, 30/09/1933)

A presença do repórter no local do fato era também alinhavada no texto a partir de seu posicionamento explícito como testemunha participante. Ao noticiar a viagem de Ernest Shakleton, em reportagem intitulada "A caminho do Polo", o repórter Mario Ferreira nos apresenta um relato todo escrito em primeira pessoa, pintando um quadro baseado em suas próprias impressões pessoais:

(...) Os mastros esguios, como que já espetados no céu nebuloso e baixo, já me haviam mostrado, ao longe, as antenas dessa potente instalação telegráfica (...). Entre panos de vela, utensílios e mecanismos para mim desconhecidos, agitavam-se no tombadilho tripulação e operários (...). Um homem forte, em mangas de camisa, com o boné jogado para a nuca, prendeu-me instantaneamente a atenção. (...) Seria então Ernest Shakleton? Seria mesmo aquele gentleman aprimorado e sorridente que eu conhecera, na véspera, muito correto na sua casaca impecável? (...) Parei no tombadilho diante dele, a fixar bem na retina, esse navio heroico que em breve zarpará para o desconhecido (...). Disse-lhe confusamente, amontoando palavras, que o roteiro da Quest trazia à lembrança as triremes e gonetas fenícias (...). (RS, 03/12/1921).

A movimentação da imprensa era um tema de interesse nas reportagens e havia uma ênfase na movimentação desses profissionais. Em uma reportagem sobre o feito de dois aviadores que fizeram uma viagem aérea de Nova York ao Rio de Janeiro, a *Revista da Semana* coloca que "a viagem de ida e volta à grandiosa metrópole sucedia-se com progressiva insistência, acabando por insuflar contra ambos a bisbilhotice jornalística". Ainda assim, "não conseguiu prodigioso furo, portanto, a infatigável reportagem de Nova York que tão pingues honorários ganha à custa da curiosidade alheia". Os exemplos poderiam ser facilmente multiplicados nesse sentido.

A instalação do código autorreferencial nas reportagens da *Revista da Semana*, como procuraremos estudar a seguir, estabelece no relato uma *narrativa em abismo* que, ao afirmar a reportagem enquanto reportagem e fornecer um contexto alargado da narrativa principal, atua no reforço do reconhecimento do gênero por parte do leitor – procedimento este necessário em uma publicação cuja reportagem era apenas um gênero textual em meios a outras produções narrativas.

O uso do código autorreferencial nas reportagens publicadas pela *Revista da Semana* articula o que podemos chamar de uma narrativa posta em abismo. Por *mise en abyme* iremos nos referir, tal como posto em Dällenbach (1989), a um mecanismo linguístico de duplicação especular que se estrutura em torno de uma auto-representação. Mais especificamente, uma auto-representação a partir da qual o nível de enunciação é projetado no interior da representação, de forma que a instância enunciadora é posta no próprio ato enunciatório.

O termo *mise en abyme* é operacionalizado por André Gide, em 1893, a partir de um sentido preciso: em uma narrativa, o *mise en abyme* corresponderia ao fragmento de um texto capaz de reproduzir, tal como uma miniatura, o texto em sua inteireza, o todo do texto. Usando o modelo da heráldica, onde o abismo significa o centro de um brasão de armas onde um pequeno escudo aparece no centro de um escudo maior sem tocar os demais elementos, trata-se de uma pontuação que engendra uma reflexividade a partir de um efeito *Droste*, ou seja, incrustando uma miniatura de si na representação mesma. Para Gide, esse mecanismo poderia ser exposto no texto a partir de uma analogia com o fotógrafo que, diante de um espelho, é capaz de fotografar-se fotografando.

No ato da escrita, ele é articulado nos seguintes termos: "Eu escrevo sobre esse pequeno móvel de Anna Shackleton que, à Rua de Commailles, se encontrava em meu quarto. Era lá que eu trabalhava; eu o amava porque, no espelho duplo da escrivaninha, acima do tampo onde eu escrevia, *eu me via escrever*. Entre cada frase, eu me olhava; minha imagem me falava, escutava-me, fazia-me companhia, mantinha-me em meu estado de fervor" (GIDE *apud* CORONA, 2009, p. 126).

Deste depoimento, Dällenbach (1989, p. 17) coloca que se podem articular algumas injunções acerca da noção de escrita em abismo. Elas estão postas no fato de que "a especularização escritural se sustenta pela sua especularização imaginária". Em um primeiro sentido, isso é posto na medida em que é somente esse aspecto imaginário que consegue construir a *mise en scène* ou que, em outros termos, "permite ao sujeito da escrita fruir obsessivamente a imagem, figurando-a tal como ele se quer ver: escritor".

A especularização é também imaginária em um segundo aspecto, na medida em que há uma defasagem necessária entre o ato de escrever e o ver-se em escrita: a superposição dos dois atos é impossível fora de sua constituição imaginária, na medida em que é necessário parar de escrever para ver-se escrevendo. O esforço da miragem narcísica, nesse sentido, está ameaçado na própria *mise en scène*, pois "não lhe é possível ver-se escrevendo em ato tanto quanto não nos é possível pararmos para nos ver caminhando. 'Eu me vejo escrever', ele afirma. Mas logo enunciada, essa asserção encontra-se desmentida pela asserção seguinte: 'entre cada frase eu me olhava'" (DÄLLENBACH, 1989, p. 17).

Em seu romance *Les Faux Monnayeurs*, de 1925, Gide concretiza o que ele acredita ser uma escritura especular, na medida em que um dos personagens é um escritor que, na narrativa, está escrevendo um romance com o mesmo nome do livro que o contém. Todo o processo de construção desse romance é evidenciado nos diários e nas falas desse personagem que, confunde-se, em diversas passagens, com a voz do próprio autor empírico do livro.

Além dessa acepção inicial fornecida por Gide, o sentido da expressão de uma escrita posta em abismo foi, posteriormente, ampliado para abarcar os mais diversos mecanismos textuais que engendram uma metalinguagem. Nas suas acepções mais recentes, contudo, o termo continua a abarcar essa dimensão reflexiva do discurso que é evidenciada a partir de uma redundância textual dada a partir da inscrição de uma micro-narrativa dentro da narrativa principal, desde que ela articule uma relação especular com o relato em que está inserido.

Podemos dizer que um relato em abismo se estrutura quando a narrativa principal é entrecortada por uma narrativa menor que assume a condição de uma metassignificação, na medida em que toma o próprio relato, o próprio produto ou a própria prática enquanto tema.

O código autorreferencial articulado nas reportagens da *Revista da Semana* pode ser entendido como uma narrativa em abismo na medida em que instaura um movimento de semantização no qual o texto da reportagem instala na sua trama uma micro-narrativa sobre a própria reportagem, engendrando uma duplicidade semântica entre a narração da reportagem e a sua feitura no nível prático.

Enquanto produtora de efeitos de sentido, Dällenbach afirma que a *mise en abyme* é responsável por causar uma oscilação entre o interior e o exterior da obra, de forma a proporcionar uma ruptura na linearidade esperada da narrativa. E isso na medida em que a narrativa é, a todo o momento, interrompida pela interpolação de uma outra temporalidade, de uma temporalidade vinculada à construção, no nosso caso, da própria reportagem.

O movimento de espelhamento pressuposto na superposição dessas duas narrativas está posto a partir de um movimento duplo de translação de sentido: de um lado, há um movimento de compressão semântica e, de outro, um processo de dilatação dos sentidos.

No que diz respeito ao primeiro termo, a interpolação dessa outra narrativa – ou, em outros termos, desse código padrão de narração – traz sempre um custo ao relato: ao enfatizar os elementos que devem prioritariamente ser percebidos na narrativa, o próprio uso do código já demarca, para o leitor, o essencial do contingente. "Ele in-forma" (DÄLLENBACH, 1989, p. 56).

Na medida em que a narrativa espelhada (o código autorreferencial) se constitui enquanto um *excesso informativo* na composição de uma história mais ampla, ele contribui para reduzir, de uma forma acentuada, as possibilidades da polissemia. Ele institui pontos de apoio para uma leitura isotópica, atuando a partir de certa redundância de traços semânticos.

Esse custo só pode ser suportado, para Dällenbach, por dois tipos de narrativa: ou por aquelas que pretendem instituir um sentido inequívoco no texto a qualquer preço ou, então, por aquelas que querem *afirmar-se enquanto narrativas*.

Ora, é esse segundo tipo de texto que instaura o movimento que faz com que uma narrativa confesse acerca de si mesma: "eu sou literatura e esta é a narrativa que me sustenta" (DÄLLENBACH, 1989, p. 57).

É exatamente esse aspecto que parece estar em jogo quando analisamos a inserção do código autorreferencial nas reportagens publicadas pela *Revista da Semana*. Trata-se de um jornalismo que enuncia, a todo o momento: eu sou uma reportagem e eis aqui a narrativa que me suporta.

Para Dällenbach, essa confissão está vinculada a uma rearticulação crítica dos pressupostos que regem uma obra, a partir de uma elucidação dos problemas que envolvem o aspecto referencial da linguagem ou às tentativas de produção de opacidade. E isso nos termos de que "como um signo secundário, a *mise en abyme* não apenas enfatiza as intenções significantes do signo primário (a narrativa que a contém), como também deixa claro que a narrativa primária é também (apenas) um signo, como todo tropo deve ser" (DÄLLENBACH, 1989, p. 57).

Essa rearticulação crítica, contudo, não é único efeito de sentido que pode ser posto pela estruturação narrativa em abismo. De fato, esse não parece ser o caso do uso do código autorreferencial nas reportagens da *Revista da Semana*, na medida em que não é uma crítica dos parâmetros vinculados aos efeitos de real no jornalismo que estão em jogo nessas reportagens – muito pelo contrário, o uso do código autorreferencial parece reafirmar o próprio estatuto de veracidade do relato e a sua vinculação com uma suposta realidade extratextual.

A não adequação entre a inserção do código autorreferencial e a crítica da linguagem nas reportagens da *Revista da Semana* pode ser explicada a partir do outro movimento semântico instituído pelas narrativas em abismo, ligadas ao processo de dilatação dos sentidos.

As narrativas em abismo podem ser pensadas, para Dällenbach, não apenas como limitadoras da polissemia de um texto, mas também como mecanismos narrativos que fornecem ao contexto de um determinado relato uma expansão semântica, para além daquela que o contexto da narrativa principal (signo primário) poderia oferecer sozinha.

Nesse aspecto, a inserção do código autorreferencial opera esse aumento do contexto nas reportagens da *Revista da Semana* na medida em que atua como a inserção da prática da reportagem e dos seus entremeios de produção (postos também enquanto narrativa) dentro da própria narrativa da reportagem mais ampla (o relato tratado em questão). É inserido o contexto de produção na narrativa, enquanto narrativa.

Ora, a inserção do contexto ampliado, nada mais faz do que atuar, novamente, no reforço do caráter da reportagem enquanto reportagem. Eis que aqui é enunciado novamente, a partir de um outro jogo de sentidos, a fala "eu sou uma reportagem e eis aqui a narrativa que me suporta".

Além desses aspectos, mas em uma relação de reforço, é necessário considerar também que, a partir de determinadas escolhas narrativas, o código autorreferencial, articulado enquanto narrativa em abismo, "compensa a sua falta no que diz respeito à extensão textual pelo seu poder de investir sentido" (DÄLLENBACH, 1989, p. 59).

Esse investimento de sentido não é dado *a priori*, de forma que "nem opaca nem transparente por ela mesma", a narrativa em abismo "existe sobre o modo de um duplo sentido onde a identificação e o deciframento pressupõem o conhecimento da narrativa". Isso significa que esse sentido é processado tal como uma analogia que dá o análogo, de forma que a emergência de uma relação espectral na narrativa depende "da aptidão do decodificador em efetuar as substituições necessárias para passar de um registro a outro" (DÄLLENBACH, 1989, p. 60).

É esse o ponto que liga a estruturação do código autorreferencial às competências comunicativas que devem ser acionadas por parte dos leitores.

A partir desses termos, o entendimento da narrativa em abismo inaugurada pelo código autorreferencial deve ser posto na articulação desses três eixos: (1) na afirmação da reportagem enquanto reportagem; (2) do fornecimento de um contexto expandido; e (3) das expansões possíveis da narrativa ligadas às competências dos leitores.

Se tomada a partir dessa injunção, a inserção do código autorreferencial nas reportagens da *Revista da Semana*, ao instaurar uma narrativa em abismo que afirma a todo o momento "eu sou uma reportagem" parece estar ligado a um movimento de semantização específico: ao reforço de uma competência genérica no leitor.

A competência genérica, para Maingueneau (2002a, p. 44), é entendida como um dos componentes fundamentais de nossa competência comunicativa (posta enquanto aptidão para a produção e interpretação dos enunciados em uma relação dialógica). Levando em consideração o fato de que "o discurso jamais se apresenta como tal, mas sempre na forma de um discurso particular", a competência genérica pode ser definida como a habilidade de reconhecimento, por parte dos interlocutores, do gênero do discurso que está em questão em uma dada situação comunicativa.

A assunção dessa competência é importante na medida em que o gênero do discurso se liga a distintos modos de atuação diante dele (relacionados aos padrões de comportamento, às expectativas articuladas em torno do relato, os modos de interação, entre outros fatores). A própria competência comunicativa, nesse aspecto, é antes de tudo uma competência genérica, uma vez que ela diz respeito aos modos de comportamento e às expectativas diante dos gêneros do discurso.

Segundo as palavras do próprio Maingueneau (2002a, p. 44), "mesmo não dominando certos gêneros, somos geralmente capazes de identificá-los e de ter um comportamento adequado em relação a eles. Cada enunciado possui certo estatuto genérico, e é baseando-nos nesse estatuto que com ele lidamos". Dessa forma, "é a partir do momento em que identificamos um enunciado como um cartaz publicitário, um sermão, um curso de línguas etc., que podemos adotar em relação a ele a atitude que convém. Sentimo-nos no direito de não ler e jogar fora um papel identificado como folheto publicitário, mas guardamos um atestado médico a ser entregue a nosso chefe".

Devemos entender que o termo "gênero", contudo, não diz respeito a uma propriedade estática do discurso. A partir dos contornos dados por Todorov (1981) a essa questão, não se pode conceber os gêneros como meras classes de textos, na medida em que essa definição, para o autor, não diz nada além de um tautologismo mal disfarçado posto entre esses dois termos.

Uma vez que a própria existência histórica dos gêneros está marcada pelo discurso sobre os gêneros, estes devem ser definidos, portanto, como "nada mais do que uma codificação de propriedades discursivas" (TODOROV, 1981, p. 48). Para o autor, há um processo de normalização e institucionalização de certas propriedades discursivas que se tornam recorrentes, de forma que os textos individuais que são produzidos se produzem (e são igualmente percebidos) a partir da relação que eles estabelecem com a norma que rege essa codificação. Ora, a articulação conjunta dessas propriedades discursivas é o que constitui o gênero discursivo.

Postos enquanto horizontes de expectativas para os seus leitores e como modelos de escritura para os escritores – expressões da sua existência histórica –, os gêneros estão sempre intimamente relacionados com a sociedade em que estão inseridos, a partir de suas diferentes formas de codificação. Todorov os toma como atos de fala.

A definição de Todorov é interessante na medida em que liberta a acepção de gênero da estaticidade que lhe relegavam as teorias clássicas, a partir de uma explosão das próprias categorias classificatórias.

Ora, se aplicarmos essas concepções ao uso do código autorreferencial nas reportagens da *Revista da Semana*, poderemos perceber que a inserção de uma narrativa em abismo enquanto código autorreferencial funciona como o reforço da afirmação de um gênero textual ligado a uma competência genérica.

O reforço da competência genérica do leitor por parte da *Revista da Semana* parece ser um elemento central para que possamos entender a forma como os jornalistas contavam as suas histórias nessa época. Lembramos que, na ecologia informacional do início do século XX, a reportagem era apenas *um gênero em meio a inúmeros outros* que compunham uma revista. A reportagem era obrigada a dividir espaço não apenas com as colunas de aconselhamento ou de opinião, mas também com uma miríade de textos literários, crônicas, contos, poesias, material humorístico, textos diversos sobre cultura geral, além das notícias curtas sobre os acontecimentos da semana e uma grande quantidade de ilustrações que compunham o material jornalístico.

O código autorreferencial se liga à temporalidade na medida em que a sua função parece ser a de, justamente, instaurar uma pausa: ao fluxo de textos que se sobrepõem, esse código padrão de narração demarca um momento de descanso que afirma "eu sou uma reportagem. Leiam-me a partir deste horizonte de expectativas".

A *mise en abyme* narrativa instaurada pelo código autorreferencial efetua uma partilha de textos que separa os diversos gêneros e cria, a partir da própria narrativa, uma posição enunciatária que deve ser ocupada.

O dado bruto da informação contido na composição jornalística, como nos lembra Prado (2010, p. 65), é apenas uma das modalizações que estão implicadas na construção das reportagens. Outro aspecto envolvido está relacionado ao fato de que há a materialização de uma troca "entre enunciador e enunciatário segundo enquadramentos específicos *no e a partir* do texto". Embora calcada em uma encenação (na medida em que nunca essa troca se realiza como um diálogo em ato), a reportagem possui uma série de mecanismos cuja função é a de convocar o leitor para a leitura.

A instalação do código autorreferencial nas reportagens da *Revista da Semana* atua a partir dessa mesma função de convocação, ligada a uma capacidade genérica, pois ao mesmo tempo em que fornece mapas cognitivos que inserem o relato dentro do gênero reportagem, ela também atua no sentido de posicionar os interlocutores do processo comunicativo em suas posições determinadas, desenhando um horizonte de expetativas e de deveres articulados. A partir da construção do *mise en abyme*, toda uma cena enunciativa é montada a partir do rebatimento da reportagem sob si própria.

O uso do código autorreferencial, como um modo padrão de narração utilizado pela *Revista da Semana* no início do século XX, pode ser lido como uma estratégia de demarcação de um novo campo do sensível: a reportagem que começava a se firmar como produto cultural. Em meio aos outros gêneros textuais presentes na *Revista da Semana*, o código autorreferencial, ao articular a especularidade na narrativa, cria uma cena em *mise en abyme* que enuncia: eu sou uma reportagem. Leia-me como tal.

O código autorreferencial, contudo, não é o único que caracteriza as estratégias historicamente marcadas nos modos de narração utilizadas pela *Revista da Semana* para contar as suas histórias. Outros dois códigos padrões de narração serão muito característicos dessa época histórica.

O CÓDIGO PATHÉTICO

Muitos livros didáticos e manuais técnicos sobre a imprensa definem o texto jornalístico a partir de parâmetros como, por exemplo, a concisão, a clareza, a economia nas adjetivações e a simplicidade. O problema que se impõe em definições que tentam conceitualizar o texto jornalístico a partir de postulados normativos é o fato de que elas ignoram o caráter essencialmente histórico deste e as mudanças que, ao longo do século XX, intervieram no modo de contar uma história em uma reportagem.

Na *Revista da Semana* é possível notar que todas as prescrições acerca da concisão ou do uso comedido de adjetivos não faziam qualquer sentido, de forma que os textos eram sempre carregados de um tom emocional e subjetivo inscrito nas formas de narração. A frequência no uso de tais recursos discursivos podem ser postos sob a égide de um código padrão de narração que chamaremos aqui de *código pathético*.

A partir da noção de que as paixões podem ser mobilizadas pelo discurso e são capazes de serem estimuladas sob a força de argumentos, o *pathos* diz respeito justamente ao elemento da retórica referente às emoções despertadas no auditório a partir de um conjunto de técnicas discursivas mobilizadas pelo orador. A partir do pressuposto de que "quando as pessoas sentem-se afáveis e tolerantes, elas pensam num determinado tipo de coisa, mas quando estão furiosas e hostis, pensam essa mesma coisa numa intensidade diferente ou pensam em algo totalmente diferente" (ARISTÓTELES, 2007, p. 81), o *pathos*, portanto, trata do modo como o orador pode despertar, convenientemente, determinadas disposições de espírito em seu auditório, determinados excessos emocionais que influenciam o julgamento em torno do narrado.

As paixões, sob essa perspectiva, são importantes não apenas porque fisgam o leitor na narrativa, mas principalmente porque são elementos que atuam na eficácia argumentativa do relato. Como aponta Fiorin (2004), o *pathos* diz respeito a uma projeção discursiva do enunciatário, em oposição a um estado de espírito empírico, na medida em que determina as escolhas linguísticas por parte do enunciador e, mais do que isso, de uma projeção que tem como alvo central a afetividade e o excesso emotivo por meio de técnicas argumentativas empregadas a partir dessa projeção.

Embora o *pathos* seja um elemento presente em qualquer narrativa, por código pathético iremos nos referir aqui a um código padrão de narração, comum nas revistas do início do século XX, a partir do qual um excesso emotivo é mobilizado a partir de elementos discursivos tais como a adjetivação subjetiva – ou seja, que classifica o substantivo colocando-se explicitamente dependente de um julgamento pessoal e valorativo –, o uso de exclamações e a adoção de um tom expressivo e impressionista em torno do narrado.

Nesses termos, é possível notar que há sempre um tom grandiloquente adotado nas reportagens da *Revista da Semana*: Camões é descrito como o "épico genial de nossa raça", em uma ocasião em que um "vibrante orador" proferia um "entusiástico discurso" (RS, 03/12/1921); o posto telegráfico que anunciaria a chegada do navio Quest é descrito como o mecanismo "que, em breve, unirá pela palavra os gelos eternos e as metrópoles ardentes" (RS, 17/12/1921); as palestras de João Luso são descritas como uma "encantadora série de conferências" com "algumas páginas inéditas de sua brilhante e copiosa obra de escritor" (RS, 30/12/1922) e o instituto oftalmológico de Campinas é "uma obra grandiosa que teve no seu saber e no seu devotamento um prodígio de realização" (RS, 23/02/1929).

Nenhuma ação é pouco grandiosa para a *Revista da Semana*, o que se reflete em um texto que é bastante adjetivado, com um tom apaixonado e um estilo elevado, repleto de eloquência e expressividade.

Em uma reportagem sobre uma epidemia de tuberculose no Rio de Janeiro, esse tom é expresso não apenas pela adjetivação utilizada, mas a partir do recurso a ameaças emocionais e pontos de exclamação. Após descrever o número de vítimas, a reportagem comenta que "é uma mortalidade espantosa!" e que "ninguém escapa ao seu contágio". O texto é, ainda, concluído com a seguinte convocação "aprende, ensina, ajuda a combatê-la e evite-a!" (RS, 31/03/1923).

Ao comentar sobre o trânsito caótico do Rio de Janeiro em contraste com a civilidade europeia, o repórter coloca que "ainda há muita coisa para nós aprendermos!". Como o tráfico do Rio "é simplesmente de atordoar", onde "anda-se como quer, contra todos os ditames da prudência", de forma que "o trânsito é infernal, culminando na mais completa balbúrdia", é patente a diferença estabelecida com o trânsito de Londres "que protege uma enfiada de crianças, atravessando a rua com elas!" E conclui, "que contraste! (...) E não há um movimento capaz de dotar a cidade de medidas de alcance úteis até para os adultos, quanto mais para a infância!" (RS, 08/06/1929).

A grandiloquência do relato, o uso constante das adjetivações e dos pontos de exclamação, bem como a atitude impressionista diante do relato, remetem a um regime de reportagem em que o excesso emocional é valorizado e pressuposto como um elemento do contrato de comunicação posto pela *Revista da Semana*.

Para que possamos entender os efeitos de sentido articulados em torno do uso do código pathético é necessário levarmos em consideração o contexto literário em que a *Revista da Semana* está inserida e o modo como a voz do repórter é tecida a partir desse código padrão. Com esses parâmetros, é possível alinhavar o modo como esse excesso emocional pressuposto na articulação pathética funciona como um código de ligação entre as narrativas literárias e a reportagem, ao mesmo tempo em que demarca e separa um campo próprio para o jornalismo dentro da publicação, caracterizando a reportagem como um relato impressionista e um espaço de comentário acerca dos acontecimentos.

Muitos autores têm destacado a estrutura melodramática como uma das matrizes culturais que teriam formado a imprensa. Ligada à ideia de circulação e consumo social do relato a partir das memórias evocadas em uma dada comunidade, a matriz melodramática, cujas bases estão no folhetim, exerceu o papel de intermediadora, na concepção de Sodré (1978), entre a cultura popular tradicional e a cultura erudita em sua transformação para cultura de massas na América Latina.

Como explica Amaral (2011, p. 71), "a estética do melodrama apresenta o mundo como se ele fosse governado por valores e forças morais, emocionais e pessoais", de forma que "apresenta indivíduos representando certos valores morais", a partir de um excesso emocional que cumpre certa função pedagógica.

Embora o uso do código pathético não implique na adoção da estrutura melodramática na reportagem, ele abarca um grande conjunto de elementos estéticos presentes no excesso emotivo do melodrama. Ao abarcar elementos típicos desse modo de relato literário tais como o excesso emocional, certo pedagogismo e o suspense, pode-se perceber que o uso do código pathético na *Revista da Semana* pode ser inserido nessa lógica exposta por Sodré, em uma época em que o próprio jornalismo firmava-se como produto de massas.

Nesse sentido, as narrativas da *Revista da Semana* parecem fornecer uma espécie de mediação entre uma série de elementos comuns do discurso literário da época – que não remetem necessariamente aos melodramas, mas sim, a um conjunto mais vasto de artifícios da literatura popular – e o discurso jornalístico.

O código pathético parece funcionar como um elemento estético de ligação entre os relatos literários – materiais já consagrados como assunto da produção revisteira – e as próprias reportagens – como nova forma de articulação do sensível.

O excesso emocional implicado nas reportagens não era diferente, nesse sentido, do tom e do estilo que permeavam todos os textos publicados pela *Revista da Semana*, incluindo os não-jornalísticos, o que demonstra um posicionamento editorial, no nível estético, adotado pela publicação. O cuidado com o rebuscamento do vocabulário e o emprego de técnicas que eram comuns aos textos literários da época refletia a própria projeção do público-alvo a quem era destinado a revista.

É interessante lembrar que um dos públicos-alvo preferenciais da revista era justamente "as senhoras e moças da sociedade, os frequentadores dos salões abertos para o *five o'clock tea* e do Municipal. De 1916 a 1921, as gravuras em *art noveau*" (tendência estética de todas as principais revistas da época, bem como das propagandas impressas) "são criações artísticas de alto nível. A revista é ilustrada por Raul, Julião Machado, J. Arthur e Correia Dias, entre outros" (PEIXOTO, 2001, p. 12).

Isso mostra como a *Revista da Semana* ainda era impregnada por certo elitismo cultural, marca da imprensa do século XIX. A ligação desse elitismo cultural com um público preferencialmente feminino testemunham um pouco da lógica desse excesso emocional implicado nas narrativas da *Revista da Semana*.

O código pathético, sob essa perspectiva, se apresenta como o elemento de ligação entre uma cultura literária de elite presente na época e os gêneros jornalísticos que afirmavam o seu espaço no mercado editorial.

No que diz respeito à cultura literária presente na *Revista da Semana*, ela era composta por uma gama variada de opções. Acompanhando o clima geral das revistas ilustradas que procuravam fixar a modernização do Rio de Janeiro, também a partir da escolha do material literário que ali figurava, autores tão diferentes entre si como Olavo Bilac, Félix Pacheco, Pedro Lessa, Angel Guerra, Raul Pederneiras, Machado de Assis, François Copée e Edmond Rostand, entre outros literatos ilustres, encontraram um espaço de publicação na *Revista da Semana*. Os contos, poesias, crônicas e romances publicados (sob a forma de folhetins) também perpassavam diversas escolas literárias tais como o simbolismo, o parnasianismo, o naturalismo, o realismo e o modernismo. Ao longo dos anos, especialmente na década de 1950, a *Revista da Semana* passa a privilegiar a publicação dos contos e novelas, resgatando a tradição dos folhetins.

De uma maneira geral, essa variedade literária se explica a partir do próprio projeto editorial da *Revista da Semana*, "detentora desse perfil mundano-artístico, em que a literatura funciona como ilustração da vida burguesa ou simples variedade letrada das infinitas possibilidades urbanas". A publicação era mais uma das "representantes desses tempos eufóricos, como os chamou Antonio Dimas, que conciliavam, em suas páginas, poetas parnasianos e simbolistas, ilustrações de reformas urbanísticas, a crônica da vida social ou charges políticas", se posicionando não como a veiculadora de um projeto político-literário (como inúmeras outras revistas do período), mas sim, como propagadora de uma "literatura feliz" (ANTELO, 1997, p. 6).

A heterogeneidade do material literário publicado na *Revista da Semana* não permite dizer que o código pathético seguia tal ou qual estilo literário presente na publicação. É patente, contudo, o modo como o próprio texto jornalístico se pautava por certa reprodução de um *estilo literário*, de um *ethos* compartilhado que situava a reportagem e o material literário em um mesmo campo estético.

Tal remissão, muito mais ligada a um *simulacro de literatura* do que a um estilo literário específico, mostra como se deu um dos primeiros formatos de experimentação da reportagem, em uma época em que o próprio jornalismo ainda não era uma atividade profissionalizada e a reportagem começava a se firmar enquanto gênero discursivo. De qualquer forma, parece claro esse papel de intermediação que o código pathético assume, ao estabelecer uma ponte, através de um esbanjamento emotivo, entre os diversos textos que compunham a publicação.

Ao mesmo tempo, contudo, em que estabelece essa aproximação entre a ficção e a reportagem, é possível notar que o código pathético também engendra um afastamento desta em relação à narrativa literária. E isso é perceptível devido ao modo como esse excesso emocional é articulado: ele não se inscreve em personagens ou em elementos aleatórios da narrativa, mas sim, sob a forma de um relato impressionista em que o repórter se coloca explicitamente, no nível narrativo, como a voz organizadora desse discurso. Vejamos como.

O que é interessante notar na articulação do código pathético na *Revista da Semana* é o fato de que ele atua em coadunação com o código autorreferencial. Essa questão se impõe se levarmos em consideração que a voz que se ouve quando o código pathético intervém na narrativa é, justamente, a voz do repórter. É o explicitamento de um lugar discursivo ocupado por ele que entra em questão nesse excesso emocional e que as diversas estratégias que compõem o código pathético articulam e fazem ouvir. Cada vez que a narrativa é entrecortada com uma expressão tal como "que contraste!" ou "é uma mortalidade espantosa" ou, ainda, com a inserção de adjetivos que caracterizam um orador como "vibrante" ou uma obra como "vívida", sabemos muito bem quem é o detentor da fala – é o próprio repórter que sustenta o relato.

Se o uso de adjetivação nos textos jornalísticos, por exemplo, é capaz de causar tamanha reprovação entre os autores recentes da área, isso se deve principalmente ao fato de que o uso de qualificadores implica, necessariamente, no explicitamento de uma tomada de posição, atuando como gatilhos disparadores de valores subjetivos.

Nos estudos acerca da adjetivação é estabelecida uma distinção entre adjetivos objetivos – posicionados a partir de uma relação de descrição com o substantivo qualificado, aludindo a definições que são independentes da enunciação, tal como quando descrevemos "o povo *brasileiro*" ou "a sociedade *argentina*" – e os adjetivos subjetivos – cujas qualificações dependem de um julgamento de valor por parte do enunciador, não preexistem ao ato de enunciação e dotam o substantivo de uma alta carga valorativa (TOLEDO, 2000).

Os adjetivos substantivos ainda podem ser divididos entre avaliativos e afetivos, a partir de uma distinção entre aqueles que meramente dizem respeito a uma avaliação do enunciador, no caso do primeiro, e aqueles em que está em jogo um envolvimento emocional do narrador, um julgamento que encerra uma reação emocionada, no caso do segundo. Na *Revista da Semana* é possível observar uma grande quantidade de adjetivos subjetivos, carregados com o exacerbamento de uma carga emocional, utilizando recursos estilísticos e retóricos que provocam (ou reforçam) os efeitos de sentido ligados a essa eloquência emocionada por parte do narrador.

As reportagens construídas pela *Revista da Semana* aparecem carregadas, nesse aspecto, dessa voz do jornalista que não cessa de emergir na narrativa com as suas pinceladas impressionistas em torno do narrado. Mesmo sem que a sua figura seja enunciada explicitamente, o código pathético engendra um comentário do narrador na reportagem (que não é atribuído a nenhum outro personagem ou elemento da narrativa), sendo, portanto, explicitamente assumido pelo próprio enunciador.

É a voz do jornalista que, assim como no código autorreferencial, se assume como a entidade organizadora do texto, em um campo onde o estabelecimento de fronteiras rígidas entre o comentário e o noticiado perde sentido frente a um narrador-testemunha que imprime a sua experiência como o eixo central das estratégias de semantização adotadas.

A exploração da emoção, aliás, é apontada por Genro Filho (1987, p. 197) como uma das principais estratégias discursivas para que se crie uma ilusão de imediaticidade na apreensão do acontecimento. "Se a informação jornalística reproduz as condições de uma 'experiência imediata', as sensações têm um importante papel nessa forma de conhecimento. Aliás, o que o jornalismo busca é uma forma de conhecimento que não dissolva a 'sensação da experiência imediata', mas que se expresse através dela".

Ora, se essa é uma estratégia discursiva desde sempre presente nos relatos jornalísticos, é possível conceber, contudo, que essa função conheceu diferentes formas de articulação ao longo da história. Na *Revista da Semana*, especificamente, a exploração das paixões está calcada nos sentimentos do repórter que narra, na sua experiência e na suposta imediaticidade de seu conhecimento prático, diferenciando o relato da reportagem do relato literário, não apenas por seu calçamento no referente (já que as crônicas, por exemplo, também reivindicavam esse estatuto para si), mas sim, no calçamento em um testemunho que se dava em primeira pessoa, que se articulava em torno da narração de uma experiência e de uma impressão vívida.

Se a mobilização do código autorreferencial inscreve a presença do repórter no local do fato noticiado, tornando-se a mola propulsora do relato ao fazer remissão a uma competência genérica da reportagem, é a partir do modo de assentamento do código pathético que podemos entender os contornos a partir dos quais essa reportagem era entendida enquanto gênero textual. Em oposição aos outros materiais que compunham uma revista, a reportagem se destacava como a expressão de um relato impressionista que se desdobrava nos apontamentos de um repórter que, mais do que um observador, ocupava a posição de um comentador. E, sob essa perspectiva, o código pathético não diz menos sobre o seu narrador do que o código autorreferencial.

É possível perceber, portanto, que embora cada código padrão de narração engendre efeitos de sentido específicos nesses primeiros tempos da reportagem, eles também possuem determinados efeitos de conjunto.

O CÓDIGO PROTOCOLAR

Se a estruturação narrativa posta nos termos de uma *mise en abyme* no código autorreferencial instalava a enunciação da reportagem enquanto tal e o código pathético articulava uma ponte entre os relatos literários e a reportagem por meio de um excesso emocional que reforçava a voz do repórter na narrativa, é possível observar, na *Revista da Semana* a presença de um outro código que diz respeito, por sua vez, à posição ocupada pelo narrador, o seu lugar de observação.

Assim, outro código que marca a *Revista da Semana* é um modo de estruturação narrativa que podemos chamar de código protocolar. É a partir dele que podemos entender que se a revista ocupava, no início do século XX, o papel de *sorriso da sociedade*, trata-se de um efeito de sentido que se engendra *na* linguagem e *pela* linguagem ou, em outros termos, pelo uso de um determinado código de narração, socialmente reconhecido, que utilizava o *discurso oficial como matéria-prima privilegiada de sua constituição narrativa*.

Em outros termos, trata-se do encontro de um posicionamento político com um procedimento estético que, como mostraremos a seguir, implicava em uma fórmula muito específica para a articulação da reportagem jornalística do período.

Por código protocolar, portanto, estamos nos referindo a uma articulação específica da função testemunhal, a partir da qual uma fala não necessariamente oficial, mas proveniente de uma fonte oficiosa, é reproduzida, na íntegra e a partir do uso de uma citação direta, na ocasião de um discurso proferido em um evento, reproduzindo, na narrativa, os protocolos articulados em torno desse evento. Trata-se da reprodução de uma fala que se apresenta como mero *registro* de um ato público ou de uma deliberação pública. Ele está presente nas ocasiões em que o jornalista cobre um evento público e, em seu relato, reproduz apenas os discursos oficiais emitidos, durante a cerimônia, por autoridades que discursaram no local ou, em uma modulação mais sofisticada, os protocolos que regulam os atos públicos a partir de um ponto de vista oficial.

Assim como na explanação dos outros códigos, é possível citar inúmeros exemplos em que há um desdobramento desse código protocolar como instrumento padrão de escrita na narrativa jornalística.

Ao noticiar uma reunião entre líderes de Brasil e Portugal com o objetivo de discutir acerca da construção de um monumento de homenagem ao escritor português Luís de Camões no Rio de Janeiro, na reportagem "O Monumento a Camões", a notícia resume-se à transcrição dos discursos dos líderes presentes. Precedidos por poucas sentenças de ligação, desfila-se frente ao leitor trechos longos da fala das autoridades que ali estavam e que discursaram na ocasião. O trabalho de redação do repórter se limita a frases como "constituída a mesa, o Sr. Prefeito deu a palavra ao dr. Raphael Pinheiro. De improviso, este vibrante orador proferiu um entusiástico discurso, de que pudemos colher os seguintes trechos" ou "Ainda não haviam cessado os aplausos e já o sr. dr. Alexandre de Albuquerque, a convite da presidência, iniciava a sua oração" ou, por fim, "Apenas tinha amortecido o eco das palmas de seu discurso, o dr. Pinto da Rocha leu a seguinte proposta"

(RS, 03/12/1921). Após essas frases, longos trechos dos discursos proferidos eram transcritos, os quais compõem o que estamos chamando aqui de código protocolar.

De fato, a *Revista da Semana* publicava frequentemente um conjunto grande de discursos oficiais e protocolares, dos quais poderíamos arrolar muitos outros como exemplo. Há, contudo, uma outra modulação do código protocolar que se coloca não apenas na reprodução dos discursos proferidos durante um evento de caráter oficial, mas também no relato do desdobramento das ações protocolares que o envolvem. E assim, trata-se de um código de narração que pode ser encontrado mesmo quando o discurso não é reproduzido *ipsis litteris*, mas deixa entrever uma postura oficial frente ao narrado, relatando, sob um ponto de vista oficioso, as ações de líderes públicos, sempre a partir de um clima festivo e favorável.

Isso fica claro na reportagem "Escola Alfredo Pinto", publicada na edição de 26/07/1941, sobre a inauguração desse estabelecimento de ensino pelo governador Benedito Valadares:

> O governo do Sr. Benedito Valadares tem sido assinalado por uma série de empreendimentos e iniciativas que revelam uma orientação moderna e esclarecida no tocante aos problemas de assistência social. (...) A solenidade de inauguração revestiu-se, assim, de grande significação, tendo despertado o mais vivo interesse em todos os círculos da capital mineira. (...) O senhor Benedito Valadares foi, nesta ocasião, alvo de carinhosas manifestações de amizade e gratidão dos alunos e dirigentes do estabelecimento, que ele tornou uma instituição de extraordinário alcance humano e social. (RS, 26/07/1941)

O presidente Getúlio Vargas foi alvo de inúmeras coberturas nesse sentido e os seus passos eram constantemente marcados por esse tom oficiosamente festivo. A reportagem "A Excursão Presidencial ao Norte", por exemplo, retrata a viagem de Vargas nos seguintes termos:

> Logo após a sua chegada, dirigiu-se a S. Excia., acompanhado pelo interventor Osman Loureiro e grande número de autoridades federais e estaduais, formando longo cortejo de autoridades, ao Palácio dos Martírios, sede do governo local, de onde assistiu a um majestoso desfile escolar em sua honra, sendo alvo de grandes manifestações populares por esta ocasião. (RS, 07/12/1940)

Essas reportagens são representativas da maneira como a *Revista da Semana* costumava articular a sua editoria de política sob dois aspectos centrais: (1) a partir do enfoque em que a pauta era estruturada, ao colocar em evidência sempre as aparições públicas dos políticos e estadistas, de forma que a motivação da reportagem era, normalmente, um *assunto de agenda*. Denúncias de irregularidades administrativas, de mau uso da máquina pública ou de malversações de ordens diversas simplesmente não faziam parte da pauta política da *Revista da Semana*; e (2) sob a perspectiva ideológica, que tratava essas aparições sob uma perspectiva elogiosa, com um enaltecimento dessa figura pública.

Se as relações estabelecidas entre a visibilidade e o poder público são instáveis e cambiantes e, como nos lembra Thompson (2008), regidas por dispositivos comunicacionais, na medida em que "com o desenvolvimento da imprensa e de outras mídias, os líderes políticos ganham um tipo de visibilidade que se desvincula de sua aparição física diante de plateias reunidas", o modo em que a *Revista da Semana* articulava essa aparição dos líderes públicos era sempre favorável e, não raro, com a adoção de um tom festivo.

Se desde os primórdios da imprensa os mandantes utilizaram-se dela como um veículo para promulgar decretos oficiais e, mais do que isso, como um meio para construir uma imagem de si que pudesse chegar a regiões afastadas, inaugurando um regime de visualidades marcado pela desaparição das fronteiras espaço-temporais e por novas formas de visibilidade calcadas em uma "intimidade não-recíproca à distância" (THOMPSON, 2008), na *Revista da Semana*, essa busca política conseguiu casar-se muito bem com o projeto de uma imprensa que tinha uma perspectiva modernizante e almejava mostrar os avanços, conquistas e belezas da sociedade brasileira, posicionando-se como o sorriso da sociedade.

O uso do código protocolar como um modo padrão de narração é a forma estética encontrada para fazer jus a esse posicionamento político-ideológico.

Sob essa perspectiva, é interessante notar como o código protocolar articulava as histórias contadas pela *Revista da Semana* mesmo quando a narração era feita por meio de fotografias. Em todos os seus números é possível encontrar fotos posadas e comemorativas de eventos públicos – desde a inauguração de pequenos monumentos até posses presidenciais e visitas de grandes líderes – sob essa perspectiva oficiosa e festiva. Trata-se de uma característica presente desde o primeiro número da revista, cuja capa trazia, em homenagem às comemorações do quarto centenário da Independência do Brasil, uma foto do monumento a Pedro Álvares Cabral, de Rodolfo Bernadelli, no Largo da Glória. "Nas páginas internas, a revista mostrava flagrantes dos festejos e até mesmo uma 'fotografia profética do que será Rio de Janeiro no Quinto Centenário'. O fotojornalismo ensaiava seus primeiros passos no Brasil. E o primeiro número da revista se esgotou em tempo recorde, sendo reimpresso sucessivas vezes devido à grande procura do público" (COSTA, 2007, p. 280).

A *Revista da Semana* explicitamente se colocava como um órgão conservador, fato este que era posto em evidência em alguns de seus editoriais. Na publicação de 18/11/1922, por exemplo, em um editorial que comentava acerca de algumas cartas de reclamação que a revista recebeu de seus leitores, escreve-se que "os sacrificadores estranham que uma *Revista tão acentuadamente conservadora, lida e estimada pela classe burguesa, considerada o seu órgão predileto*, tenha pretendido abalar as colunas robustas e tradicionais que sustentam o templo sagrado da propriedade".

O código protocolar, ao mesmo tempo em que se insere como uma estratégia estética que, *como efeito do código*, dá vazão a esse posicionamento político pode ser visto, também, como uma forma, historicamente marcada, de articulação da função testemunhal na narrativa jornalística. Vejamos esse aspecto com mais calma a seguir.

O ancoramento do discurso jornalístico em uma função testemunhal que lhe confere uma legitimidade socialmente reconhecida é um tema que já foi discutido por muitos autores, de forma que a fala do outro se constitui como uma das matrizes de verdade presumida no jornalismo. É nesse sentido que Lage (2008) explora a noção de que uma das diferenças mais marcantes entre o jornalismo praticado a partir do século XX em relação aos anteriores é, justamente, a consolidação da reportagem testemunhal como prática discursiva amplamente aceita como o jornalismo validado.

E é por isso que, para Sigal (apud HUXFORD, 2004: 19), "a notícia não é algo que acontece, mas algo que alguém diz que acontece", de forma que "os repórteres raramente estão na posição de testemunhar um evento em primeira mão. Eles têm que confiar na percepção de outros". Além disso, "alguns desenvolvimentos – tendências socioeconômicas, mudanças na opinião pública, alteração do pensamento oficial – não se manifestam por si só nos eventos" e mesmo quando os repórteres estão em condições de falar diretamente sobre algum caso, há todo um conjunto de convenções profissionais que os levam a procurar o testemunho do outro.

Se não existe jornalismo que não esteja calcado na fala de terceiros, é necessário considerar que a função testemunhal nem sempre foi articulada da mesma maneira na narrativa jornalística do século XX. É possível observar uma mudança significativa no que diz respeito à articulação da fala de outros personagens nas histórias contadas pela imprensa, de forma que "a relação entre a fala do jornal e as outras falas modificou-se com a mudança do lugar e da função da imprensa" (MOUILLAUD, 2002, p. 117).

Mais do que isso, essas mudanças na articulação da função testemunhal se manifestam na adoção de diferentes códigos padrões de narração que suportam a fala do outro. Ao traçarmos a história dos modos de narração a partir dos quais os jornalistas contaram as suas narrativas, é possível notar como diferentes códigos narrativos sustentaram a função testemunhal, dando sentidos diferentes ao modo como a fala do outro se constituiu enquanto matriz de verdade presumida no jornalismo.

Nesses termos, é possível notar que o código protocolar é uma das manifestações desses códigos padrões de narração a partir dos quais a função testemunhal se ancora e ganha corpo no início do século XX.

Para além das implicações políticas claramente expressas quando os assuntos das reportagens versavam sobre as realizações dos chefes de Estado, é possível observar, nesse código padrão de narração, a articulação de uma função de verdade que, embora se estruture a partir da fala de um outro personagem da narrativa, é centrada, paradoxalmente, no *testemunho do repórter*.

É possível observar essa questão se levarmos em consideração o foco narrativo que é adotado pelo narrador-jornalista a partir dele. Isso porque, no código protocolar, é patente a adoção de um narrador que se coloca no local do fato e limita-se a descrevê-lo, tal como um narrador-observador-câmera que atua como organizador da veracidade textual e que, supostamente, se esforça em registrar o que vê, sem interferências adicionais – tais como relatos colhidos em paralelo ao evento noticiado, falas buscadas exclusivamente para a tessitura da reportagem ou impressões de ordem diversas que estivessem fora do evento noticiado.

Cria-se a impressão, a partir do uso do código protocolar, de que o repórter narra apenas aquilo que qualquer outra pessoa presente no evento noticiado poderia notar por si só, aquilo que qualquer leitor também comentaria se estivesse presente no local, sem a necessidade de adoção de outros instrumentos discursivos.

A sua posicionalidade enquanto um narrador-observador-câmera é interessante na medida em que, tal como o dispositivo de gravação, há um enquadramento em torno do narrado que, ao mesmo tempo em que cria essa ilusão de estarmos vendo tudo o que está presente na cena, como se nós mesmos pudéssemos narrá-lo tal qual o repórter, nós não somos capazes de ver aquilo que o repórter decide não notar.

Para que possamos aprofundar essa questão, é necessário pensarmos o efeito dessa forma estética historicamente marcada de narração engendrada pelo código protocolar em conjunto com os demais códigos de narração que caracterizam o modo de contar histórias da *Revista da Semana*. E isso porque é justamente no desdobramento dessa função testemunhal – presente nos três códigos estudados – que poderemos entender as diferenças estabelecidas com as reportagens de hoje e o modo histórico próprio a partir do qual a *Revista da Semana* engendrava as suas narrativas nos primórdios da reportagem.

A FUNÇÃO TESTEMUNHAL E O MARTÍRIO DO REPÓRTER

As histórias que a imprensa conta, para Mouillaud (2002, p. 117), podem ser comparadas a um "quarto de ecos onde ressoa o concerto de vozes que, sem ele, não teria eco", fazendo remissão, com isso, ao constante sistema de citações a que a imprensa abre mão para contar as suas histórias, uma vez que a função testemunhal não é apenas um dos elementos da produção noticiosa, mas sim, uma de suas matrizes de verdade presumida, sem a qual a própria narrativa noticiosa perderia a sua sustentação e legitimidade enquanto produção simbólica.

É importante ressaltar, contudo, *o caráter essencialmente histórico* dos modos a partir dos quais a função testemunhal se fez enxergar nas narrativas jornalísticas ao longo de sua existência. Se sempre houve a necessidade de uma testemunha para contar um fato, é possível observar que também houve diversas mudanças e deslocamentos nos modos a partir dos quais essa testemunha era articulada na narrativa ao longo da história do jornalismo. E isso tanto em termos de actantes, articulações textuais e estratégias narrativas quanto nas próprias articulações no nível das decisões que envolvem uma construção de pauta.

Até o final do século XIX, como nos lembra Mouillaud (2002, p. 117), a imprensa em geral funcionava como uma espécie de extensão de um palanque, uma vez que a sua função principal era permitir aos políticos que os seus discursos fossem veiculados para além das tribunas parlamentares. "Uma voz, uma única voz em condições excepcionais, pode ocupar por completo a primeira página de um cotidiano".

Para esse autor, o fim da imprensa tribuna marca não apenas um reposicionamento político e cultural da imprensa, mas também uma diversificação de vozes, inaugurando o tempo da "imprensa-eco (de vozes, que não a sua)".

Entre o fim da imprensa-órgão e o período que marca o início da imprensa--eco, contudo, é possível observar gradações e mudanças acentuadas no modo como a imprensa organizava essas diversas vozes para compor a sua malha narrativa, mostrando diferentes jogos de relações entre essas vozes testemunhais ao longo de sua história.

A coadunação entre o código autorreferencial, o código pathético e o código protocolar nas reportagens da *Revista da Semana* mostram como a articulação de vozes nas histórias contadas pela imprensa revisteira era específica desse momento histórico no que diz respeito a sua articulação narrativa. E isso, a partir da seguinte perspectiva: *nos relatos da Revista da Semana, a figura do repórter funciona como um actante que não apenas organiza o espaço textual, mas sim, que monopoliza a função testemunhal enquanto prova de verdade imaginária.*

Se, ao longo do século XX, a narrativa jornalística em revista irá eleger outros actantes para cumprir essa função, a articulação dos códigos trabalhados até aqui (autorreferencial, pathético e protocolar) mostram que, nesse momento, essa é função do personagem-repórter.

A matriz da narrativa jornalística em revista dessa época, portanto, estava alicerçada em torno do estatuto testemunhal do repórter – e em sua materialização no código autorreferencial. Outros códigos auxiliares – como o código protocolar e o código pathético – reforçavam essa matriz narrativa, funcionando como códigos padrões suplementares de narração.

Se esquematizados segundo a lógica dos interruptores, o regime narrativo da *Revista da Semana* pode ser subsumido da seguinte forma, com suas variações:

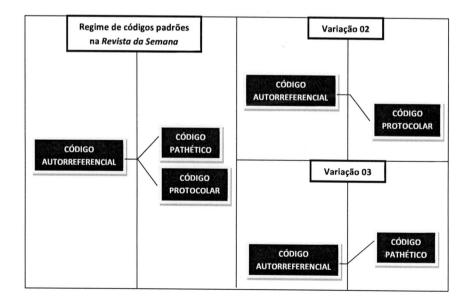

Para que possamos aprofundar essa questão acerca da presença desses três códigos narrativos nas histórias contadas pela *Revista da Semana*, em termos das articulações do sensível postas em operação por esse regime histórico de narração, é necessário, antes de tudo, entendermos porque a função testemunhal pode ser identificada a uma função de verdade nas narrativas jornalísticas ou, em outros termos, porque ela engendra um efeito de real a partir de sua inserção no texto.

Ora, é justamente a funcionalização do testemunho enquanto uma função de verdade que assegura, para muitos autores, as condições necessárias para a constituição dos laços societários. E isso, no sentido de que é apenas na pressuposição de um mundo comum, no sentido de partilhado, que estão instaladas tanto a crítica quanto a confiabilidade no testemunho. Para Ricoeur (2007), por exemplo, o ato de testemunhar tem consistência e sentido apenas porque pressupomos que uma pessoa é capaz de dizer a verdade, ou seja, porque confiamos na capacidade cognitiva do outro e porque acreditamos no comprometimento moral desse que fala. É nesse aspecto que está o caráter moral do testemunho e o seu estatuto como um laço de sociabilidade.

Entendido por Ricoeur, portanto, como uma instituição social, o testemunho é o resultado da articulação de três momentos que podem ser expressos pelas máximas: "eu estive lá", "acreditem em mim"; "e se não acreditarem em mim, perguntem a outra pessoa". Eles evidenciam o caráter do testemunho enquanto uma conjuração entre a asserção da realidade e a autonomeação do sujeito que testemunha, conservando em si "de um lado, a asserção da realidade factual do acontecimento relatado; de outro, a certificação ou a autentificação da declaração pela experiência de seu autor, o que chamamos de sua confiabilidade presumida" (RICOEUR, 2007, p. 172).

É na articulação desses dois momentos – ou seja, na aproximação entre as fronteiras que separam a ocorrência do fato e a presença do narrador – que Ricoeur coloca o testemunho como um fator de amparo no conjunto das relações que asseguram os vínculos societários: é a confiabilidade de cada testemunho que assevera a segurança do vínculo social na medida em que ele repousa na confiança na palavra de outrem.

"O que a confiança na palavra de outrem reforça não é somente a interdependência, mas a similitude em humanidade dos membros da comunidade. O intercâmbio das confianças especifica o vínculo entre seres semelhantes". Em resumo, "é da confiabilidade e, portanto, da atestação biográfica de cada testemunha considerada uma a uma que depende, em última instância, o nível médio de segurança de linguagem de uma sociedade" (RICOEUR, 2007, p. 175).

A essa questão, Derrida (1997b) acrescenta ainda a problemática de que toda relação comunicacional sempre exige uma fé juramentada posta no testemunho enquanto ato performativo como uma condição necessária de sua inteligibilidade. Como não há resposta sem um princípio de responsabilidade – ou seja, "é preciso responder ao outro, diante do outro e de si próprio" –, esta não pode ser concebida fora de um campo que envolva uma fé jurada ou um juramento, nos termos sempre de uma ação ou, em outras palavras, de um "eu comprometo-me a tanto diante do outro a partir do momento em que me dirijo a ele, ainda que só e talvez, sobretudo, se para cometer perjúrio".

É nesse sentido que Derrida define o testemunho como "uma promessa de verdade até mesmo no perjúrio" (DERRIDA, 1997b: 89). É justamente a crença na possibilidade de manutenção dessa promessa de verdade – mesmo na mentira – que assegura o vínculo e laço social.

Qualquer endereçamento ao outro se tornaria impossível sem a manutenção dessa concepção. E é por isso que "no testemunho, a verdade é prometida para além de toda a prova, toda a percepção, toda a mostração intuitiva". E assim, "ainda que eu minta ou perjure (e sempre e, sobretudo, quando o faço), prometo a verdade e peço ao outro para crer no outro que sou, aí onde sou eu o único a poder testemunhar e onde nunca a ordem da ordem ou da intuição serão redutíveis ou homogêneas a essa fiduciariedade" (DERRIDA, 1997b, p. 64).

Ao colocar o testemunho sob a ordem de um juramento, Derrida também abre a perspectiva de entendê-lo, tal como o faz Agamben (2011), como um vínculo que assegura a própria troca linguageira. A partir do pressuposto de que "o homem é o ser vivo que, para falar, deve dizer 'eu', ou seja, deve 'tomar a palavra', assumi-la e torná-la própria", a língua só pode ser concebida dentro do espaço de um testemunho juramentado, uma vez que só pôde ser produzida "no momento em que o ser vivo, que se encontrou cooriginariamente exposto tanto à possibilidade de verdade quanto à da mentira, se empenhou em responder pelas suas palavras com sua vida, em testemunhar por elas na primeira pessoa" (AGAMBEN, 2011, p. 80).

Além de situar o juramento como a base do pacto político do Ocidente, em seu sentido de grande articulador dos laços sociais, nesses termos, Agamben também o aloca como um mecanismo indispensável da antropogênese, como um elemento central que diferencia a linguagem humana de todas as outras formas linguageiras. Isso porque, além do problema da inadequação entre o significante e o significado que, já para Lévi-Strauss, se constituía como o limite para todo o conhecimento humano, Agamben coloca que, "além disso e, talvez, mais decisivo para o ser vivo que se descobriu falante, deve ter sido o problema da eficácia e da veridicidade de sua palavra, ou seja, do que poderia garantir o nexo original entre os nomes e as coisas e entre o sujeito que se tornou falante – portanto, capaz de asserir e de prometer – e as suas ações" (AGAMBEN, 2011, p. 79).

Ora, o juramento está na base dessas supostas asserções que fazem com que, para além de todo o abismo e inadequação existentes entre o significante e o significado, que jamais se encontram em uma relação de coincidência, haja, não obstante isso, uma esfera de certeza de sentido em torno do nome, em torno do significado de uma palavra.

Nesses termos, "todo nome é um juramento; em todo o nome está em questão uma fé". Essa certeza que rodeia o nome "não é do tipo empírico-constatativo, nem lógico-epistêmico, mas cada vez põe em jogo o empenho e a prática dos seres humanos". E é por isso que "falar é, antes de mais nada, jurar, crer no nome" (AGAMBEN, 2011, p. 64).

Ao discorrer sobre a certeza que rodeia o nome, Agamben remete ao famoso questionamento de Wittgenstein: "sei que me chamo Ludwig Wittgenstein ou apenas o creio? (...) Se o meu nome não for L.W., como poderei confiar naquilo que se deve entender por verdadeiro ou falso?". Para Agamben, trata-se de um questionamento que mostra que "a segurança que diz respeito à propriedade dos nomes condiciona qualquer outra certeza". E assim,

> "se alguém põe em questão, na linguagem, o próprio momento da nomeação sobre o qual se fundamenta todo o jogo linguístico, então se torna impossível falar e julgar. Contudo, Wittgenstein mostra que aqui não se trata de uma certeza do tipo lógico ou empírico, e sim, de algo parecido com uma regra do jogo que é a linguagem" (AGAMBEN, 2011, p. 64).

A interpretação de Agamben a respeito do fato de que todo juramento sempre vem acompanhado de uma maldição que serve como lastro punitivo está posta, justamente, sob a condição de realização ou não dessa certeza que a linguagem traz consigo enquanto promessa, mesmo diante da incapacidade de sua realização. E assim, segundo suas próprias palavras, "toda nomeação é dupla: é benção [bem-dição] ou maldição [mal-dição]. Benção, se a palavra for plena, se houver correspondência entre o significante e o significado" e, não a partir de uma relação de oposição, mas complementarmente, "maldição, se a palavra for vã, se continuarem existindo, entre o semiótico e o semântico, um vazio e uma separação" (*Ibidem*, p. 80).

As implicações marcadamente políticas dessa fé juramentada que é depositada no nome (e que é comum ao testemunho) são evidentes, na medida em que, ao longo da história, é possível mapear diferentes estâncias sociais que, de uma maneira ampla, tentaram funcionar como lastro dessa fé juramentada. Para Agamben, se durante muito tempo esse lastro foi depositado em um ser divino, em suas mais diversas acepções, é o direito e a religião que "tecnicizam esta experiência antropogenética da palavra no juramento e na maldição como instituições históricas, separando e opondo, ponto por ponto, verdade e mentira, nome verdadeiro e nome falso, fórmula eficaz e fórmula incorreta" (AGAMBEN, 2011, p. 81).

Embora nem a religião e nem o direito preexistam à força performativa do juramento, uma vez que esta é um efeito da linguagem, ambos "foram inventados a fim de garantir a verdade e a confiabilidade do logos através de uma série de dispositivos, entre os quais a tecnização do juramento em um *sacramentum* específico – o sacramento do poder – ocupa um lugar central" (*Ibidem*, p. 69).

É nesse ponto que podemos entender porque esse "sacramento da linguagem" só pode ser entendido a partir de sua vinculação a um "sacramento do poder": "a 'força da lei' que rege as sociedades humanas, a ideia de enunciados linguísticos que impõe estavelmente obrigações aos seres vivos, que podem ser observadas ou transgredidas, derivam desta tentativa de fixar a originária força performativa da experiência antropogenética, sendo, nesse sentido, um epifenômeno do juramento e da maldição que a acompanhava" (*Idem*, p. 81).

Na acepção de Agamben, o que explica essa força do juramento – e, portanto, partilhada pelo testemunho – é a própria força performativa que este assume na linguagem. Uma vez que o performativo pode ser definido como um enunciado que não descreve um estado de coisas, mas sim, realiza imediatamente o fato na sua enunciação, adquirindo, em sua simples pronúncia, a eficácia de um ato, ele só pode se realizar na medida em que efetua a suspensão do caráter denotativo normal da linguagem.

"O verbo performativo constrói-se necessariamente com um *dictum* que, considerado em si, tem natureza puramente denotativa, e sem o qual ele continuaria vazio ou ineficaz ('eu juro' não tem valor se não for seguido – ou precedido – por um *dictum* que o preenche)". O que é importante notar, contudo, é o fato de que esse *dictum* é revogado no mesmo instante em que ele é precedido por esse "eu juro": a sua força denotativa perde importância, na medida em que é a força performativa da promessa que adquire o primeiro plano na sentença. E "assim, o performativo substituiu a relação denotativa entre palavra e coisa por uma relação autorreferencial que, excluindo a primeira, põe a si mesma como o fato decisivo" (AGAMBEN, 2011, p. 66).

Na suspensão da relação denotativa, é o próprio modelo de verdade de um enunciado que é rearticulado a partir do uso do performativo:

> o modelo de verdade não é, nesse caso, o da adequação entre as palavras e as coisas, mas sim aquele do performativo, no qual a palavra realiza inevitavelmente o seu significado. Assim como, no estado de exceção, a lei suspende a própria aplicação unicamente para fundar, desse modo, a sua vigência, assim também, no performativo, a linguagem suspende a sua denotação precisamente e apenas para fundar seu nexo existentivo com as coisas. (AGAMBEN, 2011, p. 66)

A implicação disso está no fato de que, no juramento (e, consequentemente, no testemunho) é estabelecida uma distinção entre o próprio juramento e o seu conteúdo semântico. Nesses termos, a relação que ele estabelece com o verdadeiro está no seu próprio aspecto formal, independentemente do conteúdo que serve de objeto a esta fé juramentada. Enquanto articulação formal, portanto, "o juramento não tem a ver com o enunciado como tal, mas com a garantia de sua eficácia: o que nele está em jogo não é a função semiótica e cognitiva da linguagem como tal, mas sim, a garantia de sua veracidade e da sua realização" (AGAMBEN, 2011, p. 12).

E isso porque, apropriando-se das asserções de Benveniste sobre o testemunho, pode-se dizer que, embora em sua forma, ele tenha sempre a função de apoiar, garantir e demonstrar algo, ele não é capaz de fundamental coisa alguma. "Individual ou coletivo, o juramento só existe em virtude daquilo que reforça e torna solene: pacto, empenho, declaração". E assim, "*ele prepara ou conclui um ato de palavra que só possui um conteúdo significante, mas por si só mesmo não enuncia nada*". Mais do que isso, *a sua função de verdade "não reside na afirmação que produz, mas na relação que institui entre a palavra pronunciada e a potência invocada*" (BENVENISTE apud AGAMBEN, 2011, p. 12).

Se o juramento é um ato verbal que realiza uma garantia independentemente de o fato enunciado acontecer ou não, é porque a sua força performativa reside na forma, reside em seu significante, independentemente da asserção que o acompanha. Nesses termos, há uma promessa de verdade inserida no testemunho que se instala independentemente do assunto relatado.

Ora, a partir dos autores estudados, é possível entrever que é essa força performativa do juramento – enquanto articulador das relações sociais e do próprio compartilhamento social da linguagem – que está na base do testemunho e que garante o seu modelo de verdade imaginário.

Transportando essa questão para o jornalismo, pode-se dizer que o testemunho se configura como uma de suas matrizes de verdade presumida na medida em que não importa qual é o assunto que o repórter narra: em todas as reportagens existe sempre uma promessa imaginária de verdade que é garantida pelo estatuto social do testemunho – estatuto este que o jornalismo se apropria em suas construções de sentido.

Além disso, é necessário enfatizar o fato de que, uma vez que a sua própria força de verdade está articulada enquanto significante, é nesse aspecto que podemos entrever que ele possui valor enquanto código socialmente compartilhado.

Há uma chave de leitura dupla nessa questão uma vez que é por efeito dos códigos que são engendrados os valores de verdade que dão consistência ao testemunho e é por meio deles que podemos ter acesso aos seus modos de expressão nos gêneros textuais. Nesses termos, a função testemunhal se materializa nas narrativas a partir de estratégias de semantização do acontecimento de ordens diversas e, portanto, é pelo engendramento desses códigos que temos acesso às suas diversas materializações historicamente marcadas.

Os códigos padrões de narração articulados nas histórias contadas pela *Revista da Semana* mostram alguns modos a partir dos quais a função testemunhal se articulava nas revistas do início do século XX, engendrando modos de semantização do acontecimento que, em grande medida, foram abandonados (ou, pelo menos, foram bem menos largamente utilizados) no(s) jornalismo(s) posteriores.

Apesar dos múltiplos códigos que se sobrepõem, podemos entrever uma coerência geral na articulação dos usos dos códigos autorreferencial, pathético e protocolar na *Revista da Semana*, especialmente se eles forem postos sob o modo como esses engendram a função testemunhal nas reportagens. Embora eles remetam, isoladamente, a efeitos de sentido diversos, quando postos em conjunto, todos eles reportam-se a um mesmo tipo de narrador: àquele que mostra a sua presença a todo o momento no relato.

"Quando falamos em uma boa prosa", para Wood (2011, p. 47), raramente comentamos que ela "traz em si as marcas do autor, que, embora perceptíveis, paradoxalmente não se deixam ver". A questão é que existem gradações em torno do realce dessas marcas de autor (tomado na forma de actante narrativo e não como sujeito empírico), de forma que, em alguns relatos (mesmo os jornalísticos), há a subversão desse "não deixar-se ver", em favor de determinadas articulações de efeitos de sentido.

Na *Revista da Semana*, entendida enquanto um veículo de uma narrativa historicamente marcada, estamos lidando com um autor-personagem que se deixa ver o tempo todo a partir dos códigos padrões de narração que são articulados nas histórias.

Há um explicitamento das marcas do autor-personagem não apenas no código autorreferencial, mas também nos modos a partir dos quais o código pathético articula uma voz emocional que facilmente só pode ser atribuível a esse autor-personagem. Mesmo no código protocolar, em que o narrado se dá por meio de um narrador-observador-câmera, toda a construção da *mise-en-scène* se articula através do ponto de vista do narrador, de forma que tudo o que sabemos em torno do acontecimento é tecido pelos olhos desse repórter-câmera que registra o que vê no evento sem recorrer a paratextos que depois se tornariam tradicionais na narrativa jornalística.

E assim, parafraseando Wood (2011, p. 48), "da mesma forma que ao assistirmos um filme não notamos o que foi excluído, o que está fora dos limites do quadro", também aqui não notamos o que esse repórter-personagem decidiu não notar. E, embora isso seja válido para todo e qualquer texto, na medida em que só somos capazes de enxergar aquilo que o autor nos mostra, o que diferencia a narrativa da *Revista da Semana* de outras reportagens que serão desenvolvidas ao longo da história do jornalismo de revista brasileiro é o fato de que esse é um efeito de sentido que é articulado pelo próprio sistema de códigos de narração padrões.

Mais do que isso, a articulação desses códigos levam ao engendramento de uma *função testemunhal que está totalmente calçada no repórter (enquanto actante narrativo)*. Não existem outros personagens ou elementos textuais que assumem a função testemunhal (mesmo que a partir da permissão desse narrador) e, dessa forma, a figura do repórter (posto como um dos personagens da narrativa) é mais do que um mero organizador textual e mais do que uma das vozes do relato: ele monopoliza a função testemunhal em torno do narrado.

Nesses textos, o repórter faz questão de explicitar a sua presença, na medida em que é em torno do seu testemunho que se articula o modelo de verdade do relato. A partir dos códigos padrões de narração utilizados, podemos remeter a um *martírio do repórter*, na medida em que todo o relato é articulado a partir da figura de linguagem chamada pelos gregos de *martyria* (μαρτυρία), que consiste na figura de estilo que "confirma algo pela própria experiência de alguém" (LANHAM, 1991, p. 188).

O regime narrativo formado pelos códigos padrões que compõem as histórias contadas pela *Revista da Semana* pode ser articulado, portanto, a partir da inserção do código autorreferencial como matriz da narrativa – e enquanto elemento que articula tanto os elementos organizadores do texto quanto a matriz de verdade presumida do relato – e os códigos pathético e protocolar como códigos padrões suplementares – que atuam tanto no reforço da função testemunhal do repórter quanto em determinados procedimentos estéticos ligados à semantização do acontecimento.

Nos próximos capítulos, veremos como há uma rearticulação desse estado de coisas na narrativa jornalística ao longo dos anos.

Embora o testemunho do repórter continue a exercer um papel essencial enquanto matriz de verdade presumida no jornalismo de revista, é patente o modo como outros códigos assumem o primeiro plano da narração nas reportagens ao longo de sua história. De uma maneira geral, é como se outras figuras testemunhantes passassem a dividir o espaço com o repórter (não enquanto sujeito empírico, mas sim, em sua posicionalidade como personagem atuante na narrativa), rearticulando, com isso, a própria função testemunhal no jornalismo.

De forma ainda mais radical, é possível perceber que – tal como Flaubert versava acerca do romance realista, onde um autor em sua obra deveria estar presente em toda parte e visível em parte alguma – o jornalismo de revista começa a convocar outras figuras para assumirem o dito, articulando códigos de narração a partir dos quais não é o próprio jornalista quem diz algo, mas sim, articula outros mecanismos de semantização que dizem por ele, inserindo a figura de um terceiro que conta a história.

Essas outras figuras que assumem o dito funcionam, basicamente, como "substitutos do autor", como "exploradores permeáveis, irremediavelmente transbordando de impressões" (WOOD, 2011, p. 55).

CAPÍTULO 5

O Cruzeiro e a reportagem como experiência:
a divisão da função testemunhal entre o repórter e as fontes (1940-1960)

Se os códigos padrões de narração da *Revista da Semana* nos causam certo estranhamento se tomados sob a perspectiva dos valores redacionais em voga, a experiência histórica da reportagem na revista *O Cruzeiro* parece consolidar alguns dos preceitos jornalísticos mais próximos do que concebemos hoje por grande reportagem. E isso, a tal ponto, que alguns autores, como Faro (1999, p. 74) chegam a afirmar "a inexistência de um jornalismo em profundidade entre o início do século e o pós-guerra", de forma que é "somente após a década de 40 que surgem as condições para a consolidação do jornalismo investigativo". *O Cruzeiro*, excetuando-se poucos casos anteriores como Euclides da Cunha ou João do Rio, marcaria "o momento em que a reportagem amplia o seu espaço na imprensa dos anos 50".

Mesmo que essa afirmação soe um pouco exagerada – uma vez que a reportagem já se apresentava como gênero consolidado desde o final do século XIX e o próprio significado de "jornalismo em profundidade" era inteiramente outro nas primeiras décadas do século XX –, a partir dos anos 40, a reportagem passa a adotar determinados códigos padrões de narração historicamente marcados que promovem uma ruptura com os códigos que usualmente eram utilizados no período anterior. E a revista *O Cruzeiro* é um dos atores essenciais nas mudanças que o jornalismo conheceu nesse período – mudanças cujo entendimento depende da análise do contexto histórico em que a revista está inserida, marcado tanto pelas mudanças em termos socioeconômicos no Brasil quanto pela profissionalização e modernização das redações.

Para que possamos alinhavar os códigos padrões de narração que tornaram a revista *O Cruzeiro* um marco na imprensa nacional – ou que, em outros termos, consolidaram novas formas narrativas do sensível no jornalismo – é necessário, primeiramente, relatarmos esse contexto histórico, bem como a proposta editorial trazida pela publicação.

O episódio que marca a inauguração da revista *O Cruzeiro* é famoso e constantemente citado na literatura da área: no dia 5 de novembro de 1928, Assis Chateaubriand prepara uma estratégia de divulgação da sua nova revista que consistia em espalhar, por sobre a Avenida Rio Branco, importante via de circulação no Rio de Janeiro, 4 milhões de folhetos (o que correspondia a três vezes o número total de habitantes da cidade) que foram jogados do alto dos prédios anunciando o aparecimento de uma publicação "que tudo sabe, tudo vê", uma revista "contemporânea dos arranha-céus". A estratégia de divulgação era complementada com uma estratégia receituária, uma vez que vários folhetos continham anúncios no verso. Sob esse aspecto, inclusive, nota-se que, na primeira edição publicada de *O Cruzeiro*, algo em torno de metade das páginas era ocupada por anúncios publicitários, o que atesta o sucesso em termos comerciais da revista desde o seu início.

A sua proposta era chegar a todas as principais cidades brasileiras e, já no primeiro número, esse feito é alcançado. Como nos conta Morais (1994, p. 189), "além de usar caminhões, barcos e trens, Chateaubriand fretou um bimotor para que nenhuma cidade importante fosse esquecida pela distribuição. Como se quisesse esbanjar competência, até nos principais pontos de venda de Buenos Aires e Montevidéu havia repartes da revista".

Idealizada por Carlos Malheiros Dias que, não conseguindo sustentar o empreendimento, vendeu-o a Assis Chateaubriand, *O Cruzeiro*, que duraria até Julho de 1975, tem como marcas, na literatura da área, a consolidação da prática de um jornalismo mais profissionalizado, em que a reportagem passava a ser o gênero mais valorizado dentro da revista.

Em termos editoriais, havia uma série de propostas de inovação em *O Cruzeiro*. No seu primeiro número, por exemplo, constava a impressão do tempo necessário para que o leitor conseguisse ler cada um dos textos ali presentes, prática que foi abandonada nos números seguintes.

Além disso, embora a fotografia continuasse como uma linguagem altamente valorizada na produção revisteira, uma série de condições técnicas (como as câmeras de formato 135, que permitiam uma melhor mobilidade do fotógrafo, e os filmes que dispensavam o uso de *flash*) proporcionaram um aumento na qualidade das imagens que se tornaram mais naturalistas, em oposição às inúmeras fotos posadas do período anterior. A fotografia jornalística passa a adotar padrões europeus e norte-americanos a partir dos anos 50, com o abandono das antigas fotos protocolares e a valorização desta como meio de contar histórias. Nesse quesito, *O Cruzeiro* passa a encabeçar os novos padrões no imaginário da visualidade nacional.

Ainda no que concerne à fotografia, a incorporação de outras linguagens midiáticas à estrutura da revista se fazia sentir por toda a sua elaboração. Como aponta Dines (1986, p. 73), "a reação em cadeia provocada pela TV", por exemplo, atingiu as revistas ilustradas quando "começou-se a usar a cor regularmente em *O Cruzeiro* e *Manchete*, em 1957, como ação preventiva contra a invasão em preto e branco da TV".

Não obstante isso, em seus primeiros anos, a revista ainda mostrava um tipo de narrativa em suas reportagens que não era muito diferente da forma praticada em outras publicações da época como a própria *Revista da Semana* – publicação esta que, aliás, inspirou a criação de *O Cruzeiro*. Em termos de códigos padrões de narração, como mostraremos adiante, as reportagens que constam em seus primeiros números possuíam as mesmas características que estudamos no capítulo anterior, com a monopolização do repórter da função testemunhal, articulada em termos de três códigos principais (o autorreferencial, o protocolar e o pathético).

A semelhança com as outras revistas dos anos 20 e 30 se manifesta até na profusão do material literário que compunha as edições. "A mesma *O Cruzeiro* que usava serviços e máquinas que eram a última moda no mundo desenvolvido ainda dava, em página inteira, melosos poemas de Antônio Sanchez Larragoiti ou de sua mulher, a bela Rosalina Coelho Lisboa" (MORAIS, 1994, p. 361).

As principais mudanças que *O Cruzeiro* traz em termos narrativos podem ser observadas apenas a partir da década de 1940, quando Freddy Chateaubriand assume a direção da revista, em um período em que o próprio cenário de comunicação no Brasil estava mudando a olhos vistos. "Em 1944, *O Cruzeiro* estava vivendo dias dourados. Apenas três anos antes, era uma revista mixa, com cheiro de remédio de barata e que vendia onze mil exemplares por semana. Quando vendiam 11.500, faziam festa". No entanto, "Freddy Chateaubriand e Accioly Neto assumiram a redação e mudaram tudo. Promoveram uma reforma gráfica, modernizaram a paginação, investiram na reportagem, criaram novas seções e a circulação saltou para 150 mil exemplares - e continuava crescendo" (CASTRO, 1993, p. 183). É também nessa época que o repórter David Nasser é contratado pela empresa e passa a fazer as suas coberturas com o fotógrafo Jean Manzon, época em que a revista, que já era a principal publicação do país, conhece o seu auge.

Durante o período da Segunda Guerra Mundial, O Cruzeiro ampliou sensivelmente os seus quadros profissionais, incorporando diversos jornalistas estrangeiros, como Otto Maria Carpeaux e grandes nomes da intelectualidade nacional, como Millôr Fernandes, Lúcio Cardoso, Raquel de Queiroz, Alex Viany, Franklin de Oliveira, Joel Silveira, Gilberto Freire, José Lins do Rego, entre outros.

A proeminência que a revista alcança no período é fruto de uma estrutura empresarial que garantia um grande investimento nas reportagens, aliada a uma equipe de repórteres que buscava arregimentar os melhores nomes do país. Uma amostra do dinamismo da revista é dada por Morais (1994, p. 486) quando ele comenta que, em um exemplar de 1946, colhido ao acaso, é possível encontrar "na mesma semana em que Wainer enviava reportagens especiais de Caracas sobre a exploração de petróleo em território venezuelano, Carlos Lacerda escrevia de Paris sobre o bairro de Montmartre, e a dupla Nasser-Manzon mandava do Cairo matérias sobre arqueologia no Egito".

Em seu período áureo, O Cruzeiro chega a atingir a marca de 550 mil exemplares vendidos em banca e, após a cobertura do suicídio de Vargas, em 1954, esse número sobe para 720 mil. É, portanto, apenas depois de quase 20 anos de existência da publicação que a revista consolida (de forma não linear) uma nova concepção em torno do que o termo reportagem deveria representar. E isso pode ser posto como uma consequência das mudanças nos próprios acordos entre os jornalistas sobre o que significava contar uma boa história (a própria articulação do lugar social do jornalismo, portanto), bem como das práticas de apuração validadas.

Embora não seja possível mapear todas as mudanças que levam a esse reposicionamento do qual essa segunda fase O Cruzeiro é marco, é patente, contudo, o fato de que ela só pode ser avaliada a partir dos novos parâmetros da comunicação que emergem no período analisado. Desde a década de 1920, o cenário comunicacional havia mudado radicalmente no país.

A marca da década de 1920 foi a proliferação de títulos no mercado editorial brasileiro, com a existência de, pelo menos, oitocentos periódicos (mesmo que a maioria deles tivesse existência curta, o que pode ser atestado pelo fato de que os grandes sucessos editoriais, às vezes, conseguiam chegar a cinco dezenas) (BARBOSA, 2007).

O desenvolvimento urbano, o aperfeiçoamento tecnológico, as divisões políticas mais acirradas e a especialização da imprensa são fatores que podem ser apontados como razões para a existência dessa grande atividade no mundo das notícias.

E assim, "no final da década de 1920, conta-se, na Capital Federal, 19 jornais diários, 13 estações de rádio e várias revistas semanais, com tiragens que chegam a 30 mil exemplares, como é o caso de *O Cruzeiro*" (BARBOSA, 2007, p. 58).

Em contraste com a efervescência desse período, as décadas seguintes serão marcadas por uma grande concentração na propriedade da imprensa, fruto do aparecimento e predomínio de grandes conglomerados midiáticos, cujo ápice pôde ser sentido ao longo da década de 1950. "Acentuando-se desde os terceiros e quarto decênios do século, a concentração da imprensa era tão marcante, em sua segunda metade que, tendo desaparecido numerosos jornais e revistas, uns poucos novos apareceram" (SODRÉ, 1998, p. 388).

O Cruzeiro foi uma das poucas publicações nascidas nas duas primeiras décadas do século XX que conseguiu sobreviver nesse cenário – de forma que a sua vinculação aos Diários Associados pode ser considerada como um fator fundamental para a sua longevidade, bem como a reestruturação dos preceitos editoriais praticados nas décadas anteriores. Apenas uma grande revista surge nessa fase de concentração, a *Manchete*, em 1953. Embora ainda não existisse um jornal de proporções nacionais, as revistas ilustradas já haviam atingido esse patamar há muito tempo, alcançando um número expressivo de leitores.

A inserção de *O Cruzeiro* em um cenário comunicacional cuja característica era a de uma concentração crescente é um dos elementos centrais para que possamos entender como o seu modelo de grande-reportagem conseguiu se afirmar como o principal modelo existente no Brasil daquela época, uma vez que eram poucos os espaços de experimentação disponíveis no período.

A isso, soma-se uma reorganização das empresas jornalísticas que passam a incorporar padrões de eficiência operacional aliados à adoção de critérios profissionais para a composição de seus quadros. De certa forma, "essa transformação atende aos novos padrões de consumo dos centros urbanos em torno dos quais operam os meios de comunicação. A imprensa, a partir daí, estará modernamente vinculada à dinâmica cultural" (FARO, 1999, p. 75).

Faro (1999, p. 75) aponta ainda uma mudança em termos de qualificação técnica do jornalista, com o surgimento dos cursos superiores especializados na profissão.

Nos anos 40, portanto, mesmo que de forma ainda muito incipiente, "o novo jornalista não será mais o profissional liberal autodidata com pendores literários que é *também* jornalista. Seu ofício agora é o de lidar com a informação de forma profissionalizada".

O curso de jornalismo é criado através do Decreto nº 5480, de 13 de Maio de 1945, assinado por Getúlio Vargas, embora a primeira instituição a oferecê-lo, a Faculdade Cásper Líbero, só o faça no ano de 1947, após a divulgação do Decreto n. 22.245, de 06 de Maio de 1946, que regularizava as condições de funcionamento dos cursos. No Rio de Janeiro, a Universidade do Brasil começa a oferecer o curso de jornalismo em 1948 e a Pontifícia Universidade Católica, em 1951 (RIBEIRO, 2003).

A profissionalização marca novos registros jornalísticos, redefinindo os padrões que norteavam a concepção de como uma reportagem deveria ser escrita, tanto em termos do julgamento do grupo profissional mais amplo quanto a partir dos códigos de narração que passam a ser adotados. Cada vez mais, o jornalismo passa a ser visto como uma atividade *técnica* – tanto em termos de escrita quanto de investigação – gerando, paradoxalmente, uma padronização ainda maior da reportagem, no momento em que, aparentemente, estavam surgindo os seus contornos mais originais.

A esse cenário, soma-se ainda uma sofisticação do setor publicitário – que dava sustentação aos empreendimentos noticiosos – de forma que, como aponta Abreu (1996, p. 16), se anteriormente a imprensa ainda dependia de pequenos anúncios comerciais, a partir dos anos 50, "começaram os investimentos no setor publicitário e teve início a implantação no país de grandes agências nacionais e estrangeiras de publicidade". Com a consequente diversificação das propagandas, a receita publicitária passa a permitir investimentos mais arriscados e ambiciosos. O próprio sistema bancário nacional também crescia e permitia apostas de mais larga escala por parte dos veículos.

Filha, portanto, "de uma dupla face da modernização, a da sociedade e a da imprensa brasileira", essa nova concepção de reportagem acompanhou o movimento a partir do qual "a imprensa adotou padrões técnicos de tratamento do noticiário que eram internacionais", que "liquidam o beletrismo e introduzem elementos de objetividade ao qual o profissional terá de se submeter, sufocando parcialmente o exercício do aprofundamento investigativo" (FARO, 1999, p. 76).

É nesse cenário que há a inserção desse novo tipo de reportagem que vem acompanhado da adoção de novos códigos padrões de narração. A maneira de narrar e semantizar os acontecimentos, a partir dos anos 40, passa por sensíveis modificações do modo descrito nas narrativas das revistas do início do século XX –

período em que a *Revista da Semana* exercia uma influência considerável no cenário editorial brasileiro. A partir dos anos 40, é a revista *O Cruzeiro* que assumirá esse papel, estabelecendo novos padrões de reconhecimento acerca de como uma boa história deveria ser contada.

O Cruzeiro surge quando a reportagem já se apresenta como um gênero muito mais consolidado nas revistas brasileiras. Se nas primeiras edições da *Revista da Semana* era raro encontrarmos mais do que uma ou duas reportagens, *O Cruzeiro* já surgiu em um contexto histórico diferente e, mesmo em seu primeiro número, em que o material jornalístico ainda dividia espaço com crônicas, contos, poesias e outros materiais literários, nas 66 páginas que o compunham, é possível encontrar doze reportagens diferentes.

Antes de detalhar os códigos padrões de narração adotados no seu período áureo, contudo, é necessário deixarmos claro que, em seus primeiros anos, a revista *O Cruzeiro* ainda se pautava por um tipo de reportagem comum às demais revistas do início do século XX. A similaridade nos modos a partir dos quais *A Revista da Semana* e o *Cruzeiro* organizavam as suas histórias – ou, em outros termos, semantizavam o acontecimento noticiado – no período que compreende o final da década de 1920 e a década de 1930 é um sintoma dos valores que regiam a atividade jornalística dessa época. Os códigos padrões de narração da reportagem, nesse sentido, não devem ser entendidos como frutos do estilo de um jornalista em particular ou como resultado da adoção de um projeto editorial específico: eles dizem respeito aos modelos estéticos socialmente compartilhados e referendados pelo grupo mais amplo dos jornalistas a respeito do modo como uma reportagem deveria ser escrita. Diz respeito aos significantes que deveriam ser acionados para que um material pudesse ser classificado como "reportagem" e referendado enquanto tal.

Mais do que meros modos de semantização encerrados em cada redação, os códigos padrões de narração, em seu conjunto, mostram como cada época histórica entendia o que deveria ser uma reportagem – e, embora, seja possível atribuir características que são muito próprias de cada veículo, a difusão dos códigos por diferentes redações atesta que existia um núcleo comum de entendimento em torno de quais elementos uma reportagem deveria conter.

Outro aspecto importante a ser considerado é o fato de que, mesmo no período posterior, ou seja, em *O Cruzeiro* que surge a partir da década de 1940, ainda é possível observar a presença marcada dos antigos códigos de narração.

Mesmo que eles passem a ocupar um papel secundário diante de outras configurações narrativas da reportagem, é patente o modo como o novo modelo não solapa completamente o anterior.

A permanência dos velhos códigos diante da assunção de novas diretrizes narrativas — que serão mostradas no próximo tópico — mostram a complexidade da narrativa jornalística, na medida em que as velhas formas de narração não simplesmente exaurem as antigas, mas sofrem um processo lento e irregular de deslocamento. Podemos notar que esses códigos se tornam cada vez menos frequentes nas reportagens e, mesmo na *Revista da Semana*, em sua última fase, é possível notar uma diminuição no seu uso. A permanência deles, mesmo que em segundo plano, no entanto, alerta-nos para o fato de que a mudança nos padrões a partir dos quais os jornalistas contam as suas histórias está longe de ser linear ou unívoca. Ela deve ser tomada, pelo contrário, a partir de um lento processo de substituição de valores dentro da comunidade jornalística que se processa de maneira vagarosa e desigual.

Se, no entanto, os padrões hegemônicos de reportagem mudam ao longo da década de 1940, cabe-nos perguntar, então, quais são os novos códigos padrões de narração que passam a definir o modo como uma reportagem deveria ser escrita.

Vários autores apontam para o fato de que o jornalismo em geral sofreu uma rearticulação acentuada de seus pressupostos ao longo da década de 1940, em um processo histórico que encontraria o seu auge na década seguinte. No que concerne ao jornal diário, é bastante comentada a reestruturação sofrida por esse meio de comunicação nos anos 50, especialmente a partir da incorporação de técnicas do jornalismo norte-americano, tanto no que diz respeito à estruturação do texto quanto na linguagem utilizada. E assim, se boa parte das páginas dos jornais diários brasileiros ainda eram ocupadas por artigos de opinião e espaços de experimentação estilística, a partir desse momento, passaram a ser adotadas técnicas de redação cujo objetivo era estruturar um semblante aparentemente mais objetivo para o texto.

Além da adoção de técnicas como o *lead* e a pirâmide invertida, um grande conjunto de restrições passou a fazer parte da narrativa na produção noticiosa dos jornais diários. Ribeiro (2003) sintetiza essas alterações:

> A restrição do código linguístico - com uso de reduzido número de palavras, expressões e regras gramaticais - aumentava a comunicabilidade e facilitava a produção de mensagens. As regras de redação, além disso, supostamente retiravam do jornalismo noticioso qualquer caráter emotivo e participante. Para garantir a impessoalidade (e o ocultamento do sujeito

da enunciação), impôs-se um estilo direto, sem o uso de metáforas. Como a comunicação deveria ser referencial, o uso da terceira pessoa tornou-se obrigatório. O modo verbal passou a ser, de preferência, o indicativo. Os adjetivos e as aferições subjetivas tiveram que desaparecer, assim como os pomos de exclamação e as reticências. As palavras com funções meramente enfáticas ou eufemísticas deveriam ser evitadas.

Ora, se essas modificações dão conta das principais mudanças, em termos narrativos, que aconteceram nos jornais diários, não se pode dizer o mesmo acerca do texto jornalístico em revista. A reportagem em revista nunca adotou estruturas tais como a pirâmide invertida ou o *lead* e, mais do que isso, se observarmos os principais títulos das décadas de 1940 e 1950, é possível observar que os parâmetros narrativos que engendravam os valores da objetividade eram muito diferentes dos praticados nos jornais comerciais diários. Sem dúvida, é possível notar uma mudança muito acentuada na narrativa jornalística em revista a partir dos anos 40 – trata-se de diferenças, contudo, que não se confundem com as alterações sofridas pelo jornal diário.

Para que possamos explorar essa questão, no próximo tópico estudaremos os principais códigos padrões de narração adotados pela revista O Cruzeiro a partir da década de 1940. É possível observar que, ao lado de uma valorização ainda mais acentuada da figura do repórter na narrativa, as reportagens de O Cruzeiro também são marcadas por um movimento de refreamento, a partir do qual o repórter começa a dividir a função testemunhal com outros actantes narrativos participantes da história.

OS CÓDIGOS PADRÕES DE NARRAÇÃO EM O CRUZEIRO:
O CÓDIGO EXPERIENCIAL EM PRIMEIRA PESSOA

A importância que a *Revista da Semana* dava para a figura do repórter em suas histórias não arrefeceu no novo modelo narrativo implementado por O Cruzeiro na década de 1940. Muito pelo contrário. De uma maneira geral, a figura do repórter ganha um destaque ainda maior se comparado ao período anterior. A partir desse momento, no entanto, há uma rearticulação na maneira com que, enquanto actante da narrativa, esse se posiciona frente aos fatos e, consequentemente, há também um novo engendramento do modo a partir da qual isso se materializa enquanto código padrão de narração.

Os nomes de alguns dos jornalistas que compunham O Cruzeiro eram facilmente reconhecíveis pelo público, de forma que a revista disputava alcançar os nomes mais proeminentes no mercado de trabalho jornalístico. Uma das características mais marcantes da revista foi a transformação de seus jornalistas em verdadeiras vedetes da indústria cultural. Nomes como Jean Manzon, David Nasser ou Joel Silveira eram vendidos, para o público de seu tempo, como celebridades, estrelas da reportagem.

De fato, é possível observar que cresce, em relação ao período anterior, a importância da voz do repórter na reportagem. Há uma supervalorização dessa figura na medida em que a sua voz não se articula mais somente a partir do alinhamento de uma narrativa especular em abismo (como no caso do código autorreferencial), de uma voz que paira na narrativa (caso do código pathético) ou de uma visão observadora sobre o assunto (no código protocolar). A partir desse momento, o repórter se assume enquanto sujeito participante do acontecimento e, sob a perspectiva da reportagem enquanto experiência, relata as suas observações de um ponto de vista participante e subjetivo, em uma narrativa que ganha, não raro, ares de diário. A esse código de narração, daremos o nome de *código experiencial em primeira pessoa*.

Ao mesmo tempo, contudo, que a voz do repórter ganha maior proeminência, é possível observar também um movimento de contenção na narrativa. E isso no sentido de que, ao contrário do período anterior, o repórter passa a dividir a sua experiência com outros atores participantes do evento. Ou seja, ele passa a dividir a função testemunhal com outras testemunhas. A essa inserção de vozes na narrativa, chamaremos código experiencial em terceira pessoa. Antes de tratarmos deste, contudo, vamos começar pelo primeiro tipo.

Por código experiencial em primeira pessoa, iremos nos referir a um modo padrão de narração a partir do qual o repórter é implicado enquanto personagem da narrativa e o acontecimento relatado é apresentado ao leitor a partir do ponto de vista da *experiência do jornalista*. A narração não é apenas feita sob o ponto de vista do contato direto do repórter com o acontecimento, mas sim, a própria ênfase da representação é deslocada mais para o conteúdo dessa experiência do que para o evento noticiado em si.

Narrado em primeira pessoa, ele se difere do código autorreferencial em pelo menos dois pontos essenciais. Em primeiro lugar, se o código autorreferencial instalava uma duplicidade semântica entre a narração do fato e os procedimentos do repórter ao ressoar na trama da reportagem uma reflexão sobre a própria reportagem, o código experiencial em primeira pessoa diz menos sobre o procedimento da reportagem e mais sobre a experiência do repórter em relação ao seu *estar-lá* no acontecimento noticiado.

Em segundo lugar, se o código autorreferencial fundava uma narrativa *myse en abyme*, uma vez que era o próprio ato da reportagem que servia como o parâmetro especular (o repórter que se vê fazendo uma reportagem), a ênfase no código experiencial é deslocada para a vivência pessoal, e a reportagem, em si, passa a ocupar um plano secundário (o repórter que se vê vivendo um acontecimento).

Se "a maneira mais simples de contar uma história é através da voz de um narrador, que pode ser a voz anônima do conto popular ('era uma vez uma linda princesa'), a voz do bardo épico (como as 'Armas e o Varão', de Virgílio) ou a voz cúmplice, companheira e sentenciosa do autor, encontrada na ficção clássica" (LODGE, 2010, p. 20), podemos dizer que, a partir dos códigos padrões de narração evocados, são dois tipos de narradores muito diferentes que estão articulados nas histórias de *A Revista da Semana* e nas de *O Cruzeiro*. Na *Revista da Semana*, estávamos diante de um *narrador intrometido*, ou seja, de um autor que deixa entrever as suas impressões a todo o momento na narrativa. Já em *O Cruzeiro*, essa dimensão é aprofundada e nos deparamos com um *narrador comprometido*, na medida em que temos um orador que vive os fatos, que coloca a dimensão de sua experiência em jogo na narrativa. É a própria vivência do repórter que está implicada no relato.

Em comum, os dois códigos articulam um modelo imaginário de verdade a partir do qual a função testemunhal – enquanto função de verdade mesmo no perjúrio – está na figura do repórter que, por sua vez, se apresenta na narrativa sob a forma dupla de testemunha e de personagem.

Uma vez definido o código, podemos apontar algumas passagens em que ele aparece nas reportagens de *O Cruzeiro*.

Para relatar o seu encontro com Mistinguette, Jean Manzon nos conta, em sua reportagem, que "no meu terceiro dia em Paris resolvi fazer algumas coisas que nunca fizera antes: visitar os lugares tão falados no estrangeiro e tão desconhecidos dos próprios parisienses. Fui à Torre Eiffel, entrei em Notre Dame, demorei-me no Louvre e, por fim, depois de carregar minha máquina fotográfica, tomei o rumo do apartamento de Mistinguette". As impressões transbordam em todos os cantos do relato como quando, por exemplo, o fotógrafo coloca que "logo que Mistinguette transpôs a fronteira de sombra e luz que existe em seu luxuosíssimo apartamento, compreendi a grande tragédia dessa incomparável e alegre mulher. Nunca a velhice poderia ser mais dramática, nunca um corpo lutou tanto contra o poder arrasador dos anos" (OC, 23/11/1946).

Na mesma edição, o repórter Edgar Morel relatava, em "O Drama do Açúcar", que "após quatro séculos da fundação do engenho de açúcar, em São Vicente, em São Paulo, passei um dia numa usina deste produto, no interior fluminense, justamente em Campos, que tem um solo privilegiado à cultura da cana. Surpreendo uma multidão de homens, mulheres e crianças, na derrubada dos canaviais". Segundo seu relato, "vejo grupos de mulheres maltrapilhas, descalças e desnutridas, ao sol e à chuva, cortando uma tonelada e meia de cana para perceber, cada uma, 15 cruzeiros" (OC, 23/11/1946).

Em todas essas reportagens é visível o modo como o repórter implica a sua própria experiência no relato, de forma que é a imersão total do repórter no universo da matéria o elemento central que sustenta a história que será contada. O vasto uso do código experiencial em primeira pessoa tem também uma relação íntima com o tipo de pauta que era normalmente escolhida pela equipe de O Cruzeiro. Elas já eram articuladas a partir desse parâmetro central da ênfase na experiência de um acontecimento e não tanto na atualidade de uma informação. Eram muitas as reportagens que buscavam discutir problemas nacionais ou apenas histórias curiosas que tinham como recorte um tipo de texto que pudesse ser subsumido a um encontro entre o personagem retratado e o portador de sua representação.

Na reportagem "Norma Iracema – a deusa branca da Amazônia", o relato da saga do repórter Jorge Ferreira em busca da mulher raptada pelos índios há 23 anos ocupa grande parte da reportagem. O primeiro parágrafo é esse que segue:

> No dia 15 de Novembro de 1950 largamos do seringal Santa Maria às 11 horas, atravessamos o Rio Gi-Paraná e demos começo à marcha para as malocas indígenas. Vamos à pé, carregando a mucuta às costas. Somos dez ao todo. Como esperávamos alcançar os índios dentro de dois dias, levamos como provisão de boca apenas sal e farinha. Tornou-se aconselhável levar pouco peso para maior mobilidade dentro da selva tanto na caminhada como no caso de um ataque de índios. Os dez quilos que cada um leva são de brindes para melhor e mais facilmente captarmos as simpatias e confiança dos Araras e Urucus. (OC, 27/01/1951)

O suplício do repórter é descrito em detalhes: "depois de três horas e meia de caminhada, eu sinto que vou desmaiar de fome. A bagagem me pesa toneladas. Minhas costas estão sangrando, os suportes da mucuta entraram carne adentro. A cabeça quer estalar e as pernas não se movem" (OC, 27/01/1951).

Os exemplos mostram como o uso do código experiencial em primeira pessoa estava alicerçado em uma técnica jornalística chamada de observação participante. Tal como definida por Amaro (2004, p. 4), ela diz respeito a "uma maneira do pesquisador colher *in loco* as informações para o seu estudo, mas com uma particularidade: ele pode participar e fazer parte do alvo da sua pesquisa". Aplicando a mesma acepção, surgida nos estudos antropológicos, ao jornalismo, "muito mais do que responder à fórmula de perguntas que fazem parte da sua rotina diária, a técnica serve também para o repórter experimentar o que vai contar". A sua prestação de contas, nesse caso, portanto, está mais relacionada ao que o repórter viu, sentiu e ouviu do que a outros parâmetros norteadores da atividade jornalística, em um relato que é essencialmente subjetivo.

Somos confrontados, nesses relatos, com impressões muito pessoais e com uma avalanche de "reflexões, questionamentos, memórias e fantasias do sujeito à medida que sensações físicas ou associações de ideias os motivam" (LODGE, 2010, p. 57). É necessário enfatizar, contudo, que esse *narrador comprometido* articulado a partir do código autorreferencial, embora seja subjetivo, engendra os seus próprios regimes imaginários de verdade, de forma que ele próprio se apresenta como um fiador da função testemunhal e, portanto, como o portador de um voto imaginário de verdade.

Da mesma forma como no código autorreferencial, há uma espécie de promessa ou de fé juramentada que depositamos nesse narrador e que, de uma forma geral, nos leva a crer na veracidade de sua experiência e de seu relato. A promessa de verdade (mesmo no perjúrio) que está pressuposta no estatuto social da função testemunhal e que, por sua vez, é fagocitada pelo jornalismo, é o ponto nodal de articulação do código experiencial em primeira pessoa.

Lembramos que é a função testemunhal que garante uma espécie de lastro das relações sociais, na medida em que é a partir dela que podemos confiar no comprometimento moral daquele que fala – confiabilidade esta sem a qual qualquer endereçamento ao outro se tornaria impossível.

Em uma perspectiva mais radical, o questionamento do voto de verdade pressuposto no testemunho levaria à impossibilidade do próprio compartilhamento social da linguagem, na medida em que ela também exige um lastro de confiabilidade que garante o compartilhamento de um mundo comum. O questionamento desse lastro juramentado levaria à desfuncionalização da própria linguagem. Essa promessa de verdade até mesmo no perjúrio presente nas articulações socialmente referendadas do testemunho – e articulada sob a forma de um significante que independe do conteúdo que o preenche devido à sua própria força performativa – é o que nos garante o modelo de verdade imaginário presente nos relatos dos repórteres de O Cruzeiro e que engendram, por sua vez, a narrativa a partir do código experiencial em primeira pessoa.

Nesse aspecto, podemos ver uma aparente semelhança entre os modelos de verdade imaginária que sustentavam as narrativas de *A Revista da Semana* (na junção dos códigos autorreferencial, pathético e protocolar) e aquele que sustentava as narrativas de O Cruzeiro (com o uso marcado do código experiencial em primeira pessoa).

Essa aparente semelhança, contudo, se esvazia a partir da análise dos outros códigos de narração que também compunham as narrativas de O Cruzeiro: ao contrário do que acontecia nas primeiras revistas do século XX, em *O Cruzeiro, o repórter não atua mais como o actante que monopoliza a função testemunhal enquanto prova de verdade imaginária*. Embora o testemunho dele funcione como uma das forças motrizes da narrativa, a função testemunhal passa, a partir da década de 1940, a ser dividida com outras testemunhas. É este o aspecto que discutiremos a partir de agora.

O CÓDIGO EXPERIENCIAL EM TERCEIRA PESSOA

A reportagem jornalística, desde o seu surgimento, nunca pôde se fiar apenas no repórter como fonte de informação. A asserção de que as reportagens da *Revista da Semana* (ou da primeira fase de O Cruzeiro) eram caracterizadas por dispositivos narrativos de semantização, a partir dos quais era o repórter quem monopolizava a função testemunhal em torno do narrado, não implica na assunção de que as fontes de informação não participassem da constituição da reportagem ou que o relacionamento entre os repórteres e as fontes não existissem. Significa sim que, no nível da narração, não havia uma preocupação – ou um código padrão de narração – que atuasse no sentido de explicitar e enfatizar essas vozes das fontes no texto.

Sempre atuante em segundo plano, a voz da fonte era um tipo de voz discreta, uma vez que era a própria voz do jornalista que, na narrativa, assumia o primeiro plano do relato. Cabe lembrar, também, que a entrevista, ainda que mais utilizada do que nos periódicos do final do século XIX, era ainda um gênero discursivo muito raro nas revistas e era possível folhear várias edições sem encontrá-las.

Se olharmos para os próprios exemplos que foram utilizados no capítulo anterior, é possível notar que essas fontes eram enunciadas constantemente nas reportagens jornalísticas em revistas dessa primeira fase. Há de se observar, contudo, que, nessas reportagens, o repórter não dá a voz às fontes: ele apenas enuncia o que elas disseram (frequentemente, sem uma vinculação muito explícita entre fala e fonte) ou o que elas poderiam ter dito. O futuro do pretérito é aqui justificado porque um outro procedimento narrativo que podemos encontrar com certa frequência nas reportagens da *Revista da Semana* é a transcrição de diálogos de cenas em que o repórter, claramente, não poderia estar presente para testemunhá-las daquela maneira, de forma que, diante dessa impossibilidade, ele simplesmente transcreve um diálogo *como se* ele estivesse na ocasião, assumindo a forma de um narrador onisciente em que as fronteiras entre uma escrita referencial e uma narrativa de ficção são claramente transpostas.

Sobre esse tema, Lodge (2010, p. 130) chama a atenção para o fato de que as narrativas em geral alternam o tempo inteiro entre duas formas possíveis de inserir a fala dos personagens na história: o mostrar e o dizer. "A forma mais pura de se mostrar são as falas dos personagens em que a fala espelha com precisão o acontecimento (uma vez que o acontecimento é linguístico)". Já no campo do dizer, a sua forma mais pura diz respeito ao resumo autoral, "em que a concisão e a abstração da linguagem do narrador apagam o caráter particular e individual dos personagens e das suas ações". Dentro desse campo, as vozes das fontes nas narrativas da *Revista da Semana* estão sempre circunscritas a um campo do dizer. Em outros termos, a voz do repórter é fiadora da voz de todas as demais testemunhas nas reportagens da *Revista da Semana*. Ela funciona como o lastro que assegura o seu valor de verdade imaginário.

Ora, a partir da década de 1940, *O Cruzeiro* passa a adotar novas formas estéticas de materialização da voz da fonte no nível da narrativa da reportagem – um procedimento que, mesmo nessa época, era pouco usado pela *Revista da Semana*, mostrando a não linearidade na adoção das técnicas narrativas. A circunspecção que rodeava a fonte e a fazia dependente de um repórter que a enunciasse é, no que concerne aos efeitos de sentido articulados no texto, esvaziada. A voz da fonte, finalmente, se autonomiza da voz do repórter.

Há um importante parêntese que deve ser feito neste ponto. A asserção de que a voz da fonte se desvincula da voz do repórter no nível narrativo não implica na diminuição da autoridade do repórter enquanto organizador do espaço formal da narrativa. É inegável o fato de que é o jornalista empírico (em contraposição ao jornalista personagem da narrativa ou do jornalista autor-modelo) que é, em todos os casos, o grande articulador textual, de forma que são inseridas nos relatos apenas as vozes que ele próprio coloca. É o repórter empírico obviamente que, em ambos os casos, escolhe

165

o que entra e o que é excluído em sua história, mesmo que pautado pelos valores profissionais mais amplos do grupo de jornalistas em que está inserido.

A autonomização da fonte, portanto, funciona apenas enquanto efeito de sentido discursivo, apenas como fruto da assunção de determinados códigos padrões de narração que criam articulações textuais relacionadas a uma valorização da fonte enquanto voz narrativa.

A questão, portanto, é que a partir da década de 1940, há uma explicitação muito acentuada da presença e da voz das fontes testemunhais nas narrativas das reportagens de O Cruzeiro, que se autonomizam no texto, sem que a voz do jornalista (personagem) tenha que falar por elas, servindo-lhes como fiador. Enquanto efeito discursivo, é a fonte que, a partir de agora, fala por si própria no texto.

Ao código padrão de narração vinculado a essa autonomização, daremos o nome de *código experiencial em terceira pessoa*. Há dois motivos para a adoção dessa nomenclatura. Em primeiro lugar, ela explicita uma característica muito marcante das fontes que, normalmente, eram ouvidas pela O Cruzeiro: todas elas eram pessoas que, direta ou indiretamente, também estavam implicadas no acontecimento noticiado, ou seja, que também eram testemunhas que tiveram uma experiência em relação ao representado. Muito raramente eram ouvidas as opiniões de especialistas na área que não vivenciaram o fato ou a opinião de pessoas desvinculadas da imediaticidade do acontecimento (um povo-fala, por exemplo). A dimensão da experiência, assim como no caso dos repórteres, era fundamental. Curiosamente, embora autônomas, as vozes das fontes não eram muito numerosas em suas reportagens. Eram raras as ocasiões em que eram ouvidas mais de uma ou duas fontes nas matérias de O Cruzeiro.

A segunda razão para a adoção dessa nomenclatura diz respeito ao fato de que ela explicita um paralelo que é possível traçar entre a voz do repórter e a voz da fonte (ambos enquanto actantes narrativos), na medida em que as duas estão interconectadas, justamente, em função da experiência que partilham diante do acontecimento. Embora elas não necessariamente precisem assumir a mesma posição ou opinião acerca do fato, as duas vozes dividem uma vivência e, mais do que isso, passam a compartilhar a função testemunhal.

Eis a grande novidade, portanto, trazida por esse novo regime de narração da reportagem em revista: a função testemunhal deixa de ser monopólio do repórter e passa a ser partilhada por outras testemunhas que estão inseridas em um mesmo campo experiencial.

Neste ponto, poder-se-ia argumentar que o código experiencial em terceira pessoa articulado pela *O Cruzeiro* seria similar ao código protocolar, muito utilizado na *Revista da Semana*. Isso porque o código protocolar também corresponderia à inserção dessas outras vozes testemunhais na narrativa, na medida em que (1) nas modalidades de transcrição de discursos não é o repórter que assume o dito, e sim, o próprio orador, de modo que a sua voz é autonomizada da voz do jornalista e (2) ambos estão inseridos em um mesmo campo de acontecimento, partilhando uma experiência em comum.

Embora seja possível atribuir essas características ao código protocolar, é necessário notar que, contudo, esse código não abala o monopólio da função testemunhal por parte do repórter. E isso se dá na medida em que, na articulação narrativa do código protocolar, o ponto de vista assumido por ele é a de um narrador-observador-câmera que cria um efeito de sentido de que ele apenas registraria um acontecimento que qualquer um dos presentes também poderia registrar. Ao transcrever um discurso proferido, a voz da testemunha simplesmente não pode ser autonomizada da voz do repórter, uma vez que temos acesso apenas ao que esse repórter-câmera decide "gravar" sem que haja o estabelecimento de uma relação entre o repórter e a fonte. A fala da fonte é dependente desse repórter que transcreve.

Em outros termos, o código protocolar, na dicotomia entre o mostrar e o dizer, não consegue se desvincular do polo do mostrar – mesmo diante da transcrição explícita da fala –, uma vez que a autonomia do orador, na narrativa, é apenas aparente, na medida em que não existe uma esfera de interrelação experiencial entre os dois testemunhantes. Não há, nem ao menos enquanto simulação, a instauração de uma situação dialogal entre o repórter e a fonte, o que impede, portanto, que a fala do outro seja inserida como uma fala testemunhal.

Como nos lembra Ricoeur (2007, p. 173), o testemunho "só se instaura em uma situação dialogal" e isso na medida em que "é diante de alguém que a testemunha atesta a realidade de uma cena à qual diz ter assistido, eventualmente como ator ou como vítima, mas, no momento do testemunho, na posição de um terceiro com relação a todos os protagonistas da ação". Essa esfera de interrelação é necessária, pois "essa estrutura dialogal do testemunho ressalta de imediato sua dimensão fiduciária: a testemunha pede que lhe deem crédito".

O código experiencial em terceira pessoa se institui de uma forma diferente do código protocolar, portanto, na medida em que o seu engendramento se dá em um campo de *troca* entre o repórter e a fonte – mesmo que seja uma troca, em grande medida, apenas encenada. Nesse ponto, é interessante notar que a necessidade dessa encenação da troca testemunha uma perda no valor de fiador da fala do outro que o repórter (enquanto actante narrativo) assumira no início do século XX. Esse código é construído a partir da *relação* que é estabelecida entre esses dois actantes autônomos – relação esta que, em última medida, é a condição para o compartilhamento da função testemunhal.

Uma vez isso posto, por código experiencial em terceira pessoa, portanto, iremos nos referir a um significante da narração a partir do qual uma fonte assume o dito e opera a divisão da função testemunhal com o repórter, na medida em que compartilha com ele uma experiência em torno de um acontecimento.

Em todas as matérias citadas anteriormente neste capítulo, como uma espécie de duplicidade, há sempre outras vozes testemunhais que também compõem a narrativa, dos quais citaremos alguns casos. Na reportagem sobre Mistinguette, por exemplo, a fala do repórter é entrecortada pelo próprio depoimento da artista:

> - Todos pensam que esse rapaz se casará comigo pelo dinheiro que possuo. Não é verdade.
> Numa longa baforada, explica:
> - Nunca lhe dei um franco.
> - Ele a ama?
> - Não.
> - Então...
> - Sei o que estás pensando, amigo. (...) Se Cozenso não me ama, se não leva meu dinheiro, por que está aqui? Por um motivo simples: o homem quer cartaz. Aliás, todos os homens querem cartaz. Avalie quanto vale para Cozenso a publicidade gratuita: "- Fulano de tal vai se casar com Mistinguette". Ele é um compositor de músicas populares. Está ouvindo esse fox horrível? É dele. Depois que se espalhou a notícia, os diretores aceitam suas drogas e ele é um camarada feliz. Apenas tem por obrigação portar-se condignamente para não manchar minha reputação nem lançar-me ao ridículo.
> - Um bom moço, ele deve ser. (OC, 23/11/1946)

A inserção da voz de outras testemunhas toma a forma, em *O Cruzeiro*, de uma hibridização entre a entrevista e a reportagem, na medida em que longos trechos da interação repórter-testemunha são inseridos no meio do texto da matéria. O uso da entrevista, notavelmente superior em número do que nas décadas anteriores, não está autonomizado, dentro das páginas da revista, da finalidade mais ampla da reportagem.

Na matéria sobre o educandário para crianças com hanseníase, o repórter Luciano Carneiro não deixa de ouvir o testemunho da professora do instituto, quando ela diz que "- Só podemos ensinar uma criança a cuidar de si mesma se permitirmos que ela o tente. Os erros que ela cometer cimentarão o seu aprendizado na vida" (O CRUZEIRO 24/10/1959). Em outra, sobre o ouro do Brasil, o bancário que acompanhava os dois repórteres diz: "Há trinta e três anos estou aqui. Há dezoito anos chefio a tesouraria. E não me recordo de pés estranhos atravessando a fronteira que é esta porta, a fronteira do ouro. Vocês não são apenas os primeiros: são absolutamente os primeiros" (CRUZEIRO, 27/01/1951).

Os exemplos deixam entrever a autonomização da voz da fonte em relação à voz do repórter nas narrativas de *O Cruzeiro*. Diferentemente das reportagens estudadas na *Revista da Semana*, são as fontes que assumem o próprio dito, sem a necessidade de um repórter que funcione como lastro de sua autenticidade.

Isso tem consequências importantes no que se refere à imputação de uma fala. A responsabilidade pelo dito passa a ser atribuída à própria fonte, o que implica, de um lado, em uma perda do valor do repórter enquanto fiador da fala do outro e, de outro, à responsabilização desse outro pelo seu próprio dito, livrando o repórter da abonação desse outro quanto ao seu enunciado. Se é o outro quem diz, é ele quem deve responder pelas consequências do dito. Mais importante do que isso, contudo, é o fato de que é apenas enquanto fala autonomizada que a voz da fonte pode se afirmar enquanto uma voz que atende à função testemunhal.

Tal como definido por Ricoeur (2007, p. 172), o testemunho só pode ser concebido a partir (1) da declaração pela experiência de seu autor – uma vez que se a própria narração "não fizer menção à implicação do narrador, limitar-se-ia a uma simples informação" e não a um testemunho, pois a cena narraria a si mesma – e; (2) do acoplamento disso "com a autodesignação do sujeito que testemunha", pois "deste acoplamento [entre a asserção da realidade e a autonomeação de quem faz o testemunho] procede a sua fórmula típica: eu estava lá".

No que diz respeito a esse segundo aspecto, é importante enfatizar que, em sua definição, é a própria testemunha que se declara enquanto tal. Ela se nomeia enquanto testemunha. Para Ricoeur (2007, p. 172), há "um triplo dêitico que pontua essa autodesignação: a primeira pessoa do singular, o tempo passado do verbo e a menção ao lá em relação ao aqui".

Ora, enquanto a voz da fonte ainda se apresentava como uma voz acoplada à voz do jornalista, não era possível a efetivação desse segundo aspecto da função testemunhal para ela. O lastro fornecido pela voz do jornalista, enquanto actante, para todas as demais fontes de informação do texto eclipsava as possiblidades de autonomeação (enquanto instrumento discursivo) dos demais personagens que participavam da história, descaracterizando as fontes em seu papel testemunhal. É nesse sentido que, nas reportagens da *Revista da Semana*, era o repórter quem monopolizava a função testemunhal, mesmo diante de outras fontes presentes no texto.

A assunção do código experiencial em terceira pessoa é o elemento estético que permite, enquanto instrumento narrativo, que a voz da fonte passe por esse processo de autonomeação. No que se refere às reportagens jornalísticas em revista, portanto, é apenas quando essa voz da fonte é posta em uma esfera distinta e autonomizada da voz do repórter na narrativa (e, portanto, se torna imputável) que ela pode cumprir uma função testemunhal, diferentemente do que era praticado até então.

Nas reportagens de O Cruzeiro, portanto, a função testemunhal do repórter (enquanto estratégia de referencialidade e função de verdade) passa, efetivamente, a ser partilhada com outros actantes narrativos. Não é mais o repórter que tem os privilégios exclusivos da função testemunhal: a partir da assunção do código experiencial em terceira pessoa, outras vozes são ouvidas na narrativa e outros atores passam a exercer o testemunho enquanto ato.

O código experiencial em terceira pessoa traz para a narrativa jornalística a estética da profusão do ponto de vista, definida por Mesnard (2005, p. 175), como uma técnica comum à literatura e às artes visuais que permite representar o modo como alguém viu algo, de onde ele o viu e como ele o viu. Se antes ela estava calcada apenas na figura do repórter, há o desdobramento do ponto de vista em direção a outros testemunhantes. Mesmo enquanto encenação narrativa ou como pura estratégia retórica, a partir dos anos 40 é possível observar uma maior preocupação jornalística com a perspectiva das outras testemunhas, mesmo diante de um fortalecimento um tanto paradoxal da função testemunhal do próprio repórter.

A principal problemática trazida pelo testemunho, para Dulong (1998), é justamente o fato de que "a narrativa é factualizada pela presença de seu narrador em relação ao evento reportado". Isso pode ser interpretado no sentido de que é o próprio corpo da testemunha que funciona como uma espécie de presentificação do acontecimento em torno do qual ela testemunha, funcionando como garantia imaginária da verdade do relato.

É justamente em torno desse modelo imaginário de verdade que se ancoram as reportagens de O Cruzeiro. Seja através do testemunho do repórter, seja através do confronto com outros pontos de vista, é a função testemunhal que fornece o substrato para o cumprimento imaginário de uma função de verdade no relato.

A partir da inserção da fonte como testemunha, com o uso do código experiencial em terceira pessoa, há o aprofundamento de uma estratégia a partir da qual "o 'declarar-se participante' (...) constitui o processo de 'factualização', enquanto estratégia que identifica o relato jornalístico a um mundo de acontecimentos preexistentes à imprensa, ao expor fontes-testemunhas cuja 'corporalidade do discurso cria uma ponte com o acontecimento" (GRILLO, 2004, p. 110).

A confiabilidade do relato, sob essa perspectiva, se desloca da corporalidade do repórter e passa a ser dividida com outras testemunhas que também passam a servir como lastro de veracidade em torno do narrado.

O CÓDIGO BIOGRÁFICO

A valorização da voz de outras testemunhas na narrativa jornalística e a divisão da função testemunhal entre o repórter e as fontes é acompanhada, em O Cruzeiro, pelo aprofundamento na construção dos personagens. A relação que a reportagem funda com as outras falas se desdobra em uma apresentação mais rigorosa e detalhada das testemunhas e, se comparadas com as matérias presentes na *Revista da Semana*, é possível observar que os personagens ganham uma historicidade que, até então, era raramente utilizada nas histórias contadas pelos jornalistas de revista.

Há, em relação ao período anterior, uma descrição mais pormenorizada do personagem que detém a fala, bem como uma preocupação maior em relacionar o instante presente no qual esse personagem está inserido (e que é objeto do relato) a um passado que ajudaria a entendê-lo, fornecendo pistas e informações para a montagem de uma imagem mais completa acerca desse testemunhante.

A esses momentos em que a ação da narrativa é interrompida para que haja a descrição pormenorizada de um personagem, chamaremos *código biográfico*.

Para que possamos entender o movimento de aprofundamento na descrição das personagens em relação ao período anterior, é interessante olharmos como se processava a inserção dos personagens nas narrativas da *Revista da Semana* para efeitos de comparação. De uma maneira geral, nas primeiras décadas do século XX, a narrativa jornalística em revista articulava personagens cuja história de vida ou cujos traços de personalidade importavam muito pouco.

Na *Revista da Semana*, a descrição dos personagens comumente se limitava a um enquadramento do tempo presente – ou porque essas personalidades já eram grandes conhecidas do público ou porque se considerava que isso não era relevante para a história que estava sendo contada. Embora possamos dizer que já havia, de forma clara, o delineamento de um perfil em todas essas reportagens, tudo seguia estritamente a lógica da imediaticidade das impressões do repórter. Os dados biográficos dos personagens não faziam parte do relato, de forma que eles eram sempre retratados sob a ótica do presente, mostrando uma articulação do sensível, na *Revista da Semana*, diversa da explorada pelas revistas atuais.

Em contraste com essa configuração, as reportagens de *O Cruzeiro* são normalmente acompanhadas de uma detalhada descrição dos personagens que figuram em seus textos. A importância dada à fala do personagem-testemunha é acompanhada por uma enunciação de sua importância enquanto agente da história no discurso – e essa valorização toma a forma de um aprofundamento na maneira como essa personagem era apresentada ao leitor, com a exploração de dados relevantes sobre o seu passado, bem como passagens curiosas de sua vida. A personagem se liberta da imediaticidade do evento noticiado e ganha historicidade.

Por código biográfico, portanto, iremos nos referir a um código padrão de narração a partir do qual um personagem é apresentado na narrativa a partir da descrição de sua vida pregressa e de aspectos de sua personalidade que enquadram o modo como ele deve ser visto na trama mais ampla da história que está sendo contada. Ele diz respeito a um tipo de tratamento do personagem a partir do qual o repórter (enquanto narrador) destaca aspectos da vida do retratado não necessariamente vinculados ao tema da reportagem, mas que compõem com ela uma imagem em torno do narrado, aprofundando os conhecimentos do leitor em torno da pessoa que divide com o jornalista a função testemunhal.

As problemáticas presentes nos relatos biográficos em geral – tal como nos adverte Bourdieu (1996, p. 185) acerca da ilusão biográfica enquanto mecanismo narrativo que subverte o contingente e transforma uma história de vida em um "relato coerente de uma sequência de acontecimentos, com significado e direção" –, obviamente, também estão inscritas nas articulações do código biográfico, de forma que é possível observar uma complexificação da narrativa jornalística a partir da assunção desses outros códigos padrões de narração.

Os perfis escritos por *O Cruzeiro* são marcas de sua atuação na imprensa e alguns autores, como Boas (2002, p. 96), afirmam que essa publicação (ao lado da revista *Realidade*) pode ser considerada como "difusora máxima dessa modalidade de jornalismo no país". Embora essas duas publicações não sejam criadoras desse gênero, elas exploraram de forma sistemática as suas potencialidades, de forma que era prática comum para os jornalistas desse período o delineamento de uma tentativa de humanização da notícia – aspecto raro nas revistas do período anterior.

Era esse o parâmetro que passou a funcionar como um aspecto determinante acerca do modo como uma boa história deveria ser contada. Tendo em vista esse objetivo, esses repórteres "podiam mesclar informações sobre o cotidiano, projetos e obras do sujeito; e opiniões deste sobre temas contemporâneos como fama, sexo, família, drogas, dinheiro, lazer e política. Ideias e empatias coexistiam em nome de captar o passado e o presente do personagem" (BOAS, 2002, p. 96).

São vários os trechos que exemplificam esse aprofundamento no tratamento das personagens nas reportagens de *O Cruzeiro*. Em uma reportagem sobre Juscelino Kubitschek, escrita em 1951, o repórter José Guilherme Mendes descreve que:

> Fisicamente, o Sr. Kubitschek tem algo de um jogador de futebol; não aparenta sua idade e caminha com o balanceado de um verdadeiro craque da pelota. Politicamente, o novo governador mineiro lembra, algumas vezes, o Sr. Adhemar de Barros. Em Belo Horizonte – hoje o núcleo principal de seu prestígio – o Sr. Juscelino Kubitschek conta com admiradores que vão desde os mais humildes e bravos trabalhadores aos mais inúteis e irresponsáveis moços ricos: àqueles sabe falar e com estes sabe conviver. (...) Para se conhecer melhor o homem, nada como a história de sua vida. Na cidade mineira de Diamantina nascia, há pouco mais de quarenta anos, aquele que dentro de poucos dias deverá assumir o governo de Minas Gerais (...). (OC, 27/01/1951)

O personagem, em *O Cruzeiro*, ganha profundidade, na medida em que a sua descrição se liberta dos limites temporais envolvidos no acontecimento noticiado e ganha uma dimensão histórica com a exploração de um passado biográfico que funciona, ao mesmo tempo, como delineador de um caráter para o personagem retratado e como um modelo de semantização (e enquadramento) para o presente descrito.

Além da óbvia valorização do personagem enquanto actante narrativo e do ganho de legitimidade obtido por ele enquanto uma testemunha que carrega uma função de verdade – que se articula em conjunto com o código experiencial em terceira pessoa e *determina novos padrões em torno de como uma boa história deveria ser contada* – há uma outra implicação no código biográfico que deve ser discutida e que deixa entrever diferenças significativas nas estratégias de semantização das duas revistas. Trata-se da dimensão de especulação em relação às *competências culturais do leitor* nesses dois registros históricos da reportagem em revista. Vejamos por que.

Os modelos de projeção do leitor, para Motta (2005, p. 07), são mecanismos que não devem ser ignorados na análise da construção dos personagens pela imprensa. E isso na medida em que há uma ambivalência fundante nos perfis jornalísticos, uma vez que, mesmo diante do esforço do repórter em construir um personagem tal e qual a sua vontade, as memórias e projeções do leitor intervém nessa construção, engendrando "também imagens de heróis e vilões no ato de relação comunicativa". Nesse sentido, "a personagem constitui uma construção não apenas do texto, mas igualmente uma reconstrução do receptor".

Nesses termos, o significado que será dado ao personagem na narrativa jornalística possui limites restritivos muito mais estreitos dos que os implicados em uma história ficcional, uma vez que o sentido da notícia depende, fundamentalmente, de um âmbito relacional marcado por uma série de conhecimentos prévios por parte do leitor. "A questão mais controversa da análise da personagem jornalística refere-se, portanto, ao fato de não ser ela uma entidade puramente ficcional e arbitrária a gosto da criação do autor como ocorre na arte, mas produto de uma narrativa fática" (MOTTA, 2005, p. 07). Nos termos propostos por Hamon (1976), a narrativa jornalística lida com personagens históricos – em oposição às personagens ficcionais, inventadas – uma vez que a sua existência é pré-existente ao acontecimento linguístico da narração.

Sob essa perspectiva, é notável o modo como a *Revista da Semana* e o *Cruzeiro* utilizam estratégias narrativas distintas para lidar com essa competência cultural do leitor que enquadra o sentido de um personagem antes mesmo de sua inserção em um relato jornalístico. O modo como cada uma delas semantiza o personagem, portanto, também é diverso.

Para que possamos discutir essa questão, contudo, é necessário, primeiramente, pensarmos em como, nas narrativas em geral, o mecanismo de atribuição de sentido a um personagem é articulado.

Nas narrativas ficcionais, o estatuto de um personagem no começo de uma narrativa é definido por Hamon (1976) como um morfema vazio, ou seja, como uma unidade mínima de significação, cujo sentido se define no desenrolar da história. Isso implica na questão de que o personagem nunca aparece pronto dentro de uma narrativa, uma vez que o seu significado vai sendo preenchido aos poucos, acompanhando o desenvolvimento e as correlações de sentido da própria história.

"A determinação da 'informação' da personagem, representada na cena do texto pelo nome próprio e seus substitutos, faz-se em geral progressivamente. A primeira aparição de um nome próprio (não-histórico) introduz no texto uma espécie de 'branco' semântico: quem é esse 'eu' que toma a palavra?" (HAMON, 1976, p. 91).

Os modos de preenchimento desse vazio semântico representado pelo personagem podem seguir diversas rotas de inteligibilidade e semantização, embora, no geral, eles funcionem em analogia com o modo como o próprio signo, enquanto unidade linguística, adquire sentido. E isso implica assumir que os elementos da narrativa estão compostos em um sistema interrelacionado a partir do qual cada personagem adquire sentido apenas pelo seu valor posicional em relação aos demais componentes do sistema – não apenas em relação aos demais personagens, mas também aos elementos narrativos considerados em conjunto.

"É, pois, diferencialmente, diante das outras personagens do enunciado que antes de tudo se definirá uma personagem (...). O que diferencia uma personagem P1 de uma personagem P2 é o seu modo de relação com as outras personagens da obra, isto é, um jogo de semelhanças ou diferenças semânticas". Além disso, como os graus de motivação de significado que um autor pode atribuir a um personagem são diversos, cada elemento narrativo deve ser considerado nessa atribuição de sentido. O autor, dessa forma, pode inserir elementos no sistema narrativo que motivem o leitor a dotar o personagem de tal ou qual sentido almejado.

Por fim, é necessário considerar também que o significado de um personagem se define a partir das redundâncias das marcas gramaticais. As descrições físicas, o ambiente em que o personagem está inserido, os objetos com os quais ele se relaciona, a referência a histórias já conhecidas, as ações não funcionais, o passado do personagem, entre outros elementos, funcionam todos como estratégias que reforçam a previsibilidade da narrativa ao enunciar redundâncias que fixam determinados sentidos para o personagem. São, portanto, elementos necessários para o preenchimento desse vazio semântico inicial característico da personagem.

Ora, muitos dos personagens nas narrativas jornalísticas não operam tal como morfemas vazios – no sentido já discutido de que, desde o início, trata-se de um personagem cuja existência é anterior ao evento narrativo da imprensa e cuja leitura está sujeita aos conhecimentos prévios do leitor e aos seus mecanismos de projeção.

Se o personagem jornalístico não pode ser visto como um morfema vazio, ele também não pode ser compreendido, tampouco, como uma entidade plena de sentido. Mesmo diante das expectativas culturais do leitor, é possível observar a utilização de determinadas estratégias de contenção narrativa, por parte dos jornalistas, para que essas diversas leituras do mundo presentes no polo da recepção possam ser, de certa forma, direcionadas para a obtenção de determinados efeitos de sentido.

Ainda que histórica, a personagem jornalística contém interstícios e espaços em branco que serão preenchidos apenas no ato narrativo a partir de mecanismos de semantização análogos aos previstos por Hamon no que concerne às personagens da ficção. Assim como no relato ficcional, a significação do personagem na narrativa jornalística também será atribuída a partir da posicionalidade que essa ocupa em relação aos demais actantes da narrativa, bem como a partir dos diferentes graus de motivação e de redundância que o autor utiliza para passar uma determinada imagem do retratado.

Sob esse aspecto, uma das questões fundamentais que diferenciam o estatuto do personagem nas narrativas da *Revista da Semana* das de *O Cruzeiro* é o modo como cada uma delas convoca o saber cultural do leitor na narrativa ao deixar um espaço maior ou menor a ser preenchido durante a leitura. Essas duas experiências históricas distintas do jornalismo de revista, nesse sentido, marcam dois modos diferentes na semantização do personagem dentro da história narrativa do jornalismo de revista no que se refere ao espaço que é dado, enquanto estratégia discursiva, à liberdade de implicação do leitor no espaço narrativo.

Ora, ao engendrar um personagem cuja descrição é restrita ao espectro temporal definido pelo próprio acontecimento a que a reportagem está vinculada e pouco preocupada com o detalhamento de aspectos da personalidade do retratado, as narrativas da *Revista da Semana* utilizam poucos recursos de motivação de sentidos e redundâncias nas suas construções dos personagens. Como consequência desse posicionamento, é amplo o espaço concedido ao leitor para que ele preencha o morfema-personagem com a sua própria competência cultural prévia acerca dele. Em outros termos, "o que não é representado no relato e pelo narrador, o é enquanto efeito do relato durante a leitura pelo narratário" (MARIN *apud* CHARTIER, 2010, p. 18).

Esse espaço de preenchimento cedido ao leitor a partir de sua competência cultural é muito mais restrito nos perfis narrativos de *O Cruzeiro*. À inserção de um passado ao personagem e à evocação de um número maior de informações acerca de suas preferências e características corresponde a limitação do espaço do leitor no preenchimento desses espaços vazios do morfema-personagem, na medida em que é o próprio repórter quem o faz ao utilizar estratégias discursivas diversas para a construção de motivações de sentido e de redundâncias.

Obviamente, isso está articulado enquanto efeito de sentido, ou seja, enquanto uma estratégia discursiva de limitação da interpretação do leitor. No plano da recepção, as rotas de leitura, obviamente, são sempre amplas e imprevisíveis – fato que não impede, contudo, a adoção de técnicas narrativas, por parte do emissor, que tentem limitar os sentidos.

Assim, se as narrativas da *Revista da Semana* concedem um grande espaço a ser preenchido pelo leitor acerca da significação do personagem, a inserção do código biográfico nas histórias contadas pela O Cruzeiro limitam as possibilidades amplas de leitura, direcionando o leitor para determinados modos de preenchimento de sentido para o personagem retratado.

A inserção do código biográfico enquanto modo padrão de narração na revista *O Cruzeiro* atesta uma experiência historicamente marcada da reportagem em revista a partir da qual, ao mesmo tempo em que há o reforço da valorização da fonte enquanto uma voz que divide com o repórter a função testemunhal, há também a permanência da presença do narrador enquanto *locus* que organiza o relato.

Em conjunto, os códigos experienciais em primeira e terceira pessoa e o código biográfico formam a matriz narrativa que irá compor as histórias contadas pela revista *O Cruzeiro* após a década de 1940.

Esses códigos padrões estarão suportados por outros recursos narrativos padrões que funcionarão como códigos padrões suplementares, tais como o código do desvendamento e o código evocativo, conforme discutiremos a seguir.

O CÓDIGO DO DESVENDAMENTO

O desdobramento da função testemunhal em direção a outras fontes que compõem a narrativa não é a única diferença que podemos encontrar na experiência histórica da reportagem em *O Cruzeiro* em relação às revistas do período anterior. Se a novidade sempre foi um aspecto norteador da atividade jornalística, o modo como ela era articulada à narrativa conheceu diferentes estratégias ao longo da história da reportagem em revista. Trata-se de uma mudança de sentido em torno do que a palavra furo significava.

Em uma reportagem sobre o modo como o ouro que serve de lastro à moeda brasileira era armazenado, o texto dizia "dois repórteres desvendam: o segredo do ouro do Brasil. Numa audaciosa incursão ao interior das caixas fortes do Banco do Brasil, O Cruzeiro fotografa e revela os mais ocultos e bem guardados tesouros deste país" (OC, 27/01/1951). Em uma reportagem sobre uma mulher que largou a vida na cidade para viver em meio aos Índios, O Cruzeiro diz que está "desvendando um dos mistérios mais fascinantes da selva amazônica" (OC, 27/01/1951). Na famosa reportagem em que Jean Manzon e David Nasser visitam os índios xavantes, eles anunciam "fotos jamais vistas de selvagens atacando a flechadas e golpes de borduna, a poucos metros de distância, um avião" (OC, 24/06/1944). Até mesmo uma coluna sobre História chamava-se "Segredos e Revelações da História do Brasil".

A esses momentos da narrativa em que a trama principal é entrecortada por uma explicitação da imagem de si construída pela revista e marcada pela ótica da novidade e da descoberta, daremos o nome de *código do desvendamento*. De fato, muitas das pautas que figuravam em O Cruzeiro se articulavam em torno de temas que não eram comumente retratados por publicações do período anterior e que buscavam revelar um Brasil pouco representado. Daí a grande quantidade de reportagens que se embrenhavam para o interior do país e para localidades deslocadas dos grandes centros. Mais do que mostrar a exclusividade de um enquadramento, O Cruzeiro estava preocupado em *descobrir* um Brasil novo.

Em um estudo sobre as temáticas retratadas pela revista durante os anos 40 e 50, Helouise Costa (2005) aponta a alteridade como um eixo norteador das escolhas de pauta de O Cruzeiro. "Naquele momento o Outro podia se materializar em diferentes tipos considerados desviantes – no doente, no louco, no presidiário, no negro, no índio, no malandro, no comunista e no estrangeiro – todos eles transformados em personagens de reportagens ilustradas de cunho sensacionalista".

A descoberta de um novo Brasil, marcado pela alteridade, era uma das características da imagem de si construída pela revista O Cruzeiro e que se manifestava, em contornos nítidos, na narrativa, na assunção do código do desvendamento.

Esse posicionamento deve ser inserido no próprio clima intelectual em que a revista está inserida, uma vez que, nas décadas de 1940 e 1950 é possível observar uma série de movimentos culturais que buscam um novo sentido em torno do *nacional* a partir de uma valorização das particularidades regionalistas do país e de uma ênfase na questão do popular. Trata-se da época que marca o início do cinema novo e do teatro de arena. Na literatura, temos o auge do romance regionalista com autores como Graciliano Ramos, Érico Veríssimo, Guimarães Rosa e Rachel de Queiroz – esta, por sua vez, colaboradora assídua de O Cruzeiro.

A efervescência cultural dos anos 40 e 50, do qual a revista não pôde se subtrair, acabou por engendrar uma imagem de si a partir do qual a modernidade combinava-se com a tentativa de desvendar esse Brasil não representado. E é nos momentos de autovalorização da reportagem, tal como o engendrado pelo código do desvendamento, que essa busca por esse novo Brasil descoberto se torna mais nítida na narrativa.

O CÓDIGO EVOCATIVO

Lodge (2010, p. 89) chama a atenção para o fato de que toda narrativa "precisa de um narrador, por mais impessoal que seja, mas não necessariamente de um narratário". Entendido enquanto "qualquer evocação ou substituto ao leitor dentro do próprio texto", o narratário é um "artifício retórico, uma forma de controlar e complicar as respostas do leitor real, que permanece fora do texto".

Uma das características das reportagens de O Cruzeiro é o fato de que, constantemente, elas faziam remissão a essa figura do narratário, inserindo o próprio leitor, enquanto actante, dentro das malhas narrativas do texto, como forma de criar aproximação e empatia com o leitor empírico. A esse mecanismo a partir do qual a reportagem convoca o leitor na narrativa, inserindo-o no relato, daremos o nome de *código evocativo*. Por este termo, portanto, faremos remissão a um código padrão de narração a partir do qual há a interrupção da história contada para a simulação de um leitor dentro da própria narrativa. Mais precisamente, quando há a inserção de um *narratário interpelado*, definido por Jouve (2002, p. 41) como "esse leitor anônimo, sem verdadeira identidade, interpelado pelo narrador durante a narrativa".

São diversos os exemplos de uso do código evocativo que podemos colher nas matérias de O Cruzeiro. Em sua reportagem sobre Mistinguette, Jean Manzon se pergunta: "Preciso dizer quem é Mistinguette? Aos leitores adolescentes, talvez" (OC, 23/11/1946). Em uma reportagem sobre delinquência juvenil, a implicação do leitor na narrativa feita por David Nasser ganha tons ameaçadores: "Comece a luta dentro de sua casa. Chame as suas filhas, os seus filhos, toda a família, para uma conversa, e diga-lhes que não esperem muito senão de si mesmos". E conclui, no fim da reportagem, "como poderá ser, amanhã, a vossa filha" (OC, 30/05/1959).

A remissão ao leitor não era uma exclusividade ou uma invenção de O Cruzeiro. Mesmo na *Revista da Semana* é possível encontrar momentos em que isso acontece. Há de se notar, no entanto, que esse era um procedimento esporádico, mais vinculado a um estilo pessoal do repórter do que a um código padrão de narração. A novidade trazida por O Cruzeiro é, justamente, a implicação do leitor na narrativa enquanto regra, enquanto significante estruturante do relato. Em outros termos, como um código padrão de narração.

A DESCARACTERIZAÇÃO DOS CÓDIGOS NARRATIVOS DE O CRUZEIRO NOS ANOS 60

O estudo da história da narrativa da revista O Cruzeiro a partir dos códigos padrões de narração materializados em suas reportagens mostra uma publicação que participou de diferentes experiências históricas da reportagem em revista no jornalismo brasileiro. A sua trajetória expõe as mudanças de valores em torno dos quais os jornalistas davam sentido ao termo "contar uma boa história", bem como a hierarquização dos modos socialmente reconhecidos a partir dos quais uma reportagem deveria ser escrita nas primeiras décadas do século XX.

Até a década de 1940, é possível notar que a revista segue um modelo narrativo comum ao adotado pela *Revista da Semana*. As diversas mudanças sofridas pela imprensa entre o período de hegemonia das duas revistas têm como consequência uma mudança nos padrões que até então as revistas utilizavam para contar as suas histórias. O Cruzeiro, nesse quadro, é uma das revistas em que esses novos regimes narrativos da reportagem podem ser vistos com grande clareza, a partir de uma rearticulação de seus pressupostos narrativos em relação às décadas anteriores. É nesse período que O Cruzeiro conhece o seu auge, tornando-se uma referência nacional no campo das revistas informativas semanais. Trata-se de um período que duraria até o começo da década de 1960.

Em termos narrativos, uma de suas grandes marcas é o fim do monopólio da função testemunhal por parte do repórter-narrador. Embora a função de verdade do relato jornalístico continue ancorada, em grande medida, na função testemunhal, é possível notar a presença da voz de outras testemunhas enquanto estratégia discursiva. As vozes de outras fontes, nesse sentido, se emancipam da voz do repórter e passam a atuar também como fiadoras das provas de verdade imaginárias do relato jornalístico.

Essa rearticulação da função testemunhal na narrativa é materializada tanto a partir do uso do código experiencial em terceira pessoa – que engendrava essas outras vozes testemunhais enquanto vozes independentes no texto – quanto pelo uso do código biográfico – que valorizava as personagens a partir de uma descrição pormenorizada de alguns de seus traços de caráter e de sua vida pregressa, doando-lhe historicidade.

Curiosamente, essa valorização da voz de outras fontes é acompanhada por um fortalecimento da voz testemunhal do próprio repórter. As narrativas de O Cruzeiro são expostas por um narrador em primeira pessoa que transforma a reportagem em um relato de sua experiência no acontecimento.

A partir do conjunto de códigos que compunham as histórias contadas, o padrão narrativo da revista *O Cruzeiro*, nesse período, pode ser entendido a partir do seguinte esquema:

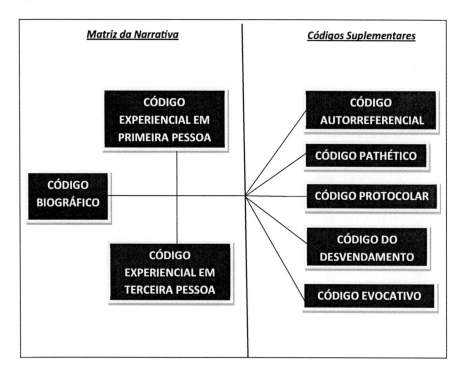

Em *O Cruzeiro*, são os códigos experienciais em primeira e terceira pessoa em conjunto com o código biográfico que formam a matriz narrativa da revista (enquanto códigos padrões de narração que estão presentes em todas as histórias contadas e são centrais no relato) em um sistema de narração que, por sua vez, é complementado por códigos suplementares: alguns deles já presentes no jornalismo de revista desde o século XX – como os códigos pathético, protocolar e autorreferencial (que perde seu estatuto matricial e assume uma função suplementar) – e outros cuja ascensão ocorre de forma mais recente, posicionados em torno do início da década de 1940 – como os códigos evocativo e do desvendamento, que remetiam ao *ethos* da revista.

É possível, portanto, observar a manutenção de algumas estruturas narrativas e o surgimento de algumas outras, em uma rearticulação da estruturação narrativa urdida pela *Revista da Semana*.

Assim como anteriormente posto, esse sistema de narração supõe um conjunto de combinatórias em que alguns códigos suplementares podem não estar presentes em todas as reportagens. Conforme descrito na metodologia do presente trabalho, o sistema narrativo de uma determinada revista será composto pelos códigos que compõem a sua matriz narrativa acrescida das possibilidades combinatórias dos códigos suplementares, cuja aparição não se dá em todos os textos (o conjunto dos sistemas narrativos possíveis é engendrado a partir das possibilidades combinatórias do sistema narrativo proposto, de forma que todas as histórias da revista O Cruzeiro são formadas pela matriz narrativa em combinação com alguns dos códigos suplementares).

Em comparação com o esquema narrativo engendrado pela *Revista da Semana* nas primeiras décadas do século XX, o padrão narrativo de *O Cruzeiro* pode ser posicionado da seguinte forma:

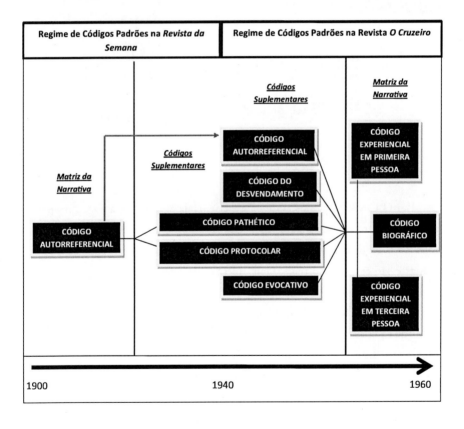

Há em *O Cruzeiro*, um fortalecimento da função testemunhal enquanto função de verdade na narrativa jornalística em comparação com o período anterior. É o testemunho que funciona como lastro imaginário de verdade para os acontecimentos relatados e que instaura o voto que tenta garantir a referencialidade do narrado.

Esse fortalecimento pode ser aludido tanto pelo aumento da importância do repórter enquanto actante narrativo diante do acontecimento, quanto pelo aumento do número de testemunhas que passam a atuar em conjunto com ele como fiadoras de seu relato. No nível narrativo, é no próprio corpo dos repórteres e no corpo das fontes que está inscrita essa promessa imaginária de verdade.

Ao longo da década de 1960, contudo, é possível observar uma descaracterização progressiva do estilo narrativo que havia marcado a revista O Cruzeiro desde a década de 1940 – de forma que, a partir de 1965, são raros os textos que seguem os códigos padrões de narração que descrevemos até o momento.

Os códigos que caracterizaram a revista O Cruzeiro durante quase duas décadas de sua existência não sumiram simplesmente da revista. A questão é que eles começam a ficar cada vez mais esparsos, menos utilizados, em uma época em que a revista sofre mudanças acentuadas em seu projeto editorial.

A queda da importância da experiência do repórter é acompanhada, nos dez últimos anos de O Cruzeiro, de uma diversificação de personagens na narrativa que, muitas vezes, deixavam o âmbito testemunhal e não estavam ligadas diretamente ao evento noticiado (como a inserção da fala de especialistas, personalidades e opiniões colhidas na rua). Além disso, há também a adoção de outras provas imaginárias de verdade no discurso, conforme mostraremos detalhadamente nos próximos capítulos.

Trata-se de uma mudança nos próprios padrões a partir dos quais uma boa história deveria ser contada ou no modo como a reportagem era definida.

Embora a revista dure ainda até 1975, há a rearticulação, desde o início da década de 1960, da função testemunhal enquanto valor de verdade. A desfuncionalização do modelo narrativo que tornou O Cruzeiro uma das principais revistas do país está relacionada diretamente a isso: a função testemunhal, enquanto valor de verdade, perde importância nas histórias contadas pela imprensa.

A terceira fase da história da narrativa da reportagem em revista no século XX, que começa a florescer em meados dos anos 60, no Brasil, começa a incorporar em seus códigos padrões de narração a consciência do fato de que um narrador em primeira pessoa é, necessariamente, um narrador pouco confiável, uma vez que participa da própria história que conta. Ou, mais provavelmente do que isso, talvez tenha se dado conta do reverso dessa questão, atentando-se para o fato de que um narrador onisciente não confiável é uma impossibilidade inscrita em nossos sistemas culturais de narração.

A voz intrusiva do autor, finalmente, sai de moda no jornalismo de revista, não tanto porque essa voz atrapalha o efeito de real em torno do narrado – as reportagens dos períodos anteriores tinham os seus próprios modos de articular esses artifícios de realidade, bem como os seus próprios regimes de real –, mas sim, porque uma outra partilha do sensível começa a entrar em operação.

A partir da diversificação das provas imaginárias de verdade que emergem na narrativa jornalística a partir dos anos 60, uma nova configuração narrativa toma corpo.

A função do testemunho enquanto função de verdade, nessa perspectiva, se esvanece da narrativa jornalística. Como aponta Derrida (2005), quando o testemunho aparece confirmado e se transforma em uma verdade teórica demonstrável devido ao seu cotejo com outros dados que validam o dito, o próprio testemunho corre o risco de perder o seu valor e o seu sentido. As provas externas ao testemunho, assim, embora acrescentem um ancoramento imaginário e uma série de efeitos de real, tem como custo a inserção do testemunho em um campo paradoxal que atinge a sua própria constituição: quando confirmado, um testemunho já não é confirmado enquanto testemunho.

Nessa perspectiva, a confirmação do testemunho pelas provas externas não fazem mais do que forçar esse testemunho a se tornar uma outra coisa, uma vez que ele foi despojado da promessa de verdade (mesmo no perjúrio) que o sustenta.

O que distingue o testemunho do conhecimento, para Derrida, é, justamente, o fato de que não existe testemunho sem juramento ou sem uma fé juramentada que marca a relação daquele que testemunha com os outros.

Uma vez que "ninguém pode testemunhar no lugar de outro, assim como ninguém pode morrer no lugar de outro, e é nisso que vemos a aliança da morte e do segredo" (DERRIDA, 2005, p. 82), uma narrativa testemunhal será sempre uma área assombrada pela possibilidade da mentira e, nas mudanças sofridas pela narrativa jornalística a partir da década de 1960, é justamente a contenção desse estatuto que vemos enunciada.

CAPÍTULO 6

Manchete, fatos e fotos e realidade:
a busca por novos padrões narrativos no jornalismo dos anos 60

Ao longo da década de 1960, embora muitos dos códigos do período anterior continuem em voga, diversas práticas adotadas foram modificadas ou caíram em desuso. Essa modificação levou à busca por novos padrões narrativos para o jornalismo de revista, de forma que a década de 1960 pode ser tomada como uma década de *experimentações narrativas*. Ela se caracteriza por ser um momento de transição entre dois regimes narrativos diferentes de reportagens que se consolidaram: um deles vinculado à época áurea do *Cruzeiro*, em que o repórter dividia a função testemunhal com outras fontes; e o outro, como prenúncio de um novo modelo de reportagem que começava a se consolidar na imprensa brasileira e que será definitivamente adotado a partir da década de 1970.

Neste capítulo, iremos analisar os códigos narrativos da reportagem a partir do estudo das revistas *Manchete, Fatos e Fotos* e *Realidade*. Trata-se de publicações absolutamente diferentes entre si, mas que, em termos narrativos, revelam essa busca por novos padrões estéticos da reportagem em revista nesse período. Elas estão inseridas em um momento de tensão, em que o próprio jornalismo como um todo estava redesenhando o seu lugar social e as suas práticas de apuração.

O PROJETO EDITORIAL DA REVISTA MANCHETE: UM PERIÓDICO DE TRANSIÇÃO

Formada por gráficos de origem russa, a família Bloch se estabelece no Brasil no início do século XX por ocasião da revolução comunista. Segundo Louzada (2003, p. 6), "eles logo adquirem uma pequena máquina de cortar papel e com ela fabricam blocos e sacos que os irmãos Boris, Arnaldo e Adolpho vendem nas ruas do Rio de Janeiro". Pouco tempo depois, em 1939, eles "adquirem uma impressora usada, nascendo assim a empresa 'Gráficos Bloch' que imprime cartazes, folhetos, embalagens e revistas". Os negócios crescem ao longo da década de 1940, principalmente devido aos contratos estabelecidos com a editora Brasil-América, de Adolpho Aizen, e com a Rio Gráfica, de Roberto Marinho. Em 1951, eles já imprimiam mais de 30 revistas infantis. Nesse mesmo ano, eles adquirem a primeira rotativa *offset* do Brasil – o que representa um avanço tecnológico significativo, devido ao seu custo notadamente mais baixo e ao aumento na capacidade de produção – "uma *Webendorfer*, que lhes possibilitará ter sua própria revista, *Manchete*, que seria rodada nos três dias de folga nas máquinas: sábado, domingo e segunda-feira, e teria como característica o zelo extremado com a qualidade da impressão" (LOUZADA, 2003, p. 6).

Fundada em 26 de Abril de 1952, a revista *Manchete* surge como a principal concorrente de *O Cruzeiro* no cenário editorial brasileiro dessa época. No texto de apresentação do primeiro número, ela anunciava que "depois de trinta anos de trabalho como gráficos, resolvemos condensar numa revista semanal os resultados da nossa experiência técnica, convocando, para aproveitá-la, uma equipe de escritores, jornalistas, fotógrafos e ilustradores de primeira ordem" (MC, 26/04/1952).

De fato, a revista *Manchete* era conhecida por seu aspecto visual, de forma que algo em torno de 2/3 de suas páginas eram normalmente ocupadas por fotografias e, por isso, "podemos dizer que a *Manchete* é uma revista mais 'olhada' do que 'lida'" (NASCIMENTO, 2002, p. 22), dado o tamanho enfoque destinado às ilustrações. Em comparação com as demais revistas do período, a qualidade do papel, da impressão e do acabamento gráfico era superior às demais.

Além do esmero no cuidado gráfico, havia também na revista uma clara proposta em fazer frente ao sucesso editorial alcançado por *O Cruzeiro*. No editorial citado, propunha-se também que "o Brasil cresceu muito, suas mil faces reclamam muitas revistas, como a nossa, para espelhá-las. *Manchete* será o espelho escrupuloso das suas faces positivas, assim como do mundo trepidante em que vivemos e da hora assombrosa que atravessamos" (MC, 26/04/1952).

Em seus primeiros anos, os recursos da revista estavam longe de alcançar o império de *O Cruzeiro*. Era comum a compra do refugo fotográfico de agências de notícia de segunda linha e a publicação de matérias frias. Segundo Pongetti (*apud* LOUZADA, 2004, p. 59), "os Bloch lançaram *Manchete* na raça, sem uma equipe jornalística capaz de atender à voracidade de textos e de fotos de um semanário e sem uma reserva monetária disponível para o período inevitavelmente deficitário da conquista dos leitores assíduos e dos assinantes habituais". Tanto assim que as primeiras edições de *Manchete* são lançadas com uma média de 40 páginas – número inferior a *O Cruzeiro* que tinha em torno de 130 páginas por edição.

Segundo depoimento de Nahum Sirotsky (*apud* LOUZADA, 2004, p. 61), diretor da revista entre 1957 e 1959, "a nossa redação media, no total, menos do que uma sala de diretor da revista do Chatô. Só contando os fotógrafos, dispunham eles de três vezes mais gente do que eu de fotógrafos, redatores, paginadores e revisores", contando, ainda, com o apoio de toda a cadeia de jornais, rádios e emissoras de televisão pertencentes aos Diários Associados. Era esse complexo que garantia que *O Cruzeiro* pudesse financiar as longas viagens dos repórteres, bem como boa parte dos profissionais que ali figuravam.

A situação começa a mudar a partir de 1958, momento que marca o início da decadência de *O Cruzeiro* no cenário editorial. As relações amistosas estabelecidas entre o governo de Juscelino Kubitschek e Adolpho Bloch foram fatores decisivos para o sucesso editorial da publicação. De fato, a *Manchete* deu ampla cobertura para a fundação de Brasília, tornando-se, em grande medida, uma das responsáveis por sua construção imagética. É nesse período que as vendas crescem de uma maneira acentuada, marcadamente pela parca cobertura que *O Cruzeiro* dá a esse fato.

As temáticas tratadas pela revista eram variadas e, segundo Sodré (1989, p. 93), marcadas por uma construção otimista do país que era adequada aos interesses governamentais, mantendo-se, de uma maneira ostensiva, longe da crítica política e social. "*Manchete* era o medium adequado para o otimismo das elites desejosas de ver o mundo em imagens coloridas – ou seja, o mundo fabricado pelo mercado de bens de luxo – e com textos de irrefreável entusiasmo bandeirante".

Além desse posicionamento político, há outros fatores, contudo, que também podem ser atribuídos ao sucesso alcançado por *Manchete* no cenário editorial brasileiro e que dizem respeito à percepção aguda de uma mudança nos padrões que regiam a imprensa. A partir de 1958, *Manchete* dá início a uma mudança editorial, alicerçando-se em novos modelos de reportagem. Ao invés de investir no estilo de matéria exploratória praticada pela *O Cruzeiro*, a *Manchete* (que, inicialmente, havia sido inspirada pela *Paris-Match*) começa a importar um modelo inspirado nas revistas *Time* e *Life* – um desenho de jornalismo interpretativo que, embora não tenha se realizado completamente em *Manchete*, irá se consolidar na década seguinte com a criação da revista *Veja*.

Nesses novos termos, o investimento de uma reportagem não está tanto na vivência de um repórter, mas sim, em um jornalismo que busca uma informação devidamente interpretada, de forma a tornar o significado de um determinado acontecimento evidente para o leitor. Esse modelo, ao longo da década de 1960, começa a se impor sobre o jornalismo brasileiro e a própria *O Cruzeiro*, nesse período, passa a adotá-lo, abandonando o velho estilo de reportagem que a tornara famosa. *Manchete* consegue, nesse período, alcançar a marca de 500 mil exemplares, consolidando a sua importância no mercado editorial de revistas brasileiro.

Essa mudança na percepção sobre a função social de uma revista está bem expressa no depoimento de Sirotsky (*apud* LOUZADA, 2004, p. 62): "O Cruzeiro era uma revista de repórteres famosos. Suas reportagens consistiam, na verdade, em narrativa das aventuras dos repórteres. Não eram os eventos ou personalidades que contavam e, sim, a presença neles do repórter". Segundo ele, "ninguém concedia entrevistas a David e, sim, David é quem entrevistava. (...) Eu sentia, porém, que o que iríamos buscar já estava exigindo bem mais do que isto. A minha experiência em *Visão* indicava que as classes médias mais prósperas, e os seus setores mais responsáveis, queriam informação".

Trata-se de uma mudança que não é nada banal e que influencia todo o cenário jornalístico brasileiro de revistas nas décadas seguintes. Se as revistas dos anos 1940, no Brasil, se inspiraram majoritariamente na *Paris-Match*, o modelo, adotado de forma ostensiva pela revista *O Cruzeiro* em seu período áureo, começa a entrar em decadência na década de 1960, de forma que o jornalismo brasileiro passa a adotar outros rumos para a reportagem. Embora a ênfase na imagem continue como a grande marca da revista *Manchete* até o término de sua publicação, em 2000, é notável o modo como o cenário de revistas muda nesse período ao adotar novos regimes narrativos e um novo conjunto de valores sobre o que significava contar uma boa história.

Em muitos aspectos, a revista *Manchete*, nos anos 60, pode ser lida como uma revista de transição. E isso porque, de um lado, ela não abandona diversos dos códigos padrões de narração que já estavam presentes em *O Cruzeiro*, embora, por outro, já seja possível notar uma mudança muito acentuada, em determinadas reportagens, no modo de narrar a notícia. Trata-se de uma revista extremamente heterogênea do ponto de vista narrativo e que mistura, ao longo de seus textos, esses dois regimes de narração.

Os códigos narrativos da revista Manchete
O código experiencial em primeira pessoa
e o código experiencial impressionista

A divisão da função testemunhal entre o repórter e as testemunhas – através dos códigos experienciais em primeira e em terceira pessoa, bem como a partir do código biográfico – são marcas que são mantidas pela revista *Manchete* ao longo de sua trajetória. Assim como em *O Cruzeiro*, esses códigos padrões de narração podem ser encontrados em diversas reportagens – embora alguns deles sejam bem menos utilizados do que no período anterior (notadamente no que diz respeito ao código experiencial em primeira pessoa) ou sofram algum tipo de rearticulação sensível (como no código experiencial em terceira pessoa, que se desdobra em um número maior de códigos padrões de narrações, conforme mostraremos a seguir).

De uma maneira geral, podemos entrever que o repórter não havia perdido ainda totalmente a sua importância enquanto narrador-testemunha. Na reportagem "Sete Dias no Vietnã", por exemplo, os repórteres narram, em primeira pessoa, o conflito a partir de suas impressões e dos depoimentos colhidos no local:

> Naquele hospital de My Tho, dirigido por médicos filipinos, sou levado à presença de 14 vietcongues feridos e presos. (...) Eu vi, senhores, a mais estranha, a mais inacreditável e a mais louca das guerras. Só vendo de perto para entendê-la. De longe, é difícil, ou quase impossível, por mais cuidadosas e imparciais que sejam as descrições, como a que se segue. (MC, 23/04/1966)

A importância do repórter enquanto fiador da função testemunhal é reafirmada em todo o texto, com passagens como "segundo pude ver pessoalmente, o drama americano resume-se numa dolorosa alternativa" ou "lá na frente de combate, eu vi canhões poderosíssimos disparando contra posições inimigas" (MC, 23/04/1966).

Embora várias reportagens, ao longo da década de 1960, utilizem essa estratégia de narração na revista *Manchete*, é possível entrever que esse código padrão de narração fica cada vez mais raro ao longo do tempo. Uma estratégia um pouco mais comum do que essa em *Manchete* – embora ainda articulada a partir da vinculação da função testemunhal ao repórter enquanto actante narrativo e fiador da função de verdade – é posta em um relato que, embora não esteja engendrado em primeira pessoa, é estruturado justamente a partir das impressões de um repórter que vivencia um fato. A esse código de narração, chamaremos *código experiencial impressionista*.

O código experiencial impressionista não se configura como um código completamente distinto do código experiencial em primeira pessoa. Mais correto seria afirmar que ele se estrutura como uma modulação desse código, tal como uma inflexão de algumas de suas características centrais.

Assim como no código experiencial em primeira pessoa, o código experiencial impressionista é marcado pela presença explícita do repórter no local do fato (como um sujeito participante do acontecimento, portanto) e enquanto um actante narrativo que vive uma experiência, em um quadro onde a vivência do acontecimento é o elemento principal em relação ao conteúdo noticiado. Ele também é articulado a partir do ponto de vista de um narrador comprometido, cujas impressões transbordam no relato.

A diferença, contudo, – e é aí que reside a modulação em relação ao outro código – é que essa experiência não é narrada em primeira pessoa. O acesso do leitor à experiência do jornalista é dado a partir do fluxo de consciência do narrador, sem que esse repórter se assuma necessariamente como um eu que toma a palavra – muito embora esse eu fique implícito a todo o momento no relato.

Por código experiencial impressionista, nos referiremos a uma modulação do código experiencial em primeira pessoa a partir da qual o repórter está implicado no acontecimento relatado enquanto actante narrativo que vive e conta a experiência relatada sem que, contudo, esse se assuma como um eu que toma a palavra. As suas impressões transbordam a todo o momento no relato, muito embora a sua presença fique apenas implícita na narrativa.

Alguns exemplos podem ser citados quanto ao uso desse código padrão de narração em *Manchete*. Em uma reportagem sobre a construção de Brasília, o repórter narra, em primeira pessoa, que: "a manhã estava cinzenta e fria. Para onde ir senão de edifício em edifício e ver bem de perto o que tantas fotos no mundo inteiro já mostraram? Ao dar saída no carro, o motorista sugerira uma visita ao edifício em que funcionará um confortável cinema" (MC, 23/04/1960).

Em uma reportagem sobre Che Guevara, toda a descrição do revolucionário argentino é feita a partir das impressões do repórter que se encontrava no mesmo ambiente que ele. É feita uma descrição pormenorizada do espaço da sala em que estavam, bem como das reações, da fisionomia e da postura de Che; tudo, contudo, descrito a partir da ótica da vivência e das impressões do repórter naquele momento. Segundo Murilo Melo Filho, "aprisionado naquela mesa, entre telefones que tocam e barbudos que o cercam, aquele homem parece um pássaro na gaiola. É o presidente do Banco Nacional de Cuba. O mundo inteiro conhece-o hoje como sendo o comandante Ernesto Che Guevara" (MC, 23/04/1960). As remissões à própria situação da reportagem também são constantes.

> Pendurado na parede há o retrato de uma menina, de fisionomia fechada, com traços de índia. É o único retrato existente em toda a sala. O Comandante fita-o de vez em quando, à medida que vai conversando com os jornalistas. Seu jeito é de permanente infância. (...) A tonalidade da voz não se altera. Nem diante das perguntas provocadoras dos repórteres, nem quando um jornalista americano, entrando de pingente na entrevista, lhe pede declarações exclusivas para o seu jornal. (MC, 23/04/1960)

A partir dos exemplos citados, é possível observar que o código experiencial impressionista se configura como uma modulação do código experiencial em primeira pessoa, na medida em que conserva as suas características, embora desloque a ênfase nos elementos que o compõem. De um lado, há o explicitamento da presença do repórter no local do fato e uma ênfase acentuada nas impressões que ele colhe a respeito do acontecimento noticiado – impressões estas que não podem ser desvinculadas da própria vivência do repórter (enquanto actante narrativo) do evento a que reporta. Ao mesmo tempo, contudo, a ênfase se desloca um pouco da própria experiência em si (o eu do repórter perde força e vira um elemento subentendido no relato) em direção ao modo como o repórter observa a cena.

Em relação ao código experiencial em primeira pessoa, o código experiencial impressionista engendra um narrador que é mais observador e menos participante; um modo de relato em que o repórter se separa da cena noticiada – no sentido de que ele não está mais implicado no evento, ele não é mais parte do acontecimento que noticia – e passa a olhá-lo de uma posição mais distanciada, embora ainda articule, essencialmente, um relato subjetivo.

Por ser uma modulação do código experiencial em primeira pessoa, contudo, o código experiencial impressionista engendra efeitos de sentido que são similares. Ele também articula um modelo imaginário de verdade a partir do qual o repórter é o fiador da função testemunhal, caracterizando-se, portanto, como um código padrão de narração em consonância com os antigos padrões da reportagem.

A articulação da função testemunhal no repórter enquanto actante narrativo, portanto, não desaparece nas reportagens de *Manchete* – muito embora ele perca muito da importância que tinha nas experiências narrativas anteriores da reportagem e passe, como veremos a seguir, a ser confrontado com outras provas imaginárias de verdade no discurso - provas estas que irão esvaziar a sua fala testemunhante.

CÓDIGO INQUIRIDOR

Outra técnica de redação muito utilizada por *Manchete* nos anos 60 como forma de inserir as impressões do repórter no texto é através da inserção de perguntas retóricas na narrativa. Trata-se de manifestações textuais que inserem o leitor na construção textual – uma vez que abre uma expectativa de resposta a essa pergunta – mas apenas no nível pragmático, sem implicações para a significação geral do texto. A essa técnica, chamaremos código inquiridor.

Por código inquiridor, portanto, iremos nos referir a um código padrão de narração a partir do qual há a inserção tanto do leitor quanto do repórter (como actantes narrativos) no texto por meio de uma averiguação por perguntas. Trata-se de momentos em que o jornalista insere perguntas retóricas no relato e, por meio delas, insere a sua própria presença na narrativa através de impressões pessoais de diversas ordens.

A quantidade de perguntas retóricas presentes nas reportagens de *Manchete* é realmente marcante. Frequentemente, elas tomavam a forma de uma provocação da curiosidade do leitor através da inserção de uma pausa dramática no relato tecido. Na reportagem sobre o assassinato de Teresa de Oliveira Sachini, encontrada morta no armário de sua casa, o repórter Leon Eliachar se pergunta (e pergunta ao leitor) o tempo todo: "pensou-se em latrocínio. Mas impôs-se essa pergunta: por onde teria entrado o ladrão assassino?"; "Estrangulamento?"; "Quem teria passado em sua companhia a última noite?" (MC, 23/04/1960). Na reportagem sobre Brasília, as perguntas eram: "Estaria o famoso arquiteto satisfeito com a obra com que seu amigo Juscelino sonhou?"; "Quem fez tudo isso? Como foi possível?"; "Então, fica ou não fica pronta para o dia 21?" ou "o clima é salubre?" (MC, 23/04/1960).

Os efeitos de sentido articulados em torno do código inquiridor são diversos e podem ser analisados caso a caso. Desde a estimulação da curiosidade do leitor até a adoção de uma postura didática para narrar o acontecimento, o código inquiridor é interessante na medida em que instaura uma pausa no fluxo do relato. Em todos os seus usos fica patente a evocação do leitor na narrativa (em uma encenação de um estabelecimento de um vínculo entre a esfera da produção e a esfera da recepção) e do próprio repórter – que, embora não necessariamente se assuma como um *eu* que toma a palavra, deixa transbordar as suas impressões o tempo todo no relato.

Ao código inquiridor, portanto, corresponde uma outra modulação estética – bem própria desse período retratado – de implicação do repórter da narrativa e de reforço da função testemunhal como função de verdade no relato.

A EXPLOSÃO DOS CÓDIGOS EXPERIENCIAL EM TERCEIRA PESSOA E BIOGRÁFICO

Uma outra marca da relação de continuidade narrativa que a revista *Manchete* estabelece com as revistas do período anterior está em um uso massivo do código experiencial em terceira pessoa e do código biográfico. Assim como no período anterior, as testemunhas ouvidas pelo repórter dividem com ele a função testemunhal, atuando como fiadoras da confiabilidade em torno do narrado.

Há, contudo, uma mudança de ênfase que é digna de nota. De uma maneira geral, se na fase áurea de O Cruzeiro, a fonte dividia a função testemunhal com o repórter, *a partir dos anos 60, as fontes passam a se responsabilizar por uma porção maior dessa equação.* E isso, a partir de uma chave de leitura dupla: em primeiro lugar, porque um número maior de testemunhas passa a ser inserido no relato. Se nas narrativas de O Cruzeiro, raramente eram ouvidas mais de uma ou duas fontes por reportagem, as matérias de *Manchete* serão marcadas pela inserção de um grande número de testemunhas no relato.

Em segundo lugar, é possível notar que se nem todas as reportagens de *Manchete* se articulavam em torno do código experiencial em primeira pessoa – uma técnica narrativa que fica cada vez mais em segundo plano nas reportagens de *Manchete* com o passar do tempo e começa a figurar em um conjunto diminuto de reportagens, embora configure ainda um padrão narrativo –, eram raros os textos que não possuíam o código experiencial em terceira pessoa e o código biográfico.

Mesmo na revista O Cruzeiro, durante a década de 1960, é sensível o aumento do número de fontes que atuam como testemunhas do relato, mostrando o *fortalecimento do código experiencial em terceira pessoa enquanto código narrativo.* O aumento do número de personagens que passam a compor a narrativa da reportagem em revista é um indício de um deslocamento da função testemunhal no texto, uma vez que a fala da fonte começa a ganhar proeminência em relação à fala do repórter (enquanto efeito discursivo) e passa a ser responsável uma parcela maior da função testemunhal.

A explosão do número de personagens testemunhais na reportagem faz com que, em termos de actantes narrativos, a fala da fonte passe a ser uma fiadora da função de verdade no texto mais importante do que a própria figura do repórter. Se nas reportagens de *O Cruzeiro* (embora a fonte já exercesse um papel testemunhal importante) era o repórter o actante narrativo que ainda funcionava como lastro imaginário principal para a veracidade do relato, ao longo da década de 1960 é possível perceber uma queda nessa figura do repórter.

À perda da proeminência do repórter enquanto articulador da função testemunhal corresponde uma ascensão dos personagens-fontes como fiadores da função de verdade no relato, uma vez que eles passam a se responsabilizar por uma parcela maior da função testemunhal.

O discurso do outro introduzido por meio de uma citação – que atua ao "retirar um material já significante de dentro de um discurso para fazê-lo funcionar dentro de um novo sistema significante" como esclarece Maingueneau (2002b, p. 125) –, é uma maneira de se introduzir uma opinião ou comentário com uma aparência objetiva, uma vez que é um terceiro que assume o dito. O narrador, assim, aparece como um não-eu remetendo ao entendimento de que uma determinada asserção é verdadeira porque não é o próprio narrador (no caso, o repórter) quem a diz.

O repórter passa a funcionar como um actante narrativo cuja função é ser um mero coletor de evidências, em um progressivo movimento discursivo de apagamento do autor no texto.

Outros códigos de narração irão atuar em conjunto com o aumento dos actantes narrativos que assumem o código experiencial em terceira pessoa e o código biográfico para esse apagamento da figura do repórter enquanto fiador da função testemunhal e da veracidade do relato em *Manchete*, aludindo a novas configurações do sensível na reportagem em revista.

O CÓDIGO IMPESSOAL

Se o jornalismo articula, em seus textos, um "ruído de falas", Mouillaud (2002, p. 119) chama a atenção para o fato de que esses ruídos podem ser de duas ordens, repartidos em dois fluxos do discurso que tem destinações diferentes: "a maior parte se vai solidificar nos fatos – o real – cuja fonte desaparece", engendrando um efeito de realidade a partir do qual o acontecimento deve a sua identidade apenas a si mesmo;

já "uma outra parte do fluxo das falas conservará seu *status*", tomando a forma de um discurso citado a partir do qual um personagem assume um dito e conserva, assim, certa distância em relação aos enunciados de que não é origem.

Até a década de 1960, a reportagem em revista não era pautada por uma separação muito rígida entre esses dois fluxos do discurso. A voz dos fatos misturava-se mesmo a voz das testemunhas, uma vez que era o próprio repórter quem exercia a função de actante principal no alicerçamento da função testemunhal. Seja sob o ponto de vista do explicitamento dos procedimentos e aparatos da reportagem (como na *Revista da Semana*) ou na ênfase dada à experiência e à vivência do jornalista no local do acontecimento (como em *O Cruzeiro*), as vozes das testemunhas se misturavam ao desenrolar dos fatos no texto, uma vez que o seu próprio desenvolvimento era dependente de um narrador participante.

Além do aumento do número de personagens, uma outra marca do regime de reportagem que começa a ser esboçado na década de 1960 é a assunção de um código padrão de narração que demarca, de uma forma ostensiva, essa *voz dos acontecimentos*. Em outros termos, cuja característica é não poder ser atribuída a nenhum personagem definido na história, a não ser a um evento cuja identidade é devedora apenas de si própria. A esse código padrão de narração, daremos o nome de *código impessoal*.

Se até então, o desenvolvimento da ação narrativa era subordinada à presença de um narrador que estava implicado no acontecimento e que assumia uma postura testemunhal frente ao que era narrado, a partir dos anos 60 fica cada vez mais comum a adoção de procedimentos estilísticos a partir dos quais o acontecimento narra a si próprio, sem que haja a intervenção de um narrador participante. Começa a figurar uma separação demarcada entre as vozes das testemunhas e as vozes do acontecimento.

Por código impessoal, portanto, nos referiremos a um código padrão a partir do qual a narração de um acontecimento não é atribuída a nenhum sujeito de fala, criando a ilusão referencial de que o acontecimento se narra sozinho, independentemente de um personagem que assuma o dito. O foco narrativo está posto em terceira pessoa e há a descaracterização do repórter enquanto um personagem--testemunha da narrativa.

São vários os exemplos de uso do código impessoal que podem ser destacados na revista *Manchete*. Em uma reportagem sobre as metas que o estado de São Paulo visava atingir naquele ano, o repórter narra que "a reunião estava marcada às 8 da manhã, [o governador] pediu a lista de obras que visitaria logo depois da conferência com seu estado-maior (...). E a equipe ficou em silêncio para ouvir o relato do trabalho já feito e se inteirar do iria fazer nos próximos dias" (MC, 23/04/1960).

Na mesma edição em que temos uma reportagem em primeira pessoa sobre o Vietnã, ela é seguida por uma outra que adota um tom impessoal para relatar o conflito, em uma linguagem que se pretende analítica.

> Forçados a recorrer à guerra clássica, os norte americanos se esforçaram para superar as evidentes dificuldades, contra as quais se chocam tais métodos de confronto, quando o adversário se esquiva e lhes opõe uma estratégia subversiva. E o fizeram através de um aparato extraordinário de técnicas entre as quais se inclui o emprego maciço de helicópteros e de aviões de bombardeio. (MC, 23/04/1966)

Não há, em nenhuma delas, sinal algum da experiência do repórter ou de sua inserção no local do acontecimento noticiado através de suas impressões ou de sua vivência em relação ao que aconteceu. Há apenas o relato de um acontecimento que parece se contar sozinho – um simulacro da voz do acontecimento.

Se escrita pela *O Cruzeiro* dos anos 40 e 50, essa reportagem possivelmente seria escrita a partir do engendramento do código experiencial em primeira pessoa, com ampla ênfase à viagem do repórter àquele local e às suas impressões. No novo regime de reportagem que começava a se delinear, convinha narrá-lo a partir do uso do código impessoal, a partir da própria voz das ações que prescindem de um narrador engajado.

Os efeitos de sentido que foram articulados à narrativa jornalística a partir da adoção do código impessoal como código padrão de narração já foram explorados nos estudos em jornalismo. Um dos conceitos que são constantemente evocados para explicar essa questão é a noção de "efeito de referencialidade", tal como proposto por Barthes (1988) em seu estudo clássico intitulado "O Efeito de Real".

O que Barthes propõe nesse texto é o delineamento de um tipo de *modelo de verdade* que está calcado em estratégias textuais comumente utilizadas nos discursos referenciais tais como a história, o jornalismo ou as narrativas literárias realistas. Quando Barthes fala de "ilusão referencial", ele está se referindo a uma série de estratégias que criam a ilusão de que o que é representado pode ser misturado ao próprio real, revestindo o discurso dos *privilégios do aconteceu*. O efeito de real, portanto, é um efeito de sentido que se dá a partir do uso de um determinado número de técnicas discursivas que dão sustentação e embasamento a esse tipo de modelo de verdade.

No nível da enunciação, uma das técnicas principais está na tentativa de apagamento dos signos relacionados ao destinador do discurso. Esse apagamento, contudo, impõe uma quantidade considerável de problemas, na medida em que, se uma narrativa pode prescindir de um destinatário manifesto no texto (não é preciso convocar o leitor para que haja história), toda narrativa, necessariamente, precisa de um narrador.

Diante da impossibilidade de apagamento total da figura do narrador, a história passa a engendrar um tipo específico de sujeito da fala. Trata-se de um sujeito que anula a sua pessoa passional, substituindo-a por uma existência objetiva. Nesses termos, se as marcas do narrador não podem ser totalmente apagadas, fazem-se desaparecer, ao menos, os signos que remetem a um anunciante passional. É a ausência desse narrador envolvido que, para Barthes, engendra a ilusão de que o acontecimento "fala sozinho" ou, em outros termos, que as ações narram a si próprias.

Esses efeitos de sentido não estão presentes apenas no nível da enunciação. Quanto ao enunciado, Barthes coloca que enquanto o estatuto de um processo em geral pode ser assertivo, negativo ou interrogativo, o estatuto do discurso referencial é sempre assertivo (constatativo). Isso acaba por ligar, linguisticamente, o acontecimento narrado aos *privilégios do ser*, uma vez que "conta-se o que foi, não o que não foi ou o que foi duvidoso" (BARTHES, 1988, p. 152).

No nível da significação, no entanto, é onde Barthes aloca o principal efeito de sentido que o discurso referencial mobiliza e que é decorrente dessas técnicas utilizadas. Não obstante o fato de que os acontecimentos não podem ter uma existência dada fora da linguagem, todo o sentido do texto é construído como se essa existência não fosse mais do que a cópia pura e simples de uma outra existência situada em um plano extratextual da realidade.

Esse efeito é obtido através de uma aparente desarticulação da tripartidade do signo, em que o significado (enquanto estrutura imaginária) é tido como um elemento vergonhoso, passível de ser fundido ao referente. Essa correspondência imediata entre o significante e o referente cria uma ilusão referencial e um efeito de realidade na medida em que o discurso, ao se acreditar revestido pelos privilégios do acontecimento, também se outorga o privilégio de encontrar o real que representa.

Dito de outra forma, essa tentativa de desintegração do signo opera de forma que o significado é expulso da equação e tenta-se uma correspondência imediata entre o significante e o referente. "Suprimido da enunciação realista a título de significado de denotação, o 'real' volta a ela a título de significado de conotação. (...) Noutras palavras, a própria carência do significado em proveito só do referente torna-se o significante mesmo do realismo" (BARTHES, 1988, p. 164). Esse "efeito de real" é obtido, portanto, porque a realidade se apresenta no discurso como um significado informulado, protegido pela onipresença aparente do referente.

Em resumo, portanto, o discurso referencial é narrado a partir de um conjunto de técnicas que fundamentam o seu modelo imaginário de verdade, a saber: (1) o mascaramento do sujeito de fala, que cria a impressão de que as ações se contam sozinhas, independente da presença de um narrador passional; (2) o estatuto assertivo do discurso, que toma o ter sido das coisas como princípio suficiente de sua veracidade e (3) a fusão do referente e do significado em virtude do referente que, revestido dos privilégios do "aconteceu" acredita encontrar o real que representa.

Ora, é justamente esse modelo de verdade imaginária que está posto na adoção do código impessoal nas reportagens do jornalismo de revista a partir de um modelo que começa a ser esboçado na década de 1960 e que irá se consolidar na década seguinte. São esses novos padrões que irão delimitar o que significa contar uma boa história. As reportagens em que o repórter atua como um narrador em primeira pessoa ficam cada vez mais raras e é esse simulacro de uma voz impessoal e assertiva que assume o relato.

Assim como na análise barthesiana, é possível notar que a maior parte das reportagens de *Manchete*, ao adotar o código impessoal como código padrão de narração, subordina a enunciação ao enunciado e renuncia aos signos que caracterizavam o narrador passional das décadas anteriores, em um discurso que é sempre assertivo. Como efeito, temos a adoção de um modelo de verdade imaginária estruturado em torno de mecanismos linguísticos que constroem o acontecimento como dotado dos privilégios do aconteceu: um acontecimento que se conta sozinho e que cria a ilusão de fundir o referente e o significante na representação, criando uma sensação de objetividade no relato, já que ele é contado por um narrador que não intervém.

Obviamente, a revista *Manchete* não foi o primeiro veículo noticioso a inserir o código impessoal no jornalismo brasileiro – ela é apenas um exemplo de veículo que mostra de forma explícita e evidente esse novo regime narrativo a que as reportagens em revista começaram a obedecer nessa época, em um processo muito maior que envolve uma série de rearticulações no jornalismo como um todo.

A tempo, é importante esclarecer também que o código impessoal não surge nessa época. Mesmo nos tempos áureos de *O Cruzeiro*, em que o repórter era o grande herói da reportagem, ainda era possível encontrar textos em que havia o uso do código impessoal. A questão é que existe uma grande mudança de ênfase no que diz respeito ao seu uso. Durante os anos 40 e 50, o uso do código impessoal era reservado às matérias de menor importância – notadamente as matérias frias e aquelas que não podiam ser cobertas *in loco* (muitos perfis sobre estrelas de Holywood seguiam esse padrão, por exemplo). Os textos mais importantes e as reportagens quentes seguiam a estrutura que descrevemos anteriormente, com a adoção de códigos padrões de narração que enfatizavam a vivência e a experiência do repórter.

O que acontece durante a década de 1960, é que essa relação desaparece. Não apenas as pequenas matérias ou as reportagens frias de menor importância adotam o código impessoal, mas os textos principais da revista, as grandes reportagens, começam a assumi-lo como código padrão de narração dominante, engendrando uma nova articulação do sensível.

A partir da adoção do código impessoal nas principais reportagens de uma revista é possível entrever a mudança no conjunto de valores e de hierarquias acerca do que significava contar uma boa história – processo que começa a se estabelecer ao longo da década de 1960 nas revistas. Mesmo *O Cruzeiro* passa a adotar o código impessoal como código padrão de narração dominante em suas grandes reportagens desse período, mostrando que novos padrões de reportagem estavam sendo massivamente adotados pelas revistas brasileiras.

Esse processo também pode ser posto a partir de uma outra chave de leitura: a da influência que os novos padrões narrativos adotados pelos jornais diários a partir da década de 1950 começaram a exercer no jornalismo de revista brasileiro.

Entre as diversas modificações nos jornais diários na metade do século XX que tiveram consequências nos modos de narrar a reportagem – como a tecnização e padronização do texto, o uso do *lead* e da pirâmide invertida, bem como a supressão dos pontos de exclamação e reticências, em um jornalismo que se queria mais objetivo e menos politicamente engajado – há a *construção do anonimato* como técnica narrativa.

Há "o deslocamento do foco enunciativo do redator para o veículo e a consequente transferência do juízo crítico do repórter para o jornal" nos jornais diários cariocas desde o começo dos anos 50, marcando uma ruptura em relação ao período precedente. "Os textos anteriores, mais literários, traziam as marcas pessoais do jornalista. Este, aliás, era conhecido por seu estilo e admirado pelo seu domínio da retórica literária. A narração do acontecimento era, então, tão ou mais importante do que o fato em si" (RIBEIRO, 2007, p. 227). A inserção dos *copy desks* nas redações dos jornais diários acentua ainda mais esse processo de descaracterização do estilo de um repórter, uma vez que eles eram jornalistas encarregados da padronização do texto e da construção do anonimato do redator. O espaço destinado para o repórter-vedete no jornal diário deixou de ser a própria reportagem em si e passou para a esfera do colunismo, em que o comentário era a matéria-prima por excelência.

O apagamento da voz do repórter demorou um pouco mais para se fazer visível nas revistas semanais do que nos jornais diários. Não obstante isso, é inegável que as rearticulações narrativas sofridas pelos jornais diários na década de 1950 redefiniram os parâmetros da reportagem e dos valores em torno do que significava contar uma boa história para o jornalismo como um todo.

Ao longo da década de 1960 – e muito embora o texto em revista tenha permanecido como um texto muito diferente do praticado no jornal diário – essa construção do anonimato, através do uso do código impessoal, finalmente, se torna um código padrão de narração dominante também nas reportagens do jornalismo de revista.

Ora, a partir desses parâmetros, o que vemos em *Manchete* – devido à heterogeneidade de suas edições, que eram formadas tanto por reportagens estruturadas em torno do código experiencial em primeira pessoa ou do código experiencial impressionista, quanto por reportagens estruturadas em torno do código impessoal – é o confronto entre dois regimes de reportagem distintos. Mais do que isso, fica patente, em suas edições, *um embate entre dois modelos de verdade diferenciados que estruturaram o jornalismo brasileiro ao longo de sua história.*

O CÓDIGO NUMÉRICO

O descolamento da principal função de verdade no jornalismo de revista da função testemunhal, característica das décadas anteriores, em direção ao uso de outras estratégias linguísticas vinculadas ao fortalecimento de ilusões de referencialidade não subjetivas, patente na adoção do código impessoal, se desdobra em outros códigos padrões de narração que serão adotados como forma de confirmar o dito. Outras provas imaginárias de verdade começam a ser instaladas no relato, de forma a reiterar um modo de contar histórias que tenta afastar os rompantes subjetivos (enquanto estratégia discursiva) da narração do acontecimento.

Um desses códigos padrões de narração que dão apoio a esse novo regime histórico de reportagem, que começa a se calcar em outros modos estéticos da função de verdade, é a remissão a dados numéricos, estatísticas e cálculos que servem tanto para confirmar um posicionamento acerca de determinado acontecimento quanto para tentar fornecer proporções e padrões para os assuntos tratados. A esse código padrão de narração, daremos o nome de *código numérico*.

A remissão aos números, nesse período histórico, fica cada vez mais comum no jornalismo de revista, tornando-se um código padrão de narração quase obrigatório nas reportagens de *Manchete*. Por código numérico, portanto, iremos nos referir a um código padrão de narração a partir do qual o fluxo da narrativa é interrompido para a inserção de dados de caráter numérico, cuja origem pode ser de fontes diversas, tais como estatísticas, pesquisas ou comparações, e que funcionam como forma de embasar o relato em padrões objetivos. Não obstante o caráter essencialmente subjetivo nas interpretações dos números, eles funcionam como ancoramentos referenciais e provas imaginárias de verdade para o narrado.

Em nenhuma das outras revistas os números apareceram de forma tão ostensiva. Na reportagem sobre as metas de São Paulo, composta basicamente pelos números do Estado, anunciava-se que "uma parcela de 14,7% da soma total será aplicada em metas educacionais" com "mais 7 mil salas de aula para ensino primário e 1.100 para ginásios e escolas normais", além dos "2 bilhões e 350 prédios para as Casas da Lavoura", "122 tratores de esteira" e "o plantio de 60 milhões de árvores" (MC, 23/04/1960). Em uma reportagem sobre Brasília, os números também ganham proeminência: "nos últimos tempos, a população permanece inalterada: 300 mil habitantes. Conta com 12 hospitais, 3 cinemas, 22 unidades escolares para o curso infantil, 126 para o fundamental, 30 para o ensino médio", apesar das obras inconclusas "(faltam construir ¾ partes do Plano Piloto)" (MC, 23/04/1966). Mesmo em uma reportagem sobre a morte, os números são elementos principais: "os americanos gastam com a morte 450 bilhões de cruzeiros por ano; o preço médio de um enterro é de 2500 mil cruzeiros" (MC, 23/04/1966).

As reportagens em *Manchete* sempre trazem ao leitor algum tipo de quantificação da realidade: para além de um narrador impessoal que engendra o relato, há a voz impessoal dos números que ancoram o real em um universo que pode ser contado e, exatamente por causa disso, apreendido. Os números assumem o papel de fontes, dando eles próprios o seu testemunho em relação a um tema específico.

Apesar dessa suposta roupagem objetiva, é necessário enfatizar, contudo, que o modelo de verdade engendrado pelos números não é menos subjetivo (ou, mais corretamente, menos calcado em provas imaginárias de verdade) do que o próprio modelo de verdade do testemunho, estando ambos alocados nesse patamar simbólico que engendra uma promessa de verdade mesmo no perjúrio.

E isso porque os números nunca fazem sentido sozinhos: engendrados em uma narrativa, eles sempre dependem de uma interpretação que os dote de significação. Como insistem Czeresnia e Albuquerque (1995), "obter dados objetivos de uma análise estatística requer *input* subjetivo. O reconhecimento da subjetividade inerente à interpretação de dados possibilita que novas evidências possam ser integradas ao conhecimento anterior". Não existe significado inerente aos dados numéricos, uma vez que eles também se constituem como representações simbólicas que não podem estabelecer uma relação especular com o que representam – sua suposta objetividade, nesse sentido, é um efeito de sentido dado por quem interpreta os números.

Perelman e Olbrechts-Tyteca (1996, p. 278) tratam o código numérico (posto por eles, na terminologia da retórica, como argumentações de ordem quase-lógicas), como poderosos mecanismos de convencimento exatamente pelo fato de que os números sempre são engendrados na narrativa a partir de uma interpretação: "a escolha dos termos de comparação adaptados ao auditório pode ser um elemento essencial da eficácia de um argumento, mesmo quando se trata da comparação numericamente especificável". E isso porque "haverá vantagem, em certos casos, em descrever um país como tendo nove vezes o tamanho da França em vez de descrevê-lo como tendo a metade do tamanho do Brasil".

Ao pensar especificamente sobre o uso dos dados numéricos no jornalismo, Manuel Chaparro (2003) afirma que essa apropriação se empenha constantemente em uma interpretação que se aproveita dos *sentidos emocionais* que os números adquirem e, não raro, planificam mecanismos sociais complexos em função de uma determinada argumentação em relação ao acontecimento que está sendo noticiado.

Seguindo o raciocínio dos outros autores mencionados, para Chaparro (2003), "a estatística, em si, jamais promete verdades; apenas revela ou produz presunções (algo que pode ser acreditado), a partir de dados numéricos codificados a que o método chega, na observação de fenômenos de alguma forma mensuráveis". Não obstante isso, "as fontes, em especial as políticas e as econômicas, que se servem do jornalismo para difundir e sustentar os próprios interesses ou ideias, usam, frequentemente, o argumento estatístico como 'afirmação da verdade', e não raro o fazem de forma desonesta".

Da mesma forma que o testemunho, portanto, os dados numéricos também engendram uma promessa de verdade que, em última instância, também pode ser posta como um voto cujo cumprimento é apenas imaginário.

A importância dos dados matemáticos enquanto um efeito de verdade que pode ser articulado nas narrativas referenciais se dá pelo fato de que eles criam a ilusão de "deixar de fora de seus cálculos, um enorme detrito, toda a complexidade social e psicológica das escolhas", quando, pelo contrário, apenas reforçam esses elementos. Eles aparecem no texto, dessa forma, "sob a figura de uma força que tem razão e se impõe ao discurso da representação", desempenhando o papel de uma citação autorizante (CERTEAU, 2011, p. 57).

A perda da proeminência do testemunho como principal função de verdade dentro do jornalismo de revista engendra a necessidade por novas provas imaginárias de verdade e é nesse sentido que o código impessoal e o código numérico, enquanto códigos padrões de narração, funcionam como materializações estéticas de um novo modelo de verdade que começava a se firmar no jornalismo de revista nos anos 60.

A substituição da voz passional do jornalismo pelo código impessoal, contudo, irá encontrar reforços em outros códigos de narração para além do código numérico.

O CÓDIGO ANALÓGICO

Um outro código padrão de narração que serve de reforço às provas imaginárias de verdade desse narrador que, destituído de seu papel de testemunha, apaga os seus signos passionais em favor de uma existência objetiva, é o *código analógico*. À voz anônima dos acontecimentos que se contam sozinhos (através do código impessoal) e à voz supostamente objetiva dos números (no código numérico), soma-se um outro código padrão de narração a partir do qual a imagem acerca de determinado acontecimento é dada a partir do cotejamento desta com outras situações semelhantes que enquadram o dito. Em outros termos, um código padrão de narração que emoldura o real através de uma similitude de relações posta entre dois termos.

Ora, a figura retórica da analogia diz respeito, justamente, ao delineamento de uma comparação que busca provar uma verdade através do engendramento de uma similitude de relações entre dois objetos. Nesse sentido, Breton (1999, p. 131) explica que os argumentos analógicos implicam um raciocínio que torna explícito (ou inventa) um vínculo entre duas zonas do real – mais especificamente, entre uma zona do real cujo sentido social já esteja estabelecido e outra em que esse valor esteja em disputa, ou seja, cujo significado ainda precise ser proposto.

A construção desse vínculo, no entanto, não se faz de maneira direta. Ele se articula em um espaço descontínuo através do qual os enunciadores realizam alguns saltos com o objetivo de enquadrar o real cujo sentido está em disputa de acordo com o sentido já consolidado do evento que serve de base à comparação. A analogia, portanto, está estruturada a partir de uma transferência de valor do que está consensualmente aceito para o que está com o sentido ainda em jogo.

A definição da analogia está estruturada em torno de uma construção de relações a partir do qual A está para B assim como C está para D. Perelman e Olbrechts-Tyteca (1996) explicam que é fundamental que o primeiro par (A-B) seja menos conhecido do que o segundo, que o deve estruturar graças à analogia. Dessa forma, elas deslocam a adesão do receptor daquilo que é conhecido para o que é desconhecido.

Por código analógico, portanto, iremos nos referir a um código padrão de narração a partir do qual é inserida uma comparação entre o evento noticiado e um outro acontecimento (não relacionado necessariamente à pauta motivadora da reportagem) que tem como objetivo enquadrar o evento noticiado em um determinado modelo de entendimento a partir de uma equação que tem por base a analogia.

A analogia pode ser estruturada a partir de um conjunto variado de eventos, embora as duas remissões mais comuns sejam: (1) a comparação entre eventos do presente e fatos do passado e (2) a analogia entre acontecimentos brasileiros e outros similares que aconteceram em outros lugares do mundo.

Na década de 1960, a revista *Manchete* já utilizava com certa frequência esse recurso, raro em revistas do período anterior. Em uma reportagem sobre a Guerra do Vietnã, publicada em 1966, o repórter coloca que "o Vietnã é hoje para Johnson o *front* verdadeiro, como o Reno foi para Roosevelt, durante a última guerra" (MC, 23/04/1966). Em outro texto sobre o mesmo tema, a analogia era a seguinte: "Trata-se de fazer com que os norte-americanos penetrem pelo território chinês adentro, numa manobra como a de Napoleão, na Rússia" (MC, 23/04/1966).

Em um levantamento anterior (CASADEI, 2010), realizado nas revistas informativas semanais *Veja*, *Época*, *IstoÉ* e *Carta Capital* durante o ano de 2009, foi possível constatar o grande número de reportagens que, embora noticiassem fatos do tempo presente, faziam remissão a acontecimentos históricos. Em torno de 70% de todas as matérias publicadas nessas revistas nesse ano evocavam algum evento que tinha acontecido antes do ano de 1995. É possível entrever, portanto, que a analogia histórica pode ser posta como um código padrão de narração que se consolida na década de 1960 e que é mantido nos dias atuais, na medida em que pode ser lida como um dos componentes de uma reportagem, como uma técnica de redação constantemente utilizada pelos jornalistas para dotar os acontecimentos noticiados de sentido.

Tamanha força de semantização que a história possui para os acontecimentos do presente pode ser atribuída ao fato de que, como coloca Hayden White (2008, p. 36), "a própria afirmação de se ter distinguido um mundo passado de um mundo presente de reflexão e práxis social, e de se ter determinado a coerência formal daquele mundo passado, *implica* uma concepção da forma que o conhecimento do mundo presente também deve tomar, na medida em que é *contínuo* com aquele mundo passado". E assim, o compromisso com uma forma específica de conhecimento histórico corresponde a uma série de predeterminações, circunscrevendo quais são as generalizações que são permitidas de serem feitas acerca do mundo presente e até mesmo quais são os tipos de conhecimentos que podemos conceber acerca dele. E mais do que isso, como consequência desse processo, predetermina também os tipos de projetos que nos são considerados lícitos de conceber, tanto para mudar o presente quanto para mantê-lo indefinidamente em sua forma vigente.

Ora, se conforme já discutimos, o recurso à fala de um terceiro é um importante procedimento de engendramento da ilusão referencial dentro dos textos jornalísticos, a remissão à História funciona como um outro possível a quem se pode fazer referência. E mais do que isso: um outro que se exprime não como a fala subjetiva das testemunhas, mas sim, como a voz objetiva e autorizada do passado, ligado a uma posição de autoridade e a um conhecimento validado.

Não obstante as inúmeras discussões no campo da história que a destronaram de seu papel de guardiã do passado tal como ele o foi e a inseriram no grande campo das produções simbólicas, podemos dizer que o lugar ocupado pelo discurso da História nas narrativas jornalísticas é aquele a que Maingueneau (2008, p. 37-38) chama de *discursos constituintes*. Ou seja, que têm como característica a de "não reconhecer outra autoridade além de sua própria, de não admitir quaisquer outros discursos acima deles". Em outros termos, que "não reconhecem discursividade para além da sua e não podem se autorizar senão por sua própria autoridade".

Os discursos constituintes são discursos que assumem um papel de autoridade em relação a outros corpos de textos e acaba por formar-lhes o conteúdo e o direcionamento de sentidos. Essa noção está relacionada ao *ethos* que determinada prática discursiva assume em uma sociedade, de forma que há um investimento imaginário do papel ocupado por ela e "o enunciador é percebido através de um 'tom' que implica certa determinação de seu próprio corpo, á medida do mundo que ele instaura em seu discurso" (MAINGUENEAU, 2008, p. 53).

Tomando como pressuposto o fato de que nos discursos constituintes há constituição "precisamente na medida em que um dispositivo enunciativo funda, de uma forma que é de certa maneira performativa, sua própria existência, fazendo como se extraísse essa legitimidade de uma Fonte da qual ele seria apenas a encarnação (o Verbo revelado, a Razão, a Lei, etc.)" (*Ibidem*, p. 54), a História pode ser alocada nesse lugar na medida em que ela parece fundar o Passado.

A remissão à história através de uma analogia, nesses termos, funciona, portanto, também como uma prova de verdade imaginária para os relatos jornalísticos. E isso porque ela funda uma comparação validada, que pode ser tida como veraz porque é a história quem a atesta e que serve como lastro para a sua pertinência e adequação. À voz anônima do narrador, soma-se a voz anônima da história.

Mais do que isso, trata-se de uma prova de verdade capaz de engendrar um *nó de sentido* acerca do assunto que está sendo retratado. A lógica em se colocar uma situação do presente como similar a uma crise no passado diz respeito à formação de uma imagem sobre o que significa o fato retratado na atualidade. A descrição sobre *o que é* o fato atual se torna (discursivamente) inteligível a partir da referência às situações similares no passado. Trata-se de uma correlação opositiva que passa a definir o próprio presente e argumentar em favor de algum tipo de entendimento em relação a ele.

O código analógico que tem por base a história, nesses termos, funciona como mais uma prova imaginária de verdade que sustenta um relato que deixou de ter no testemunho a sua função de verdade principal. Diante da queda da testemunha, são as vozes impessoais do acontecimento, dos números e da história que se deixam ouvir e que se estruturam como fiadoras da função de verdade do relato.

O CÓDIGO DA OPINIÃO PÚBLICA

Ao longo da história da imprensa no Brasil é possível notar a presença de um código padrão de narração que se repete sistematicamente nas revistas que foram estudadas: trata-se do *código da opinião pública*. Por este termo, iremos nos referir a um código padrão de narração, facilmente discernível por expressões como "o brasileiro pede" ou "o povo quer", que se apresenta como a suposta tradução das vontades e dos interesses populares, como a presumida expressão da opinião geral de uma sociedade, bem como de seus anseios e demandas. Em outros termos, trata-se de um código padrão de narração que materializa esteticamente esse vínculo que o jornalismo tenta manter com a opinião pública no texto através de expressões marcadas.

A sua presença nas narrativas jornalísticas não surpreende. Diversos autores têm trabalhado com as inter-relações simbólicas que o jornalismo tenta articular com essa imagem de opinião pública que funciona, ao mesmo tempo, tanto como uma esfera que engendra uma tentativa de estabelecimento de pontes entre a imprensa e os seus interlocutores, quanto como um poderoso instrumento argumentativo de validação de determinados enquadramentos em torno do narrado.

Na revista *Manchete*, são muitos os momentos em que essa voz imperiosa e impessoal da opinião pública é evocada. Esse procedimento padrão de narração, aliás, pode ser encontrado com certa constância em outras revistas do *corpus*, desde a *Revista da Semana* até as publicações atuais, de forma que poderíamos fazer remissão a qualquer uma delas como ilustração desse código narrativo.

A diferença, no entanto, é a de que, em um primeiro aspecto, durante esse período, esse código padrão de narração pode ser encontrado como uma frequência maior na estruturação narrativa. Em um segundo aspecto, a partir desse momento, essa suposta voz da opinião pública materializada em um código padrão de narração passa a atuar como um reforço de uma voz de um acontecimento que supostamente se conta sozinho, de acordo com os novos padrões de efeitos de realidade buscados na narrativa.

Para citar um exemplo, na reportagem sobre o uso do DIU com a finalidade de controlar os índices de natalidade no país, o repórter recorre à voz impessoal da opinião pública para apresentar o tema na linha fina: "os brasileiros reagem contra a tentativa de reduzir os índices demográficos do país por meios artificiais". Logo no primeiro parágrafo, seu uso é reiterado: "estão se avolumando os protestos contra os processos de limitação da natalidade, que vem sendo utilizados em nosso país". Mais a frente, afirma-se que "a grande maioria dos brasileiros reage desfavoravelmente à ideia de uma política destinada a conter a chamada *explosão demográfica*" (MC, 09/09/1967).

O conceito de opinião pública já foi utilizado enquanto uma figura retórica para muitos propósitos. Embora muitos autores tenham se empenhado na desmistificação desse conceito, considerando-o como um artifício argumentativo, trata-se de uma noção que é estruturante nas reflexões sobre o jornalismo, ao menos, enquanto construção de *ethos*, alicerçando modos de ação e mesmo uma imagem acerca da importância social da atividade jornalística. Sob essa perspectiva, que abarca os códigos culturais e simbólicos que envolvem uma prática, a remissão à opinião pública nas reportagens se coloca como um dos mecanismos de legitimação social do jornalismo.

O código da opinião pública serve como uma prova imaginária de verdade na reportagem na medida em que, além de realizar a encenação de uma ponte entre a esfera produtora da notícia e a esfera da recepção, convocando o leitor e inserindo-o artificialmente na narrativa, ele enuncia uma suposta instância objetiva de opinião: a própria instância da esfera pública. A remissão à opinião pública atua como uma espécie de elemento legitimador para a prática jornalística e a sua inserção no texto sob a forma de códigos padrões de narração acaba por funcionar como uma espécie de prova imaginária de verdade que atua no reforço das demais provas imaginárias de verdade de caráter impessoal que estavam se consolidando nesse momento.

Seguindo o raciocínio proposto por Certeau (2008), é possível entrever alguns contornos que estruturam essa função de verdade implicada no código da opinião pública. Trata-se de uma função de verdade que, em seus contornos gerais, ao encenar uma relação de escuta em relação ao seu público-alvo, acaba por engendrar uma relação de tradução em relação a ele. Para Certeau, há uma característica que marca toda a constituição do saber e da inteligibilidade da cultura ocidental moderna: o fato de que os saberes se instauram em uma relação a um outro. Isso significa dizer que ela "desdobra uma problemática articulando um saber dizer a respeito daquilo que o outro cala" (CERTEAU, 2008, p. 15).

Se essa sentença for tomada no que diz respeito à história (objeto de análise de Certeau), isso significa que da mesma forma que um médico transforma o corpo do paciente em um quadro legível (e, portanto, traduzível em linguagem), tal qual um código que pode ser decifrado, tal como um cadáver mudo exposto ao olhar que exige uma leitura especializada, a história opera o mesmo mecanismo com a memória. "Uma mutação análoga se produz quando a tradição, corpo vivido, se desdobra diante da curiosidade erudita em um corpo de textos". Assim, "essas duas heterologias (discursos sobre o outro) se constituíram em função da separação entre o saber que contém o discurso e o corpo mudo que o sustenta" (*Idem*).

Inegavelmente, o jornalismo também está posto dentro desse campo de inteligibilidade que marca o lugar de saber como um saber sobre o outro – e, mais do que isso, um saber a respeito daquilo que o outro cala. E, assim, embora o jornalismo sempre diga respeito à representação de um outro – que não o próprio jornalista – esse outro também é posto como um cadáver mudo que é exposto ao olhar do jornalista, como uma entidade muda que coloca um discurso que é enunciado (porque articulado) pelo jornalista e não por ela própria. Assim como no caso do historiador, o outro possui o saber; o jornalista controla a articulação do discurso sobre esse saber.

Uma vez que é de um terceiro sobre o que se fala e para quem se fala, também em relação à articulação da *opinião pública* no jornalismo, é sempre em relação à demanda de um outro (a própria opinião pública) que o jornalismo se posiciona. Ao operar a partir da visibilidade das questões da opinião pública, é sempre a partir da representação desse outro que a notícia é articulada.

Para Certeau, contudo, o acesso a esse outro se dá também de uma forma muito específica: ele se estabelece não a partir de uma relação de *escuta*, mas sim, a partir de uma relação de *tradução*, em uma verdadeira *hermenêutica do outro*. A palavra do outro é possuída pelo detentor do discurso, que se encarrega de dizer o que esse outro poderia dizer se ele tivesse a palavra – dizendo, com isso, algo muito distinto. Essa relação de tradução não pode ser senão uma imposição de poder e, nesses termos, com a suposta intenção de retratar o outro, acaba-se falando de si mesmo. Tida como objeto exótico – e, como tal, objeto de censura – a fala do outro não serve senão para que seja efetuada uma volta a si mesmo, serve como um mero pretexto para o estudo de si. A relação é de uma tradução sem escuta.

A partir dessa perspectiva, é possível entrever que, embora o jornalismo articule um espaço de visibilidade para as demandas públicas e sociais, esse espaço não deixa de ser problemático e ambivalente, na medida em que essa representação se processa a partir dessa relação de mera tradução. Essa equação está inserida em um espaço em que os acessos aos meios simbólicos são desiguais e, portanto, não se constituem como um espaço de embate político – que é fundamental para que a cidadania seja efetiva – mas sim, como um espaço de mera encenação desse embate.

Essa perspectiva de Certeau é interessante na medida em que insere a prova de verdade posta no código da opinião pública em uma esfera mais ampla, que marca o modo como os saberes, na sociedade ocidental, são articulados. É possível entrever a mecânica de relações que regem o relacionamento do jornalismo não apenas com a opinião pública, mas, em uma perspectiva alargada, com as próprias fontes de informação que estruturam as suas provas de verdade.

Ora, o jornalismo se coloca em uma perspectiva de tradução (e não de escuta) não apenas a partir da estetização da opinião pública (através do código padrão de narração da opinião pública), mas também em relação a todas as suas outras provas de verdade que lhe conferem legitimidade e sustentação, tal como no código numérico (que quantificam uma determinada visão de mundo já pré--escrita e de acordo com a argumentação defendida no texto), no código analógico (que enquadra o mundo de acordo com os mesmos parâmetros) ou no relacionamento estabelecido com as fontes testemunhais (através dos códigos biográfico e experiencial em terceira pessoa).

Como dissemos anteriormente, a década de 1960, no jornalismo brasileiro, foi um período efervescente no campo das experimentações narrativas. Nesse sentido, é possível compararmos a narrativa de *Manchete* a outros modos de se contar histórias adotados por outras revistas nesse período. Nos próximos tópicos, iremos comparar esse modelo transitório de reportagem aos padrões narrativos utilizados pelas revistas *Fatos e Fotos* e *Realidade*. Não obstante as grandes diferenças que marcavam as três publicações, em termos de estruturação narrativa, elas se pautavam pelo regime de códigos descrito acima, com pequenas rearticulações.

O PROJETO EDITORIAL DE *FATOS E FOTOS*

A revista *Fatos e Fotos* também pertencia à editora Bloch e existiu de 1961 a 1985. Conta Alberto Dines (2003, p. 84) que a revista surgiu a partir de uma homenagem que Adolpho Bloch queria fazer a Juscelino Kubitschek na ocasião de sua saída da presidência da República: "Juscelino entregou o governo ao Jânio em 31 de Janeiro, o Adolpho Bloch, maluco, em homenagem ao Juscelino, que deixava o governo, quis fazer uma revista em Brasília, e então criou uma coisa chamada *Fatos e Fotos*. O primeiro número ele fez sozinho, com o Justino Martins". Segundo ele, Bloch "pegou as fotografias da posse do Jânio e da saída do Juscelino, arrumou uma revista só de fotografias e botou nas bancas. Vendeu muito".

Apesar do sucesso dessa edição inicial, contudo, não havia ainda um projeto que pudesse sustentar o segundo número da revista. Segundo depoimento de Dines (2003, p. 85), "eu estava demitido do *Diário da Noite* e ele me telefonou pedindo pelo amor de Deus se eu não podia ajuda-los em dois, três números, até botar a revista nos eixos". Aceito o convite, "fui e resolvi fazer a revista em rotogravura, com máquinas espetaculares, em preto e branco – isso que nós estávamos fazendo em jornal diário".

Ainda segundo Dines (2003, p. 85), "em pouco tempo, *Fatos e Fotos* estava vendendo mais do que a *Manchete*". A relação entre as duas revistas era um tanto próxima, no sentido de que *Fatos e Fotos*, sem uma equipe de fotógrafos própria, trabalhava com as fotos que "sobravam" da *Manchete*.

Mesmo diante de tantas precariedades, a revista conseguiu se consolidar no mercado editorial nacional, contando com uma equipe de bons repórteres. "Passou pela redação de *Fatos e Fotos* uma plêiade de jornalistas da maior importância: Carlos Leonam, Paulo Henrique Amorim, Itamar de Freitas... Eram pessoas que estavam começando, trabalhando cada um em um jornal, mas que se entusiasmaram pelo espírito da revista" (DINES, 2003, p. 85).

A revista dedicava-se à publicação de reportagens fotográficas sobre personalidades da época, principalmente artistas e políticos, além de algumas matérias de interesse geral. Como o próprio nome sugere, a ênfase no material publicado estava mais nas imagens que compunham a revista do que nos textos que as acompanhavam. Não obstante isso, é possível encontrar algumas coberturas mais extensas e detalhadas.

Fatos e Fotos se insere, portanto, dentro de uma tradição brasileira de fotorreportagem em revista que estava no cerne da produção revisteira desde o final do século XIX, mas que já dava mostras de esgotamento na década de 1960. Em seus primeiros anos, é possível notar que eram poucas as reportagens que ocupavam mais de uma página de texto, o que era considerado diminuto mesmo para os padrões da *Manchete*, que era uma revista que também valorizava a fotografia como forma de passar informação. Ao longo da década, é possível notar que a revista vai progressivamente aumentando o número de páginas destinadas ao texto e passa a fazer também grandes reportagens.

Em 1969, a *Fatos e Fotos* era a terceira revista mais lida do país, com 9% da circulação de mercado, perdendo apenas para as revistas *Manchete* e *O Cruzeiro* (ambas com 16%). A revista *Veja* era responsável por 3% da circulação. Quanto às revistas quinzenais, *Realidade* ocupava a 6ª posição, com 6% do mercado (MIRA, 2001).

Em termos narrativos, as reportagens de *Fatos e Fotos* seguiam um padrão de técnicas redacionais parecido com o utilizado pelas reportagens publicadas pela *Manchete*. Os seus textos eram mais curtos e simples do que os publicados pela sua irmã de editora, mas, em termos de códigos padrões de narração, é possível mapear uma consonância entre as duas publicações, não obstante o seu texto fosse mais simples e a cobertura das pautas bem menos aprofundada. As considerações que foram feitas acerca de *Manchete*, portanto, também podem ser aplicadas ao estudo de *Fatos e Fotos*.

Há, no entanto, algumas particularidades que são dignas de nota. Mesmo que ainda possamos encontrar com certa frequência textos que remetem ao engendramento da função testemunhal na figura do repórter enquanto actante narrativo (código experiencial em primeira pessoa e código experiencial impressionista), esses textos aparecem com uma frequência menor do que em *Manchete*. A maior parte dos textos utiliza o código impessoal como modelo de narração, de forma que as reportagens estão mais vinculadas ao regime de reportagem que se tornará dominante a partir desse momento do que ao regime de reportagem correspondente ao período anterior.

Se *Fatos e Fotos* nos coloca diante de padrões narrativos comuns a outras revistas dos anos 60, como a própria *Manchete*, nesse período, talvez nenhuma outra revista tenha sido considerada tão original e inovadora quanto a revista *Realidade* em termos narrativos. Ela confirma o clima dos anos 60, que buscava experimentações no que diz respeito aos formatos possíveis para se contar uma boa história. Iremos estudá-la no próximo tópico.

O PROJETO EDITORIAL DE *REALIDADE*

O lançamento da revista *Realidade* representou um grande sucesso comercial para a editora Abril, conseguindo alcançar um patamar de vendas muito mais elevado do que aquele que foi projetado originalmente para ela. Embora a editora já tivesse diversos títulos no mercado de revistas especializadas, essa era a primeira incursão que ela fazia nos domínios das publicações informativas de caráter geral. A primeira edição da revista vendeu em torno de 250 mil exemplares. Dois meses depois a tiragem foi aumentada para 350 mil e, depois, para 450 mil na quarta edição.

A criação da *Realidade* foi debitária de toda uma cena cultural formada nos anos anteriores por publicações alternativas consumidas pela classe média intelectualizada. A revista – assim como outros veículos noticiosos como *Correio da Manhã*, *Zero Hora*, *Jornal da Tarde* e *Folha da Tarde* – incorporou esse clima de denúncia, de contestação e de oposição já fomentado pelas experiências em jornalismo alternativo e que foram incorporadas por veículos da grande imprensa (KUCINSKI, 1991). O engajamento da imprensa nesse período, segundo Faro (1999, p. 14) podia ser sentido tanto na imprensa alternativa dos anos 70 (que levava a cabo o jornalismo investigativo que estava fora do alcance dos grandes jornais do período devido à ação da censura), quanto na própria grande imprensa, para além das dificuldades impostas pelo regime militar que vigorava no país naquela época. *Realidade* seria uma das expressões mais notáveis desse segundo movimento, onde "aflorava uma produção jornalística que dava à reportagem uma dimensão reveladora, além de padrões da objetividade informativa".

A qualidade das reportagens feitas por *Realidade* é atestada pelos oito prêmios Esso que a publicação ganhou em seus dez anos de existência. A saber, os prêmios foram dados às seguintes reportagens: "Brasileiros go home" (1966); "Os meninos do Recife" (1967); "A vida por um rim" (1967); "Eles estão com fome" (1968); "De que morre o Brasil" (1968); "Marcinha tem salvação: amor" (1969); "Amazônia" (1972); "Seu corpo pede um bom presente" (1973).

Alguns autores, como Rosa (2006), costumam dividir a história da revista *Realidade* em três fases distintas durante seu período de existência (de 1966 a 1976) que são importantes para entendermos a sua inserção no mercado editorial brasileiro e a forma como a revista se posicionava diante dos acontecimentos de seu tempo. A primeira delas abarcaria o período de 1966 a 1969, a segunda seria de 1969 a 1971 e a terceira de 1971 a 1976.

A primeira fase, correspondente aos três primeiros anos da revista, pode ser lida como o seu momento áureo. Além de uma ampla autonomia da redação na orientação e condução das pautas, a revista primava pela experimentação estética e pela abordagem de temas polêmicos. Após a edição do AI-5, em 1968, a situação de aparente liberdade editorial que a revista estava inserida começa a ficar ameaçada e ela passa a ter que enfrentar uma série de problemas em decorrência disso. A proibição de circulação de alguns exemplares e da veiculação de assuntos polêmicos por parte da direção da Abril, além da ameaça da censura estatal, marca a segunda fase da revista, de 1969 a 1971. Apesar desses reveses, a revista ainda consegue manter algumas de suas características iniciais e certo padrão de qualidade até 1971.

Desde 1969, a revista estava vivendo uma queda tanto no número de leitores quando na quantidade de anunciantes. Em julho de 1969, sua tiragem caiu para 365 mil exemplares."Em outubro do mesmo ano, o índice de circulação nem aparece mais na revista, indicando uma provável queda de circulação. Em janeiro de 1971, a circulação estanca em modestos 125 mil exemplares, número inferior aos de concorrentes como *Manchete* (155 mil) e não muito acima de revistas como *O Cruzeiro* (95 mil) e *Fatos e Fotos* (80 mil)".

A crise leva à reestruturação de seu projeto editorial, em 1972, que muda a forma como *Realidade* vinha conduzindo as suas reportagens até então, o que culmina em uma descaracterização total do estilo que a tinha tornado famosa. A revista começa a produzir textos mais curtos e adota o uso de seções fixas. Nessa terceira fase, o estilo de texto já está bem diferente daquele que era usado no início, caminhando em direção a uma forma mais tradicional e pouco diferenciada das outras publicações do mercado.

Com as vendas em queda, tentou-se uma revitalização da revista com a contratação de repórteres importantes como Luís Fernando Mercadante, Luís Carta e José Hamilton Ribeiro, o que não foi suficiente para reerguer a publicação.

Em janeiro de 1976, *Realidade*, que já havia tido uma tiragem de 500 mil exemplares, vendeu apenas 120 mil cópias. Dois meses depois, a editora Abril deixa de publicá-la. A ação da censura combinada com uma mudança no próprio mercado editorial – uma decadência no plano geral das revistas ilustradas em direção a publicações de interesse específico e com caráter mais informacional – são apontados como os responsáveis pelo fim de *Realidade*.

De uma forma geral, podemos entrever que essa trajetória sofrida pela revista nos seus dez anos de existência acaba por influenciar o modo como ela estruturou as suas formas de narração. Nos seus três primeiros anos, é visível o uso de códigos padrões de narração que calcavam a função testemunhal no repórter e nos personagens – em reportagens que lembram as realizadas no período áureo de *O Cruzeiro*. Já nos anos posteriores, mesmo não abandonando completamente esses códigos padrões de narração (bem mais presentes do que em *Manchete e Fatos e Fotos*), é possível notar que a revista começa a utilizar com mais frequência, no primeiro plano da reportagem, os códigos vinculados às provas de verdade. Nessa última fase, portanto, é visível a mistura entre os dois regimes de reportagem distintos. Mesmo assim, é possível perceber que a revista *Realidade* é, predominantemente, uma revista que calça o seu modelo imaginário de verdade nas provas testemunhais e em uma valorização da figura do repórter enquanto actante narrativo.

O estilo peculiar e marcado que a revista *Realidade* utilizava para contar as suas histórias é um assunto que já foi estudado no campo da história da comunicação. O jornalismo praticado pela revista *Realidade* era, segundo as palavras de Kucinski (1991), que resume bem a questão, "também um jornalismo com ambições estéticas, inspirado no *new journalism*, o movimento de rebelião estilística dos jornalistas norte-americanos contra a camisa de força da narrativa telegráfica, que introduziu a reportagem jornalística de valor literário, baseada na vivência direta do repórter com a realidade que se propunha a retratar".

São esses elementos que permitem que alguns autores, como Lima (1995) associem o jornalismo praticado pela revista *Realidade* ao movimento literário norte-americano do *new journalism*, uma vez que compartilhava com ele características como o estilo literário da narração, a evidenciação das marcas, impressões e vivências do repórter e a onisciência do narrador. De fato, essas eram marcas da revista que contrastavam com o tipo de jornalismo que era praticado pelos jornais diários, nessa época já plenamente inseridos nos moldes tidos como objetivos de relato. Se deslocarmos a comparação, contudo, dos jornais diários para a tradição de reportagem em revista no Brasil, é possível notar que essas caraterísticas não são originais do *new journalism*. Desde a *Revista da Semana*, passando pelo *O Cruzeiro* e mesmo por algumas reportagens de *Manchete* (em menor número), é possível notar que já havia toda uma tradição na utilização de recursos literários nas reportagens em revista, bem como na inserção do repórter enquanto um actante narrativo-testemunhal no relato.

A revista *Realidade*, inserida nesse contexto, pode ser lida, em termos narrativos, como uma revista um pouco deslocada de seu tempo histórico, uma vez que praticava um tipo de estética de reportagem que, no final dos anos 60, já estava caindo em desuso nas demais revistas no país – o que mostra, também, como as mudanças na narrativa não se processam de maneira linear ou livre de conflitos.

A estética do *new journalism*, embora sem dúvida possa ter sido apropriada pelos jornalistas de *Realidade* e funcionado como uma influência importante em seus modelos de narração, deve ser inserida nesse escopo mais amplo, na medida em que encontrou um solo fértil de tradições anteriores de reportagem em revista no Brasil.

Confrontado com essa questão, em entrevista a Rosa (2006, p. 84), Mylton Severiano, editor de *Realidade* entre 1966 e 1968, afirma que "a gente não estava conscientemente copiando o *new journalism*, não tinha a intencionalidade. Era tudo intuitivo como achávamos que deveria ser feito o jornalismo". Isso explicita certo conjunto de valores profissionais presentes nas redações de revistas brasileiras e cujas origens remontam a um período bem anterior àquele em que *Realidade* era publicada – trata-se da explicitação de uma partilha simbólica calcada em valores profissionais que definiam o que era um modo correto de escrever uma boa reportagem.

A própria narrativa de *Realidade* acompanhou os diferentes projetos editoriais que nortearam a revista de forma que, em seus três primeiros anos, é possível notar um modelo que aproximava a sua narrativa daquela praticada em *O Cruzeiro* – com um forte calçamento da função testemunhal enquanto fiador da verdade do relato

– ao passo que, ao longo dos anos, o seu regime de narração começa a se aproximar paulatinamente àquele praticado por *Manchete*.

Comparada às outras revistas estudadas atuantes no Brasil durante a década de 1960 – *Manchete, Fatos e Fotos* e mesmo *O Cruzeiro*, em sua terceira fase – *Realidade* entra no mercado de revistas praticando um regime de narração jornalístico que era mais comum até meados dos anos 50, no Brasil, embora ela não se esgote nele, abarcando, em seus textos, os códigos padrões de narração comuns ao novo período. Em termos de códigos padrões de narração, *Realidade* apresenta uma reportagem que coloca, no primeiro plano textual, os códigos experiencial em primeira pessoa, impressionista, autorreferencial, experiencial em terceira pessoa e biográfico, combinados com os novos padrões que estavam se consolidando naquele momento (com os códigos numérico e analógico, por exemplo).

Embora isso seja mais marcante nos três primeiros anos da revista, é possível notar que, ao longo de toda a sua trajetória, *Realidade* praticou, sistematicamente, um *jornalismo de personagens*, calcado na humanização das temáticas e na ênfase no testemunho e na vivência como elementos principais na montagem da narrativa.

Comparada às demais, também é sensível a colocação em segundo plano dos códigos padrões de narração ligados às provas de verdade (como o código numérico ou analógico). Embora esses códigos estivessem constantemente presentes nas reportagens de *Realidade*, era o relato biográfico que assumia o primeiro plano da narração.

É nesse sentido que podemos afirmar que *Realidade* se vincula a uma tradição historicamente mais antiga de reportagem no Brasil, notadamente a praticada até meados dos anos 50, na medida em que a função de verdade, em seus textos, ainda está ligada ao papel do repórter e das fontes enquanto testemunhas predominantemente. Tratava-se de uma revista de testemunhos.

É de se notar, contudo, que as mudanças que a revista sofre a partir de 1970 trazem também algumas modificações na forma como *Realidade* costumava contar as suas histórias. O entendimento geral diz respeito ao fato de que *Realidade* começa a ficar mais parecida com outras revistas informativas que já circulavam no período, afastando-se um pouco dos preceitos que a tornaram famosa.

No que diz respeito aos códigos padrões de narração, um movimento interessante começa a ser percebido nas estruturas narrativas evocadas por *Realidade* para articular os seus relatos: é possível perceber uma adoção mais regular de códigos padrões de narração ligados às provas não subjetivas de verdade (com o numérico e o analógico, por exemplo), o que a vincula às demais revistas publicadas no período. Também é possível notar um aumento do número de reportagens que utilizavam o código impessoal como articulador da matriz narrativa de seus relatos.

A presença do repórter enquanto actante narrativo testemunhal continua a ser uma marca da revista (especialmente no *código impressionista*), assim como os personagens fornecem ainda a matéria-prima principal de *Realidade*. Embora essa atitude não implique no abandono dos códigos testemunhais – que continuam a figurar como uma das matrizes narrativas do relato – é notável certa mudança no sentido de aproximação ao sistema narrativo já adotado por outras revistas no período.

Esse movimento (lento e não linear) fica marcante a partir da reforma editorial de 1972 e, até o ano de sua extinção, o regime de códigos padrões de reportagem em *Realidade* irá afastar-se um pouco dos padrões que a aproximavam de *O Cruzeiro*, assemelhando-se a outras revistas do período como *Manchete* e *Fatos e Fotos*.

ESBOÇOS DE NOVOS REGIMES NARRATIVOS NA REPORTAGEM

A partir do estudo dos códigos padrões de narração tecidos nas reportagens das revistas da década de 1960, é possível entrever que trata-se de uma época de transição entre dois regimes históricos de narração jornalística: um entremeio entre um conjunto de técnicas adotadas nas primeiras décadas do século XX e os novos padrões que começavam a surgir – e que irão se consolidar na década seguinte. A heterogeneidade das matérias aponta para uma intersecção entre textos que se identificavam ao regime mais antigo e outros que já estavam em consonância com novos padrões da reportagem, embora frequentemente ambos convivessem em uma mesma reportagem.

Os códigos padrões de narração formavam um regime de narração a partir do qual duas matrizes narrativas coexistiam: uma delas, ligada ao campo testemunhal, era formada pelos códigos experiencial impressionista, biográfico e experiencial em terceira pessoa (apoiados por códigos padrões suplementares como os códigos experiencial em primeira pessoa, do desvendamento e evocativo); a outra, ligada à obtenção de provas veritativas e ao apagamento do testemunho (código impessoal) e apoiada por códigos suplementares como os códigos numérico, analógico e da voz da opinião pública.

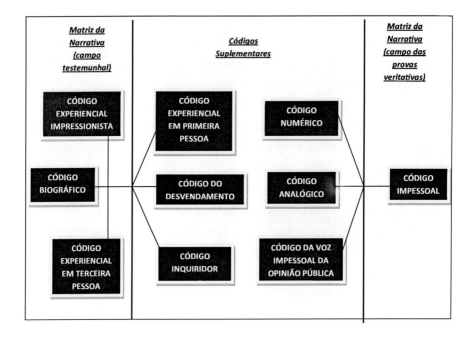

Lembramos novamente que, assim como descrito na metodologia, há uma série de combinações que podem ser feitas entre os códigos suplementares desse regime de narração. Uma outra observação de ordem metodológica também é importante neste momento: uma vez que é possível notar que os códigos padronizados de narração da revista *Manchete* se articulam a partir de duas matrizes narrativas, a relação entre elas, nas reportagens, pode ser dada tanto a partir de uma combinação entre as duas (em textos em que determinados trechos privilegiam uma delas) quanto de exclusão (em que apenas uma delas é desenvolvida em todo o relato).

Há uma série de diferenças fundamentais que marca a partilha entre essas duas formas de articular o sensível e semantizar o acontecimento nas reportagens em revista. A maior parte delas, contudo, aponta para uma *rearticulação dos parâmetros da função de verdade* nas histórias contadas pela imprensa: não apenas os códigos centrais que estetizam e materializam no texto as provas imaginárias de verdade mudam, como também essa própria função de verdade se vê engendrada em novas bases.

Embora articuladas a partir de códigos padrões de narração diferentes, tanto a *Revista da Semana* quanto *O Cruzeiro* tinham um ponto em comum no que se refere à articulação da função de verdade. Como analisamos nos capítulos anteriores, o modelo imaginário de verdade se identificava à função testemunhal, na medida em que eram as testemunhas que se apresentavam como fiadoras do relato; era em torno delas que estava engendrado um voto de veracidade do narrado.

A coincidência da função de verdade enquanto função testemunhal nas narrativas jornalísticas não desaparece das reportagens. É possível encontrá-la na manutenção dos códigos padrões de narração adotados no período anterior e em algumas de suas rearticulações (como, por exemplo, no uso do código experiencial impressionista ou do código inquiridor). Não obstante o fato de que o repórter não some do relato da reportagem enquanto actante narrativo, é possível perceber, contudo, que ele perde muito de sua autoridade enquanto testemunhante e enquanto fiador de uma função de verdade no nível do discurso.

Outros padrões e técnicas de redação passam a assumir o primeiro plano na narrativa da reportagem e outros códigos padrões de narração passam a materializar a função de verdade no relato jornalístico, mudando as bases que determinavam o modo como uma boa história deveria ser contada.

É possível perceber que a voz intrusiva de um narrador não é mais um padrão de reportagem desejável e o código impessoal ganha proeminência (tanto em número de matérias que o utilizam quanto na classificação hierárquica dentro do dispositivo da revista dos textos que o utilizam) em relação ao uso dos códigos que articulavam a função testemunhal na figura do repórter enquanto actante narrativo. A isso, somam-se, ainda, os códigos (como o numérico e o analógico) que inserem essa impressão de objetividade e desvinculam as provas imaginárias de verdade unicamente da esfera do testemunho. A partir de agora, o testemunho passa a ser acompanhado de uma série de estratégias discursivas de controle. A partir de agora, ele passa por um conjunto de mecanismos de validação, no nível discursivo, para poder ser *acreditado*.

Esse processo de fiabilização por que passa o testemunho não deixa de ter implicações muito importantes para a própria função de verdade articulada nas reportagens. Ora, como já delineamos no final do capítulo anterior, um testemunho que passa por sucessivas provas de verdade já não pode mais caracterizar-se enquanto testemunho. Como nos provoca Derrida (2005), quando o testemunho se transforma em uma verdade teórica demonstrável devido ao confronto estabelecido entre ele e as provas de verdade que confirmam o dito, o próprio testemunho se desconfigura, uma vez que quando validado, um testemunho já não é validado enquanto testemunho. As provas de verdade, nesse sentido, atingem o testemunho em sua própria constituição, despojando-o da verdade fiduciária que o define. O testemunho, confirmado pelas provas de verdade, já não é testemunho: ele se transforma em uma outra coisa, ligada a um conhecimento supostamente demonstrável.

A colocação em primeiro plano do código impessoal e dos outros códigos padrões de narração vinculados ao estabelecimento de provas de verdade no relato, portanto, desfuncionalizam a função de verdade adotada no período anterior, na medida em que não é mais o testemunho que assume a posição de fiador do relato, mas sim, as outras provas de autoridade que irão se materializar em torno dele.

Há, portanto, ao longo da década de 1960, o erguimento de uma nova articulação da função de verdade no jornalismo – que se desloca do testemunho em direção a outras provas imaginárias de verdade – e a consequente assunção de novos padrões narrativos na reportagem, de novas formas de materializações estéticas da função de verdade que podem ser vistas nos códigos padrões de narração postos em primeiro plano nas histórias contadas pelos jornalistas nesse período. Nesse quadro, outras partilhas do sensível estão em jogo no jornalismo de revista, bem como novas articulações em torno do que significa contar uma boa história.

Um episódio simbólico que ilustra de modo dramático a disputa entre esses dois padrões de verdade para a escrita da notícia pode ser encontrado no próprio movimento que culminou com o fechamento da revista *Realidade*. Mesmo estando longe dos padrões de venda que tinha atingido em seus períodos áureos, não é possível dizer que, em 1976, *Realidade* representasse um fracasso editorial quando a editora Abril decidiu cancelar a sua publicação. As vendas, que estavam em torno de 120 mil exemplares, ainda eram expressivas para a época e superior a muitas revistas mensais que estão no mercado brasileiro mesmo nos dias atuais. Ainda assim, a editora Abril cancela a sua publicação com o objetivo de direcionar os investimentos para a revista *Veja* – que, como mostraremos a seguir, segue um regime de narração distinto.

Ora, se a década de 1960, como tentamos mostrar neste capítulo, configura-se como uma época de experimentações narrativas, o fim da revista *Realidade* parece demarcar, definitivamente, o tombo derradeiro da balança em direção a outros modelos nos códigos padrões de narração da reportagem. Em um movimento que já estava esboçado nesse período, confirma-se, enfim, as novas articulações do sensível nas reportagens em revista no jornalismo brasileiro.

São essas novas articulações do sensível que serão tratadas no próximo capítulo.

CAPÍTULO 7

As provas de verdade e o jornalismo interpretativo: reportagem como tradução em *Veja, Época* e *Istoé* (1970-atual)

"A missão primordial de uma revista semanal de informação é organizar os fatos de modo que o leitor possa entender a realidade de forma coerente, contextualizada e útil para a vida dele". Foram com essas palavras que a revista *Veja* iniciou um editorial publicado no número de 02 de Março de 2011 que, na sequência, enfatizava a importância crescente desse tipo de mídia em épocas de internet. Isso porque "ocorre que o rumor, a versão e o fato desfrutam na internet a mesma prioridade. Entre os múltiplos poderes da rede não está o de filtrar, classificar, verificar e hierarquizar as informações". E, por fim, concluía que "o mundo é complicado e, a cada semana, *Veja* se esmera em descomplicá-lo para você" (VJ, 02/03/2011, p. 11).

Ao afirmar que a função de uma revista informativa semanal é a de contextualizar os acontecimentos, de forma a torná-los compreensíveis e coerentes, esse editorial explicita um posicionamento que estava pressuposto desde o início das atividades da revista *Veja* no país e que diz respeito à sua vinculação a um projeto de jornalismo que recebeu a alcunha de *interpretativo*.

À inserção desse novo modelo, corresponde também a adoção de uma série de códigos padrões de narração que, como mostramos no capítulo anterior, estavam sendo esboçados pelas revistas informativas desde o início da década de 1960. Se as revistas daquele período não consolidaram completamente esse modelo, ele será solidamente adotado pela revista *Veja* ao longo de sua trajetória e se firma como uma experiência em reportagem que, desdobrando-se em outros veículos, irá se tornar dominante. Nesse processo de consolidação, também é possível notar que outros códigos padrões de narração passam para o primeiro plano do relato. Nele está contido um apagamento do repórter enquanto actante narrativo, uma variação sensível das fontes de informação e a inserção de outras vozes no texto desvinculadas da esfera testemunhal e ligadas ao delineamento de provas imaginárias impessoais de verdade.

O PROJETO EDITORIAL DA REVISTA *VEJA*

Surgida em 11 de Setembro de 1968 (como *Veja e Leia*), o projeto editorial da revista *Veja* é inspirado na norte-americana *Time*. Enquanto a maior parte das revistas brasileiras do período anterior buscava inspiração em periódicos como a *Paris-Match* ou a *Life*, o modelo adotado pela *Time* era ligeiramente diferente e se caracterizava pela proposta de um jornalismo altamente contextualizador e argumentativo.

A *Time*, fundada em Março de 1923 por Henry Luce e Briton Hadden, além de ter sido a primeira revista semanal internacional, tinha como projeto editorial a escrita de um jornalismo cujos textos não se limitassem a descrever um acontecimento, mas que pudessem fornecer dados ligados a uma organização e delimitação de seu valor simbólico. À linguagem mais tradicional e imparcial do jornalismo diário, a *Time* contrapõe um modelo de revista "a favor de uma voz que pretende estabelecer sua autoridade como um líder nacional e forjar uma ligação pessoal com seus leitores, e interpretar bem como informar" (KITCH, 2005, p. 17). O elemento interpretativo dentro desse modelo de revista informativa, portanto, não é só uma característica de seu conteúdo, como também o elemento que o diferencia de outros tipos de jornalismo e que confere legitimidade à sua prática.

Embora o termo jornalismo interpretativo possa parecer redundante, ele diz respeito a uma terminologia já consolidada na área de estudos em comunicação e com características demarcadas. Segundo Erbolato (1991, p. 27), o seu surgimento, no Brasil, está diretamente vinculado a uma mudança na ecologia dos meios de comunicação de massa que, sob a influência da popularização da televisão, teve que encontrar novas vocações para os veículos impressos. Muito do material que, antes, chegava aos leitores por meio das revistas, era agora veiculado na TV com recursos técnicos mais atraentes e com um acesso mais fácil e imediato. Era necessário encontrar novos modelos para a reportagem impressa.

Na historiografia do jornalismo, o marco oficial adotado como o início do jornalismo interpretativo no Brasil é a criação do Departamento de Pesquisa e Documentação do Jornal do Brasil, na década de 1960. Nesse sentido, é possível ver que a *Veja* se insere em um contexto mais amplo da imprensa escrita dessa época que estava tentando rearticular o seu papel na economia informativa do período.

Desde a década de 1960, a editora Abril teve um crescimento acentuado em seus títulos. Entre 1950 e 1959 foram publicados apenas 7 títulos, porém, entre 1960 e 1969, esse número subiu para 21, alcançando 121 títulos entre 1970 e 1979 (ORTIZ, 1988). Também houve um crescimento de sua capacidade de impressão com a compra de novas máquinas e a adoção de um sistema mais eficiente de distribuição de suas revistas – condições técnicas que permitiram que a editora começasse a pensar em editar uma revista semanal. A experiência adquirida com a publicação da revista *Realidade* e sua ênfase na grande reportagem também é apontada como um fator que encorajou a saída da *Veja* da fase de projeto (ensaiada desde ao menos o final da década de 1950).

Antes de seu lançamento, foram editados 14 números pilotos (números zero) da revista *Veja* para que o modelo fosse adotado definitivamente. Inicialmente, a editora Abril queria fazer concorrência aos semanários ilustrados, e a revista foi pensada nos moldes da revista *Manchete*. É por esse motivo que o nome inicial da revista era *Veja e Leia*. Além disso, essa também foi uma estratégia para a editora contornar o registro internacional da revista *Look* (o complemento foi excluído na edição de número 216, época em que a *Look* já havia deixado de circular). Esse modelo, contudo, já estava em decadência no mundo todo e, antes mesmo do seu lançamento, ele foi alterado. Segundo Dines (1997, p. 73), "o fechamento das três principais revistas americanas (*Colliers*, *Look* e *Life*) e o declínio de *Paris-Match* são os fatos mais expressivos do panorama. Em todo o mundo, o mercado das ilustradas foi grandemente atingido. No Brasil, depois do florescimento dos anos 1960, o gênero inclinou-se sensivelmente para baixo".

O novo cenário editorial apontava claramente para um crescimento das revistas interpretativas e especializadas e foi, portanto, esse o modelo adotado pela revista desde o seu primeiro número.

As características apresentadas por *Veja* nesse primeiro número eram pouco comuns nas revistas ilustradas. Entre elas, é possível apontar a tentativa de lidar, ao mesmo tempo, com a apresentação das notícias da semana e com a interpretação de seu significado, a partir de um modelo de jornalismo que busca alinhavar conjecturas acerca do que um fato exprime em relação a um contexto mais amplo.

Além disso, houve a adoção da utilização do texto-padrão, em nome da otimização dos dados e da clareza e concisão das informações. Embora a ação do *copy desk* já fosse uma realidade no jornalismo diário desde a década de 1950, *Veja* é uma das primeiras revistas a utilizar uma linguagem padrão que cria a impressão de que todos os textos da revista foram escritos por uma mesma pessoa. Há o apagamento do estilo de escrita individual (que era ainda mantido pelas revistas anteriores) em função de uma escrita-padrão, da adoção de um estilo que pertence à revista e está ligado ao seu projeto editorial. Ao repórter, cabia apenas a tarefa da apuração; a redação do texto pertencia a uma outra esfera institucional (um editor), cuja obrigação era moldar a apuração a um texto padronizado e institucionalizado.

Além disso, *Veja* também apresentava um outro padrão de projeto gráfico. Ao contrário das revistas ilustradas que apostavam na fotografia como um meio privilegiado para a transmissão das informações, *Veja* relega-a a um segundo plano. Embora a fotografia ainda seja um aspecto importante da produção noticiosa, não há o cuidado estético característico das publicações dos anos anteriores.

A sua inserção no mercado encontrou certa resistência e a revista só deixa de causar prejuízo em 1971. Segundo Mino Carta (*apud* LOPES, 1996, p. 30), "foi uma experiência muito difícil para a Abril, pois perdeu dinheiro por três anos e meio até chegar num ponto de equilíbrio. A revista foi lançada com uma campanha milionária. Gastaram um milhão de dólares, que na época valia muito mais do que hoje". Os motivos desse desgaste inicial, para ele, foram os seguintes: "o público esperou um concorrente de *Manchete*, que era a revista semanal da época, inspirada no magazine americano ilustrado. Os leitores não entenderam aquele veículo de formato pequeno. As revistas ilustradas da época eram maiores do que são hoje. Tinham fotos grandes".

Lançada com uma tiragem inicial de 700 mil exemplares, a segunda edição publicou apenas 500 mil, número que voltaria a cair na terceira edição (300 mil) e na quarta (150 mil). A sexta edição foi lançada com uma tiragem de 80 mil e a queda chegou a alcançar os 22 mil exemplares (LOPES, 1996). A diminuição na tiragem era acompanhada por uma queda no número de anunciantes. Segundo Villalta (2002), no primeiro número as 63 páginas de anúncio foram vendidas de antemão e ainda houve um resíduo de 31 anunciantes pra o segundo número (dos quais 20 desistiram). A partir do quarto número, contudo, apenas um anunciante fixo continua na revista, a Souza Cruz, que já havia comprado 52 capas e decidiu manter o contrato.

As dificuldades começam a ser superadas a partir de 1971 com a adoção de uma política de assinaturas melhor estruturada e, em 1976, *Veja* estabiliza a sua vendagem em torno de 170 mil exemplares. Em 1978, já são 250 mil exemplares (200 mil apenas de assinantes) e, no começo da década de 80, esse número salta para 400 mil.

Outras revistas semanais surgiram na esteira de *Veja*, adotando o mesmo estilo de jornalismo interpretativo. Em número de tiragem, as mais importantes são Época (com uma média de 408.110 exemplares, em 2010) e *IstoÉ* (com 338.861, em 2010).

A revista Época foi lançada no dia 25 de Maio de 1998 pela Editora Globo, que ainda não possuía uma revista semanal de informações. Fundada em 1952 com o nome de Rio Gráfica Editora, pertencente às Organizações Globo, a empresa editou, até meados da década de 1980, apenas publicações voltadas para o segmento infantil (como a revista do *Sítio do Pica-Pau Amarelo*, por exemplo) e histórias em quadrinhos (principalmente da Marvel Comics). Em 1985, ela entra no mercado de revistas para o público adulto com a edição de *Globo Rural*. É nessa época que as empresas Globo compram a Editora Globo (que já existia desde 1883 e era especializada na publicação de livros) com o objetivo de se fortalecer nesse segmento de edição de revistas e livros.

Até meados dos anos 90, no entanto, a editora Globo não possuía uma revista semanal de informação. *Época* é criada para suprir essa lacuna. A inspiração para a revista, segundo os editores, estava na alemã *Focus*, com quem tem um acordo editorial. Ela é inspirada em um modelo de jornalismo que é chamado no mercado norte--americano de *news you can use*, baseado em um modelo de reportagem de serviços.

A revista *IstoÉ*, embora seja mais antiga, possui uma história irregular. Ela surge como uma revista mensal, em 1976, fundada por Domingo Alzugaray, Luís Carta e Mino Carta. Depois de um período em que ela passou a circular quinzenalmente, a partir de seu décimo número, a revista se torna semanal, editada pela Editora Três.

No começo da década de 1980, um empreendimento fracassado comercialmente da fundação do Jornal da República, em 1979, faz com a Editora Três tenha que vender a *IstoÉ* que passa a ser propriedade de Fernando Moreira Salles e, logo em seguida, de Luís Fernando Levy, do jornal *Gazeta Mercantil*. Em 1988, a Editora Três compra novamente a revista e a funde com a revista *Senhor*, surgindo então a revista *IstoÉ Senhor*, que circula até abril de 1992, quando retoma o nome de apenas *IstoÉ*. Mino Carta fica na direção da revista até agosto de 1993. Segundo ele (*apud* LOPES, 1996, p. 33), "eu deixei *IstoÉ* porque houve um desentendimento entre eu e o Domingos. Ele queria fazer uma revista cheia de compromissos políticos e eu não aceitei".

Tanto *Época* quanto *IstoÉ*, contudo, em termos de códigos padrões de narração, seguem um modelo similar ao adotado pela revista *Veja*.

A questão que se impõe, contudo, é o fato de que a esse modelo de revista interpretativa, encabeçado por *Veja* e seguido por *Época* e *IstoÉ*, sobreveio outro conjunto de valores e hierarquias a partir dos quais os jornalistas julgavam que uma boa história deveria ser contada. No mesmo rastro, vieram outros códigos padrões de narração que estetizavam esses valores. Embora eles já estivessem sendo delineados desde a década de 1960, é a partir dos anos 70 que podemos observar uma queda ainda maior da figura do repórter enquanto actante narrativo-testemunhal e o fortalecimento de outros códigos padrões de narração vinculados às provas impessoais de verdade que emergem no primeiro plano da narrativa.

OS CÓDIGOS PADRÕES DE NARRAÇÃO NA REVISTA *VEJA*: O REPÓRTER COMO MERO APURADOR

Segundo a opinião do jornalista Humberto Werneck, que já foi redator-chefe da revista *Playboy* (*apud* LOPES):

> há quanto tempo a gente não tem vontade de recortar e guardar uma matéria? O fato é que o texto bonito, bem feito, prazeroso, anda sumido da imprensa brasileira. Falo de um texto que traga a informação rigorosa, bem apurada, mas que seja, além disso, um prazer em si... A beleza do texto é uma arma para capturar o leitor na primeira linha e levá-lo até a última. Por isso, vale a pena investir na busca da elegância, do ritmo harmonioso, da graça, da leveza, do bom humor. Tudo isso andou meio fora de moda quando baixou na imprensa brasileira a onda da pasteurização, que levou a excessos, sobretudo, na *Veja* e na *Folha de S. Paulo*.

Os excessos de pasteurização que o autor identifica em *Veja* podem ser atribuídos à adoção desse modelo editorial vinculado ao jornalismo interpretativo. A adoção de *copy desks* que padronizavam o texto (criando a impressão de que a revista inteira tinha sido escrita por uma única entidade impessoal, excluindo, assim, o estilo narrativo de cada jornalista) é um dos sintomas do apagamento da experiência e da intervenção do repórter (enquanto actante narrativo) no texto. Mesmo que em curso desde a década anterior, esse processo de esvanecimento do repórter enquanto um personagem participante da narrativa (e do acontecimento noticiado) culmina em *Veja* a partir da desvinculação da função testemunhal de sua figura – que é deslocada para outros elementos narrativos, conforme mostraremos a seguir. Todo o relato é estruturado em uma esfera do não-eu como forma de validar o que é narrado.

A reportagem da capa da primeira edição de *Veja* trazia uma análise acerca dos conflitos existentes nos países que compunham o bloco comunista e, nesse primeiro texto de destaque, já é possível entrever características que acompanhariam a publicação nos anos seguintes. Talvez a mais destacada dentre elas seja a queda da experiência testemunhal do repórter como um elemento importante na reportagem. Mais do que nas revistas anteriormente estudadas, é o simulacro de uma voz impessoal do acontecimento que narra o relato. Os primeiros parágrafos dessa reportagem são os seguintes:

> Durante os últimos vinte anos, o mundo comunista pretendeu ser uma grande galáxia, unida e brilhante, onde um sol poderoso e infalível deveria dirigir o movimento de todos os planetas. Essa galáxia, formada depois da explosão que foi a última guerra, estende-se desde as costas orientais do Pacífico até a cortina que divide a Europa ao meio. Ela sai mesmo dos seus limites naturais, chega até as Caribas, onde gravita um meteoro – Cuba. No seu centro, está a URSS, Moscou, o Kremlin. Dentro dela, catorze países, mais de um bilhão de habitantes – quase um terço da humanidade. (VJ, 11/09/1968)

Embora o texto esteja repleto de artifícios comuns às narrativas literárias (como, por exemplo, o uso da metáfora entre a União Soviética e o sistema solar), é possível entrever que não há um repórter, enquanto actante narrativo, que assume o dito. Não há vestígios da experiência do jornalista em torno dos acontecimentos relatados, nem ao menos as suas impressões sobre o evento – apenas a descrição de uma situação que não possui um emissor destacado. Todo o relato é articulado a partir do uso do código impessoal (mesmo que inserido em um texto marcado por um estilo de escrita próximo ao literário), tal como se o acontecimento se contasse sozinho e com o uso de um tom assertivo no discurso. É essa a tônica que irá marcar os textos de *Veja*. E isso, a tal ponto que, em um determinado momento da reportagem, diz-se que:

> O visitante ocidental (no ano passado 2 milhões de ocidentais estiveram em países de além-cortina, 15 por cento a mais que em 1964), encontra às vezes nas capitais comunistas da Europa o clima dos anos 30. Para os violinos que acompanham o jantar no Hotel Athenée Palace, de Bucareste, para os imponentes táxis pretos de Budapeste (...) ou para os casacos de peles que os homens vestem nas ruas de Varsóvia, o tempo parou. Um

jornalista americano surpreendeu-se – e se comoveu – ao ouvir tocar, além cortina, os velhos sucessos de Eddy Duchin. (VJ, 11/09/1968)

Mesmo em um momento mais testemunhal do relato, não é o repórter que assume o dito. Ele é inserido na boca de um "visitante ocidental", embasado em estatísticas, que assume as impressões (os hotéis luxuosos e os casacos velhos). Mesmo quando há referência a um jornalista no texto, não se trata do jornalista que escreve a matéria posto enquanto actante narrativo, mas sim, de um terceiro, de uma testemunha implicada na esfera do não-eu. De fato, se algumas das suas características já estavam delineadas nas revistas dos anos 60, há, em *Veja*, a radicalização dessas características quanto ao uso dos códigos padrões de narração que estudamos no capítulo anterior.

A proposta editorial de *Veja* era claramente distinta do modelo das outras revistas. Como coloca Mário de Sá Correa (*apud* HENRIQUE, 2002, p. 157), que trabalhou na revista *Veja* de 1978 a 1987, "o pulo do gato foi fazer com que *Veja*, mesmo com enorme limitação", diante do contexto da ditadura militar, "fosse reconhecida como *a revista nacional de opinião*. Ela dava furos, tenatava fazer reportagens e entrar em assuntos que o resto da imprensa não tratava".

Trata-se de um traço distintivo fundamental: os novos padrões narrativos dizem respeito à validação e legitimação dessas opiniões (ou interpretações de mundo) postas pelas reportagens. Uma vez que o material jornalístico deixa de se calcar no conhecimento adquirido graças a dados fornecidos pela própria vivência enquanto função de verdade, a adoção de outros mecanismos textuais se torna necessária para que, enquanto efeito de sentido, essa opinião se torne *acreditada*. Nesses termos, a opinião se desvincula do repórter e é realocada para um *saber impessoal sobre o mundo*.

O testemunho do repórter perde o seu valor de verdade como fiador do relato. Esteticamente, isso se reflete no texto a partir do abandono de códigos padrões de narração que remetiam a essa vivência. Embora ainda fosse possível encontrar, ocasionalmente e com menor frequência do que em *Manchete*, o código autorreferencial e o código impressionista, enquanto códigos vinculados ao calçamento da função testemunhal no repórter, são muito raras as reportagens que evocam o código experiencial em primeira pessoa que, enfim, saiu de moda no jornalismo brasileiro.

A função testemunhal, depois de quase cinco décadas articulada no repórter enquanto actante narrativo, finalmente é desvinculada de sua figura e se desloca para outros elementos do texto. Alguns deles já figuravam no período anterior como, por exemplo, nas testemunhas-fontes e algumas provas impessoais de verdade no relato (articuladas através da evocação de códigos como o numérico e o analógico). Além disso, segue-se também a emergência de outros códigos padrões de narração ligados às provas impessoais de verdade para o primeiro plano do relato.

O CÓDIGO DO ESPECIALISTA

Embora esse seja um recurso discursivo ocasionalmente utilizado nas reportagens em revista dos períodos anteriores, a partir dos anos 70, em *Veja*, é possível observar que as *vozes dos especialistas* ganham uma proeminência muito maior na narrativa, tornando-se um elemento quase obrigatório nas matérias jornalísticas.

De fato, é possível encontrar a fala de especialistas em revistas como O *Cruzeiro* e *Realidade*, mas, no entanto, em um número muito menor e apenas em reportagens muito específicas. A diferença, que podemos perceber a partir de *Veja*, é que a evocação a profissionais que detêm um saber especializado em um determinado campo de atuação deixa de ser uma *escolha* e torna-se um código padrão de narração, ou seja, um elemento que *deve* estar presente no texto jornalístico e que faz parte do conjunto de dados que os jornalistas utilizam como parâmetros para julgar a escrita de uma boa história. A esse código padrão de narração, chamaremos *código do especialista*.

A proeminência dada por *Veja* à voz dos especialistas em relação às outras publicações pode ser explicada de acordo com o projeto de cada uma delas. Até o fim dos anos 50, quando as revistas valorizavam a esfera da experiência como elemento central de uma reportagem, a voz do especialista não era senão um acessório dentro da narrativa mais ampla. Com a passagem para as revistas *interpretativas*, que buscam alinhavar o sentido de um acontecimento, a experiência é deslocada em direção a um saber impessoal, personificado nesses especialistas que o detém.

Embora *Veja* continue a atribuir uma importância grande às fontes-testemunhais, ela passa a utilizar com maior frequência fontes que não necessariamente vivenciaram o evento que motivou a pauta, mas sim, que são especialistas em áreas de atuação correlatas a esse evento. Em um jornalismo que busca atribuir uma significação para o acontecimento noticiado, a inserção dessas fontes não testemunhais dos especialistas articula *vozes autorizadas* no relato que servem de apoio para o alinhavamento de determinadas significações.

Por código do especialista, portanto, iremos nos referir a um código padrão de narração a partir do qual é evocada a fala de uma fonte não-testemunhal, ou seja, de um especialista em uma determinada área de atuação. Por especialistas, seguiremos a definição de León (1996, p.18), a partir da qual um "uma fonte pode ser entendida como especialista por diversas razões: pela sua formação cultural, pela sua informação ou pela sua profissão" de forma que a confiança "dependerá em boa medida se a fonte é entendida como objetiva, honesta e não movida por interesses suspeitos".

São vários os exemplos de usos do código do especialista nas reportagens publicadas pela revista *Veja* ao longo de sua trajetória.

Em uma reportagem sobre os políticos brasileiros cassados, por exemplo, que buscava discutir quais eram os seus direitos políticos, é ouvido o ex-ministro do Supremo Tribunal Federal, que não estava envolvido diretamente no caso, mas cuja participação na matéria se justifica por ele ser uma grande autoridade em assuntos jurídicos. "O ex-minstro do STF, Candido Mota Filho, hoje aposentado, é da mesma opinião: 'a liberdade de opinião é uma coisa e a participação política é outra'" (VJ, 02/10/1968). Em outra reportagem, é dada a opinião de um diplomata gabanês acerca do conflito no país vizinho, Biafra: "Ninguém aqui quer falar a respeito de Biafra, e nós, menos que todos. Biafra foi varrida para debaixo do tapete" (VJ, 23/10/1968).

Na articulação do código do especialista, a credibilidade obtida pelo orador não está posta na esfera do testemunho, mas sim, na posição social que esse orador ocupa. O lastro de veracidade é dado pelo prestígio social correspondente ao papel que esse orador exerce – que, em algumas ocasiões, se torna mais importante do que a própria fala em si. A credibilidade alicerçada em torno do papel social que a fonte ocupa – relegada pela tradição e pelos valores socialmente compartilhados – passa, por transferência, à própria fonte e à sua fala. Uma informação sobre saúde, nesse sentido, é crível porque é um médico quem a diz.

Trata-se, portanto, da articulação de um modelo de verdade distinto daquele que estava pressuposto na função testemunhal. De acordo com Gans (*apud* WOLF, 2005, p. 234), "a característica mais saliente das fontes é que elas fornecem informações enquanto membros ou representantes de grupos (organizados ou não) de interesse ou de outros setores da sociedade". A veracidade das fontes oficiais ligadas a determinados campos de saber, nessa perspectiva, está calcada em um mecanismo a partir do qual "presume-se que essas fontes sejam mais credíveis, quanto mais não seja porque não podem permitir-se mentir abertamente e porque são também consideradas mais persuasivas em virtude de as suas ações e opiniões serem oficiais". É nessa perspectiva que, quanto mais notória a fonte, mais acreditável se torna a sua afirmação.

O código do especialista, sob essa perspectiva, pertence ao grupo dos códigos padrões de narração vinculados às provas de verdade, articulando, dessa forma, um regime imaginário de verdade historicamente marcado no jornalismo a partir do qual a testemunha é posta em segundo plano (na medida em que é necessário que outras provas de verdade confirmem o fato noticiado) e a veracidade do relato é garantida pelo grupo social mais amplo ao qual a fonte pertence.

À voz do especialista, enquanto código padrão de narração, irá se somar, ainda, a voz impessoal da ciência, que também, diferentemente do que é possível notar nas revistas anteriores, assumirá a reportagem e o primeiro plano do relato.

O CÓDIGO DA VOZ IMPESSOAL DA CIÊNCIA

Desde a *Revista da Semana*, a voz da ciência sempre foi uma linguagem presente nos textos de revista e perpassava os mais diversos gêneros que a compunham – é impensável, por exemplo, a escrita das colunas pertencentes à literatura de aconselhamento (muito comuns nas revistas do começo do século XX) sem a evocação a dados científicos que comprovassem os melhores hábitos de higiene e de saúde para a época. Ou, ainda, o alinhavamento de críticas literárias sem a voz ordenadora da literatura enquanto campo de saber que organizava os textos e lhes dava sustentação.

Muitas vezes, contudo, essa convocação da ciência era feita mais frequentemente em textos não-jornalísticos (como nas colunas de aconselhamento, nos textos sobre cultura geral ou nas críticas especializadas) do que nas reportagens propriamente ditas. Ou, ainda, assim como no caso do código do especialista, mesmo quando a voz da ciência aparecia marcada, tratava-se de um procedimento feito em reportagens específicas (já preocupadas com a divulgação da ciência) e não se constituía, ainda, enquanto um código padrão de narração em reportagens mais gerais.

A partir da década de 1970, é possível perceber que a ciência passa a ser convocada para figurar em um número muito maior de reportagens, abarcando um conjunto mais variado de temáticas. A valorização da voz do especialista, estudada no tópico anterior, está inserida em um contexto mais amplo em que o próprio conhecimento científico ganha proeminência enquanto elemento da reportagem e assume o primeiro plano do relato. A ciência, que antes aparecia ocasionalmente, ganha o *status* de um código padrão de narração na reportagem nesse outro regime histórico no jornalismo de revista. A ele, chamaremos *código da voz impessoal da ciência*.

Em *Veja* é possível observar que as explicações científicas ligadas a diversas áreas do conhecimento (biologia, psicologia, sociologia, história, economia, entre outras) são constantemente evocadas em suas reportagens (procedimento pouco comum nas demais revistas) com relação às temáticas tratadas. Assim como no tópico anterior, a ascensão da ciência ao primeiro plano do relato parece estar vinculada a adoção de um projeto editorial que valoriza a interpretação dos acontecimentos em detrimento da esfera da experiência que os envolve.

Por código da voz impessoal da ciência, portanto, iremos nos referir a um código padrão de narração a partir do qual há uma pausa no desenrolar dos acontecimentos e um conhecimento científico, de qualquer área, que é marcado na narrativa e convocado a dar uma explicação acerca do assunto tratado. Por marcado, queremos nos referir ao fato de que ele é destacado no texto e assumido enquanto dado científico. Nesse sentido, dados da ciência que não sejam apresentados enquanto tais na narrativa (ou o que Barthes chamaria de "código cultural") não serão levados em consideração.

São vários os exemplos que podemos citar acerca do uso desse código padrão de narração nas reportagens da revista *Veja*. Em uma reportagem que versava sobre o carnaval de 1969, além dos foliões, também figuravam na reportagem as opiniões de "escritores, sociólogos e psicólogos europeus e americanos" que "quando se referem à necessidade de festas, descrevem uma situação que se encaixa perfeitamente no carnaval brasileiro" por se tratar de "uma festa de tempo ilimitado, sem hierarquia social, com oportunidade para o homem de hoje viver alguns dias da maneira que mais lhe agrada" (VJ, 19/02/1969). Para falar sobre recentes casos de assassinatos motivados pelo ciúme, *Veja* recorre, em sua reportagem, a pensadores clássicos – "o ciúmes mata de mansinho, fruto do tão humano e compreensível 'amor por uma só pessoa, junto com o receio de que não seja recíproco', segundo resumiu em 1651 o pensador inglês Thomas Hobbes" – e grandes obras de arte – "entra aí Otelo, o general mouro de Shakespeare, comparando a beleza de Cássio, a quem imagina amante de Desdêmona, a seus próprios e toscos traços" (VJ, 13/11/1996).

A inserção do código da voz impessoal da ciência no primeiro plano do relato nas reportagens de *Veja* pode ser inserida em um contexto em que o próprio jornalismo científico passava por um processo histórico de fortalecimento. Segundo Melo (2003, p. 125), "durante todo o século XIX, encontramos na História da Imprensa Brasileira evidências de ações isoladas destinadas a registrar fatos e a difundir inovações científicas e tecnológicas", mas, não obstante isso, "foi somente na década de 60 que se criou no país uma consciência pública em torno da divulgação da ciência". Ora, é nesse contexto de valorização da voz da ciência no jornalismo brasileiro como um todo que podemos inserir o préstimo e a frequência com que *Veja* recorre ao código da voz impessoal da ciência na escrita de suas reportagens.

Enquanto discurso constituinte, o código impessoal da ciência de insere no campo das provas imaginárias de verdade impessoais que, como coloca Maingueneau (2008, p. 37-38), não se legitimam em outra autoridade além de sua própria, "não reconhecem discursividade para além da sua e não podem se autorizar senão por sua própria autoridade". Ao ocupar um papel legitimado socialmente enquanto discurso constituinte, a voz da ciência funciona como um dispositivo que, performaticamente, funda a sua própria existência, extraindo sua legitimidade de uma fonte da qual ela seria apenas a encarnação. No caso da ciência, ela funciona como a encarnação do próprio conhecimento, enquanto instância imaginária.

A voz da ciência, portanto, funda na reportagem jornalística o lugar de um *poder dizer legitimado*, de uma instância de autoridade supostamente objetiva que ocupa um lugar preponderante em relação a outras falas. Nessa medida, trata-se de um grande recurso retórico e um poderoso mobilizador de sentidos no texto. Trata-se, mais do que isso, de uma prova imaginária de verdade que se funda em um suposto saber cuja objetividade imaginária é reconhecida coletivamente.

O CÓDIGO DO PROGNÓSTICO

Em sua definição clássica para o termo "jornalismo interpretativo", Beltrão já afirmava que esse estilo de reportagem tem como finalidade ampliar a informação dada por outras instâncias midiáticas de forma que um de seus imperativos é, justamente, "concentrar-se então na vontade de conhecer a gênese da notícia e, igualmente, *o prognóstico sobre seus efeitos*... A realidade não estará apresentada plenamente se não *conjuga o pretérito com o porvir*". Na reportagem interpretativa, portanto, "é necessário esquadrinhar sua entranha, procurando seus antecedentes melhores, e *projetar numa visão futura*, formulando um *prognóstico* atilado, sóbrio e inteligente, para não cair em demasias subjetivas" (BELTRÃO, 1976, p. 51).

O futuro, nesses termos, é uma dimensão nada desprezível da produção noticiosa nos veículos interpretativos como *Veja* – elemento pouco comum nas reportagens do período anterior. A frequência de sua utilização, portanto, pode ser alocada sob a égide de um código padrão de narração, historicamente marcado, que chamaremos aqui de *código do prognóstico*. Por este termo, iremos nos referir a um código de narração a partir do qual a história central é entrecortada por um texto que indica alguns sinais ou sintomas de desdobramentos vindouros em relação ao acontecimento noticiado.

Há vários exemplos que podem ser destacados em *Veja* em relação ao seu uso. Ao discorrer sobre a entrada do Brasil na era da televisão por satélite, *Veja* coloca que "uma previsão pode ser feita desde já: quando vários países tiverem satélites desse tipo, os outros países terão que fabricar os seus satélites antissatélites, para bloquear no espaço as mensagens, antes que elas cheguem à Terra" (VJ, 05/03/1969). Na ocasião da morte de Carlos Marighella, *Veja* dava o seguinte prognóstico acerca do significado de sua queda: "a morte de Carlos Marighella, se não significa o fim do terrorismo, põe por terra pelo menos a impressão de uma estrutura sólida e imbatível da subversão" (VJ, 12/11/1969). Os constantes assaltos a bancos praticados por militantes de esquerda, para *Veja*, poderiam levar à seguinte situação: "assim como os assaltantes criaram o terror, o clima de insegurança poderá levar a uma insegurança real em alguns setores da economia" (VJ, 13/08/1969).

Nesses exemplos, é possível notar que o alinhavamento do prognóstico não apenas diz algo sobre as possibilidades de desdobramento do evento no futuro, mas, principalmente, promove um enquadramento discursivo preciso acerca do que esse acontecimento significa para o presente. O futuro se torna, a partir desse modelo narrativo, um dos tempos básicos da semantização dos fatos na imprensa interpretativa.

A construção social de sentidos envolta no jornalismo informativo, portanto, está além de uma mera descrição do tempo presente, mas diz respeito a uma expansão em direção ao passado e ao futuro, de forma que os prognósticos estão relacionados a uma ampliação das funções da imprensa noticiosa e a uma forma de imprimir determinados direcionamentos de sentido para um evento. O código do prognóstico é a materialização estética desse processo mais geral.

O CÓDIGO DOCUMENTAL

Além dos códigos estudados até o momento, é possível notar, em *Veja*, a utilização frequente de um outro código padrão de narração ligado ás provas impessoais de verdade que podemos chamar de *código documental*. Ele diz respeito a momentos em que a revista remete a um documento oficial como forma de respaldar e legitimar as suas afirmações.

Em uma reportagem que tentava traçar o perfil dos terroristas brasileiros, por exemplo, uma das bases para a reportagem era o diário de um dos terroristas presos na semana anterior à publicação da reportagem. Antes de transcrever longos trechos desse diário, *Veja* anuncia que "Aluísio Ferreira Palmas, estudante preso por acaso num acidente de trânsito, tinha um diário onde estão a ingenuidade, o romantismo e as dificuldades de sua coluna de 4 'guerrilheiros' do MR-8" (VJ, 13/08/1969). Um tipo de documento constantemente citado enquanto prova de verdade é, por exemplo, os estudos oficiais feitos por grandes órgãos. Em uma matéria sobre o uso de satélites, o jornalista colocava que "uma comissão de estudos da ONU já expressou a sua inquietação: 'Numa situação de tensão internacional tipo 'guerra fria' é fácil prever até que ponto as populações poderiam ser envenenadas'" (VJ, 05/03/1969).

O código documental reforça uma questão que já foi discutida anteriormente: a queda da função testemunhal do repórter implica na adoção de um outro modelo de verdade no jornalismo, a partir do qual as provas imaginárias de verdade não se alicerçam mais na função social do testemunho, mas sim, em outros tipos de registros do sensível, tais como provas documentais ou científicas.

Os códigos de narração utilizados em *Época* e *IstoÉ* não são diferentes dos evocados por *Veja*. Embora, ocasionalmente, seja possível encontrar reportagens que utilizem o código experiencial em primeira pessoa, a maior parte das reportagens se estrutura pelo código impessoal e a função testemunhal é exercida prioritariamente pelas fontes-testemunhas. Da mesma forma, há a articulação de fontes não-testemunhais no texto e a ênfase nas provas de verdade – notadamente através dos códigos da voz impessoal da ciência, numérico, analógico e documental.

REPORTAGEM ENQUANTO DURAÇÃO *VERSUS* REPORTAGEM ENQUANTO TRADUÇÃO

O estudo dos códigos padrões de narração de *Veja*, Época e *IstoÉ* mostra a concretização de estratégias de modulação do sensível e de semantização do acontecimento muito diferentes das praticadas pelas revistas do começo do século como a *Revista da Semana* ou *O Cruzeiro*. Enquanto estas alicerçavam na função testemunhal a principal prova imaginária de verdade em suas reportagens, com uma ênfase explícita na corporalidade da testemunha enquanto pacto que garante a fiabilidade do narrado, nas revistas mais recentes esse mecanismo está presente apenas de uma maneira secundária. Embora em algumas (poucas) reportagens, o repórter assuma o primeiro plano do relato, há o apagamento de sua figura enquanto actante narrativo e a colocação, em primeiro plano, de códigos padrões de narração ligados a provas de verdade externas ao próprio acontecimento narrado (quantificações, demarcações da ciência, analogias).

Enquanto a esfera do testemunho como lastro imaginário que garantia a veracidade do relato se contrai (é apenas o código experiencial em terceira pessoa que continua a assumir essa função), há uma explosão de um novo conjunto de provas de verdade, de forma que os padrões narrativos de *Veja*, *Época* e *IstoÉ* podem ser subsumidos ao seguinte esquema:

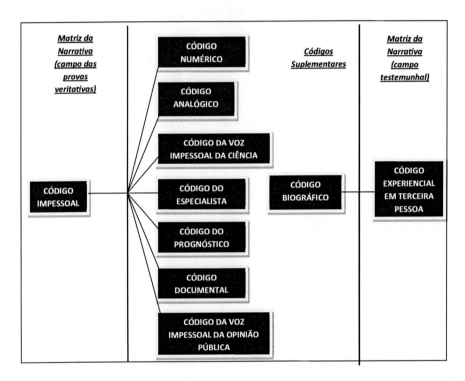

Assim como nos regimes de narração descritos anteriormente, é necessário levar em consideração as possibilidades combinatórias dos códigos suplementares para entendermos o modo como os textos são urdidos. Conforme descrito na metodologia, o conjunto de códigos que formam a matriz da narrativa se mantém em todos os textos, ao passo que os códigos suplementares obedecem às possibilidades combinatórias.

Esse esquema narrativo está inserido em um contexto mais amplo que envolve a própria *ressignificação da função da reportagem* dentro desse tipo de suporte midiático. Se compararmos as reportagens publicadas no início do século XX com as publicadas atualmente, é possível notar o deslocamento de uma ideia de *reportagem enquanto duração* para uma noção de *reportagem enquanto tradução*. Vejamos por quê.

Na primeira metade do século XX, a função da reportagem em revista estava mais relacionada à narração de um acontecimento extraordinário do que a uma interpretação acerca do significado dessa ruptura. A ênfase do relato recaía sobre o próprio aparato que era responsável pela mediação entre o acontecimento e o leitor, seja a partir da monopolização da função testemunhal por parte do repórter (como na *Revista da Semana*), seja através da proeminência dada à experiência do jornalista (a reportagem como vivência) como em *O Cruzeiro*.

A ênfase no aparato é a outra face de uma proeminência dada ao próprio acontecimento enquanto eixo central do relato. Se o acontecimento pode ser definido, tal como o faz Quéré (2006), como uma descontinuidade do contínuo, a narração irá se deter não apenas nessa própria ruptura do esperado – transformando-a em matéria-prima central de representação – mas, mais do que isso, terá como eixo central a duração desse acontecimento.

Por duração, estamos nos referindo ao movimento de atualização de um acontecimento. Mais precisamente, como o coloca Deleuze (1999, p. 32), a duração não é propriamente o virtual, mas, "mais precisamente, é o virtual à medida que se atualiza, que está em vias de atualizar-se, inseparável do movimento de sua atualização, pois a atualização se faz por diferenciação, por linhas divergentes, e cria pelo seu movimento próprio outras tantas diferenças de natureza". A duração e o devir podem ser aproximados, portanto, na medida em que ambos dizem respeito a uma atualização e ao próprio movimento da atualização.

Ora, afirmar que a reportagem em revista do início do século XX pode ser entendida como uma reportagem enquanto duração significa dizer que se trata de uma reportagem em que a atualização e o movimento de atualização são as molas propulsoras da narrativa. A ênfase que é dada ao acontecimento na narração deriva dessa problemática na medida em que é a *duração* do evento que se torna a matéria-prima do narrado. Os acontecimentos, na tessitura narrativa dessas reportagens, estavam *em acontecendo*, ou seja, é o próprio devir do acontecimento narrado que é objeto de ênfase na representação. O próprio desenrolar da ação, na narrativa, é o que importa.

À representação desse acontecimento *em acontecendo* corresponde uma série de códigos padrões de narração que confirmam e estetizam essa ideia de movimento e de atualização do acontecimento. O código experiencial em primeira pessoa, por exemplo, mostra o desdobramento do acontecimento a partir de uma narração participante do repórter; o código protocolar instaura o próprio desenrolar da cena do cerimonial como elemento central do relato; o código autorreferencial instaura uma narrativa paralela que se engendra ao desenvolver dos fatos.

É possível enxergar nos códigos padrões de narração a instalação de um movimento de estetização do acontecimento a partir do qual é *posta* uma duplicidade no mesmo espaço textual entre um passado que está no gerúndio (está *em acontecendo*) – que corresponde ao acontecimento que está sendo noticiado – e um presente que também está em movimento – correspondente à presença ostensiva na narrativa desse repórter no local do fato. Existe o desenrolar de duas narrativas paralelas que instauram a própria duração como elemento central do relato.

O acontecimento, nesse regime narrativo de reportagem, era sempre um acontecimento *em duração* – enquanto efeito de sentido propiciado pela utilização do recurso de duplicação de tempos de narração no mesmo espaço narrativo que correlacionava um presente que não para de passar (a explicitação do movimento de tessitura narrativa e do aparato da reportagem) a um passado que não deixa de ser (a representação do evento noticiado). Por recursos, estamos nos referindo aqui aos códigos padrões de narração evocados que engendravam essa duplicidade, estetizando modos específicos de semantização do acontecimento relacionados à ênfase na duração.

Até meados da década de 1950, portanto, é possível perceber no jornalismo de revista que a reportagem tinha como função a representação desse acontecimento *em movimento*, a partir da ideia de uma *reportagem enquanto duração*.

Ao longo do tempo, outros meios de comunicação de massa passam a assumir esse papel de representação dos acontecimentos em sua duração, o que leva a modificações nos próprios estatutos que regiam a escrita da reportagem em revista. Meios como a televisão passaram a assumir essa função de uma forma muito mais atraente na ecologia dos dispositivos comunicacionais, motivando rearticulações narrativas de diversas ordens.

Mais do que isso, a partir dos anos 60, é possível ver a rearticulação dos pressupostos que regiam a função da reportagem em uma revista. Ao invés de ter como elemento central o movimento da atualização, à medida que outros meios de comunicação de massa passam a assumir essa função, a reportagem passa a ter como objeto central um acontecimento *já passado*.

A assunção do termo "jornalismo interpretativo" pode parecer redundante à primeira vista, mas possui uma lógica evidente se tomarmos como pressuposto o fato de que a sua função não é mais a de captar o acontecimento *em movimento*, como nas revistas anteriores, mas sim, a de tentar articular um significado para um acontecimento que já está dado, que já aconteceu. Estamos diante de duas concepções diferentes de acontecimento: do acontecimento *em acontecendo* do início do século XX, em direção a um acontecimento *já acontecido* que começa a emergir nas reportagens (como efeito de sentido) a partir dos anos 60.

O movimento que caracterizava as narrativas de reportagens do início do século se perde porque o que motiva a pauta não é mais a duração do acontecimento – cujo movimento não mais importa porque já está tido como dado – e sim o significado do acontecimento. À narração de um evento que estava *em acontecendo* contrapõe-se a narração de um acontecimento que carece de significação – mostrando duas concepções distintas de reportagem.

Se a falta que motiva a narrativa pesava antes para o lado do *desenrolar*, ela passa a equilibrar-se em direção ao lado do *traduzir*.

Esse processo vem acompanhado pela assunção de outros códigos padrões de narração na reportagem em revista, bem como pela mudança de ênfase na evocação desses códigos na tessitura dos textos. Há, a partir de *Veja* (e com ramificações em *IstoÉ* e *Época*), o aprofundamento de um processo que já estava em curso em *Manchete* e *Fatos e Fotos*. É nessa época que podemos observar que o repórter se afasta da narrativa (com a assunção de outro código padrão de narração, o código impessoal).

A ênfase dada aos códigos que articulam as provas de verdade – os códigos numérico e analógico, em um primeiro momento e, posteriormente, os códigos da voz do especialista, da ciência e do documento – demonstram a mudança nos regimes da função de verdade no jornalismo de revista. Se anteriormente eram as testemunhas que serviam como fiadores da veracidade do relato, esse laço se desloca para as provas de verdade que começam a exercer essa função. As quantificações da realidade, as evocações ao conhecimento científico ou as analogias funcionam não apenas enquanto estratégias retóricas, mas, principalmente, como fiadoras da veracidade do relato, ocupando um papel que antes era ocupado pelas testemunhas.

Uma vez que os códigos padrões de narração centrais que estetizam a função de verdade no jornalismo mudam, é possível notar uma rearticulação nos parâmetros que regem as valorações e os julgamentos acerca do que significa contar uma boa história.

A partir do pressuposto que a matéria-prima da narrativa é um acontecimento *já acontecido*, no sentido de que o desenrolar do acontecimento (ou sua duração) já é de conhecimento prévio do leitor (adquirido pelo contato com outras mídias), a narrativa irá se ocupar em traduzir o significado desse acontecimento, convocando, para isso, elementos externos ao próprio acontecimento. A materialização estética desse processo se dá a partir dos códigos que foram estudados neste capítulo.

Essas diferentes estruturas narrativas marcaram, em cada época histórica, os termos que definiam uma reportagem jornalística, em oposição a todos os outros tipos de histórias que poderiam ser contadas. Embora em uma revista diferentes tipos de gêneros textuais componham a sua estrutura, em diferentes tipos de narrativas que, de certa forma, tentam prestar contas com algo da realidade e fazem sentido, há algo que, em cada época histórica, definiu o que era propriamente uma reportagem, em oposição a todos esses outros conjuntos de textos. Essa definição passa, necessariamente, por determinadas preconcepções poéticas e de estilo, ligadas aos valores de um grupo profissional e às formas socialmente validadas de narração, que conferem a uma história o seu estatuto propriamente jornalístico, apartado das demais formas de simbolizar o mundo, e inserido em um terreno em constante disputa.

CONSIDERAÇÕES FINAIS

O Jornalismo como instituição linguística e os diferentes regimes narrativos na reportagem em revista

Normalmente, nós nunca utilizamos o plural para nos referirmos ao jornalismo de revista, como se o singular fosse suficiente para a caracterização de um tipo de produção simbólica específica concernente à produção noticiosa. A confrontação, contudo, entre os diferentes tipos de reportagens que figuraram nas páginas da revista nos faz imediatamente pensar que, talvez, o mais correto, seria nos referirmos aos jornalismos de revista, no plural, para dar conta da diversidade de formas textuais e de funções informativas que a reportagem em revista assumiu no decorrer do tempo.

Tradicionalmente, a história do jornalismo de revista é dividida em dois períodos correspondentes à hegemonia das revistas ilustradas (com títulos como a *Revista da Semana*, *O Cruzeiro*, *Manchete* e *Fatos e Fotos*) e a ascensão das revistas informativas (como *Realidade*, *Veja*, *IstoÉ* e *Época*). Em oposição às revistas literárias (voltadas exclusivamente para a publicação de ensaios e críticas literárias), as revistas ilustradas são definidas por Des Hons (1987) como publicações que se caracterizavam por seu conteúdo cultural e genérico, abarcando uma grande variedade de temáticas e gêneros discursivos, com uma ênfase acentuada no material imagético. Seu período de hegemonia se estendeu do final do século XIX até meados da década de 1960. As revistas informativas, por sua vez, se tornaram mais comuns a partir desse período e se distinguiriam por uma preocupação mais acentuada com os temas da atualidade e com a informação geral, em detrimento dos temas da cultura genérica.

Embora essa divisão seja útil para pensarmos nos formatos que a revista, enquanto mídia, assumiu durante a sua trajetória no Brasil, é possível perceber que ela é, contudo, insuficiente para estudarmos determinadas especificidades narrativas que a revista abrigou em sua trajetória. Ao longo do século XX, é notória a questão de que os jornalistas nem sempre escreveram as suas reportagens do mesmo modo ou com os mesmos recursos discursivos e, mais do que isso, também é evidente o fato de que os parâmetros de julgamento em torno do que significa escrever uma boa história mudaram com o tempo, inaugurando diferentes registros históricos de reportagem no que concerne à sua organização narrativa.

Assim como outras práticas culturais, como a literatura ou a produção cinematográfica (ou a própria história, na concepção de Hayden White), também o jornalismo é uma atividade de escrita sujeita a modelos de narração específicos e a preconcepções poéticas e de estilo que mudam com o tempo e que são julgadas de acordo com certos padrões normativos ligados a uma época histórica, limitando, assim, a liberdade e a criatividade do autor em seu texto.

Ora, de fato, é possível perceber, no material analisado, que diferentes códigos padrões de narração materializaram essas funções, mostrando as suas rearticulações e reposicionamentos na narrativa jornalística no decorrer do século XX.

Neste trabalho foi possível delimitar três fases históricas que correspondem a três diferentes regimes de escrita e semantização do acontecimento na reportagem em revista. A primeira delas, presente nas primeiras revistas do século XX e que se estende até a década de 1940, é marcada pela monopolização da função testemunhal no repórter enquanto actante narrativo; a segunda, delimitada entre a década de 1940 e meados da década de 1960, caracteriza-se pela ascensão das fontes-testemunhais no relato; a terceira, por fim, que se consolida no final da década de 1960 e se mantém até os dias atuais, é marcada pela inserção das fontes não-testemunhais no narrado e pela valorização das provas imaginárias de verdade.

Em relação a esses três momentos, aliás, é possível alinhavar a demarcação de duas fases históricas bem distintas em relação aos regimes imaginários de verdade (estratégias discursivas que são alinhavadas para a obtenção de um efeito de referencialidade para o narrado e que são articuladas a partir de técnicas de redação). Até meados da década de 1960, havia uma correspondência entre a função testemunhal e a função de verdade nas histórias contadas pela imprensa. Posteriormente, especialmente a partir dos anos 70, é possível ver um reengendramento da função de verdade no jornalismo, a partir do qual a função testemunhal é confrontada, na narrativa, com outras provas de verdade exteriores ao relato.

Todos esses regimes de narração mostram diferentes articulações do sensível na reportagem em revista do século XX, no Brasil, nos veículos estudados.

Essas fases são marcadas por códigos padrões de narração específicos que são a marca estética visível dessas relações em cada período histórico. Em seu conjunto, as diversas estruturas narrativas da reportagem em revista podem ser resumidas no quadro a seguir:

COMO CONTAR OS FATOS

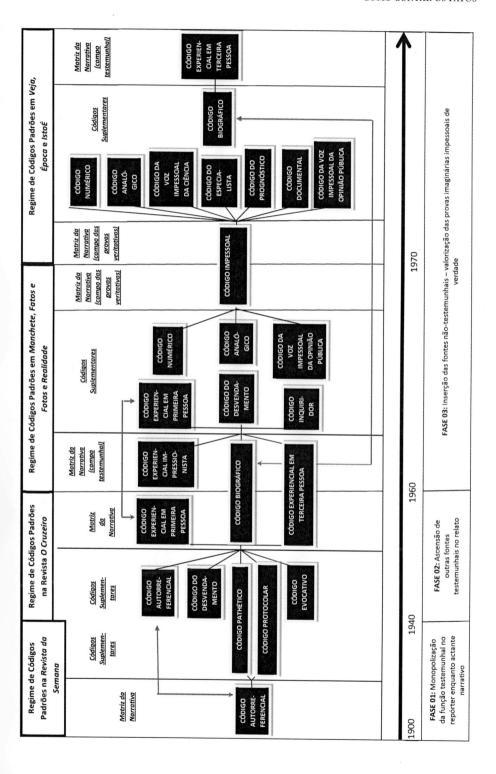

243

Embora cada uma dessas fases tenha prevalência no período histórico citado, é necessário destacar que a mudança nos códigos padrões de narração não é linear, contínua ou homogênea. Imbricada nos mecanismos de atribuição de valores socialmente reconhecidos e das práticas profissionais coletivamente validadas, ela está sujeita a negociações de diversas ordens e, portanto, a períodos de avanços e de retrocessos que não são ininterruptos e nem livre de conflitos.

Também é necessário destacar que nenhum desses três regimes de narração implica, necessariamente, em um melhor ou em um pior tipo de reportagem ou de cobertura jornalística (questão esta que, aliás, não é sequer posta quando a discussão se desenvolve em termos de códigos padrões de narração). Trata-se apenas de modelos distintos de reportagens e de valores que apenas podem ser julgados a partir da constituição de cada época histórica, sob a pena de recairmos em anacronismos.

É necessário enfatizar, no entanto, duas questões. A primeira delas diz respeito ao fato de que nenhuma dessas fases representa uma maior objetividade no relato jornalístico: mesmo em seus períodos pré-profissionalização, o jornalismo já se alicerçava em modelos calcados em provas imaginárias de verdade, mesmo que essas fossem diferentes das evocadas nas reportagens escritas atualmente. Era a função social do testemunho que prometia cumprir a promessa imaginária de verdade do jornalismo nos primeiros tempos da reportagem em revista. Ambas representam apenas modos diferentes de se contar uma história, com valorações que são socialmente estabelecidas. A partir do estudo dos códigos padrões de narração é possível entrever que as próprias provas imaginárias de verdade no jornalismo mudaram ao longo do tempo, o que não implica na assunção de que a época pré-profissionalização não se calcasse em seus próprios modelos de objetividade e veracidade.

Outra questão é a de que muitos autores têm atribuído aos periódicos publicados no período pré-profissionalização do jornalismo um espaço onde o estilo pessoal de cada autor se impunha sobre um conjunto de regras que, mais tarde, formaria a atividade jornalística, como se estivéssemos diante de um período narrativamente mais livre, que fornecia aos jornalistas uma possibilidade de experimentação. Muito embora isso se comprove em relação aos artigos opinativos, é possível observar, a partir do estudo dos códigos padrões de narração, que havia sim um conjunto de regras que fornecia os modos desejáveis de se contar uma boa história na reportagem – mesmo que ele fosse diferente dos padrões utilizados posteriormente pela imprensa.

Em seu livro *A preparação do Romance*, a partir de um estudo de Mallarmé, Barthes (2006, p. 337), contrapunha a língua coloquial a "um bloco de línguas faladas (rádio, TV) ou escritas (imprensa, escrita científica, escrita literária)" que eram caracterizadas, essencialmente, "pelo firme recurso ao código", para além do código da própria língua. Ele aponta três características para essa língua (que Mallarmé chamava de Reportagem Universal). A primeira delas é o fato de que ela deveria ser considerada supostamente imediata, espontânea e universal (articulada, portanto, por essa ilusão): "a linguagem deve ser apenas o instrumento de um conteúdo mental ou dramático", ou seja, "ela se oferece como natural". Em outros termos, essas linguagens "não se oferecem como escrituras, mas somente como supostas transparências a serviço do pensamento". Uma outra característica é que ela não comporta uma origem, o que, como consequência engendra, por fim, a sua terceira característica, que é a de que "ela não se origina no corpo de quem escreve (ou lê); ela é, pois, uma língua não-individual, que não exige ser assumida por um nome" (BARTHES, 2006, p. 338).

A articulação dos códigos para a composição da narrativa na reportagem é dessa ordem – de uma linguagem própria que se sobrepõe ao código da língua – e que, dessa forma, está relacionado a um determinado arranjo textual específico (que se oferece ilusoriamente como natural e é não-individual) que faz com que algumas produções possam ser classificadas como "reportagens" em revista e outras não.

Embora a reportagem jornalística se apresente ao leitor como um mero relato universal e genérico de um mundo exterior, ela não é senão o efeito de uma técnica específica de narração, um modo de mobilização de um conjunto de pressupostos que não tem uma origem específica no corpo de um autor, mas sim, nos pressupostos compartilhados por um grupo profissional acerca do que significa contar uma boa história (ou uma história propriamente jornalística).

Na qualidade de um acordo que se desdobra sobre si mesmo e está sujeito a constantes renegociações, trata-se de uma construção linguageira em constante movimentação, de forma que os próprios termos que definem uma reportagem (o seu conjunto de códigos padrões de narração articulados) mudam de tempos em tempos.

Uma vez que os relatos realistas sobre o mundo não tem relação alguma com a realidade, mas sim, não são mais do que manifestações de sistemas de códigos coletivamente compartilhados (BARTHES, 1992), em sua história, o jornalismo já conheceu diferentes articulações desses sistemas de códigos que estruturam as narrativas referenciais, semantizam o acontecimento, asseguram-lhe um determinado arranjo do sensível e lhe garantem um efeito de veracidade. Entender o jornalismo sob essa perspectiva implica não apenas uma outra visada acerca da história da imprensa em revista, mas também um reposicionamento dos próprios modos como alguns estudos tradicionais sobre o jornalismo tem pensado a produção noticiosa.

Traquina (2005), em um dos livros didáticos mais usados atualmente nas escolas de jornalismo, utiliza como critério de divisão entre as principais teorias do jornalismo existentes os diversos modos a partir dos quais cada uma delas tenta responder a pergunta "por que as notícias são como são?".

Trata-se de um critério distintivo interessante na medida em que permite entrever questões da seguinte ordem: para as teorias que seguiam as vertentes da psicologia social que desembocaram na ideia do *gatekeeper*, as notícias são como são porque os jornalistas assim as determinam; para as teorias de vertente funcionalista, as notícias se apresentam dessa maneira por culpa de certa organização industrial, que faz com que as notícias sejam como são porque as organizações jornalísticas assim a determinam. Para as teorias com uma vertente política-ideológica (ligadas, por exemplo, a autores como Herman e Chomsky) as notícias são como são porque os interesses políticos, ideológicos e econômicos assim as configuram e moldam; e, por fim, para as vertentes de caráter etnometodológica e interacionista (a qual o próprio Traquina se filia e que originou teorias como a do *newsmaking* e a dos valores-notícia), as notícias são como são devido a uma rotina industrial e a um modo específico a partir do qual os jornalistas compartilham determinados óculos a partir dos quais eles veem a realidade.

Embora essa divisão seja um tanto esquemática, não é difícil encontrar, em grande parte dos estudos sobre jornalismo, a filiação a uma dessas grandes chaves explicativas acerca do processo de produção de notícias.

Em nenhuma dessas vertentes, contudo, é o *código narrativo* que toma o primeiro plano das análises. Para nenhuma delas, as notícias são como são porque códigos padrões de narração de um determinado tempo histórico assim as determinam. Todas essas vertentes colocam a primazia ou do lado do "lugar social" ou da "prática" da atividade jornalística, relegando à "escrita" um estatuto subsidiário dos outros dois.

Enfatizar a noção de que a reportagem se articula como um sistema de códigos socialmente reconhecido significa assumir que a escrita jornalística está desde sempre limitada por mecanismos internos de legitimação que estão postos na própria articulação da sua escrita enquanto gênero de discurso e que, portanto, o conjunto articulado dos códigos padrões de narração também determina por que as notícias são como são.

Mover-se fora das linhas regidas pelos regimes de narração de um determinado tempo histórico tem como implicação a descaracterização da própria produção textual enquanto uma reportagem, afetando a própria legitimidade em torno do narrado. Se, em si, os códigos não são suficientes para garantir a verdade daquilo que se diz, é notável, contudo, o fato de que os códigos são fatores comprometidos na construção das matrizes de verdade presumida das reportagens e, por implicação, importantes na construção do reconhecimento genérico do narrado e na construção da legitimidade social da atividade jornalística.

Colocar os códigos padrões de narração em primeiro plano da chave explicativa da questão "por que as notícias são como são" significa assumir, também, como Barthes (1988, p. 66), que, em uma reportagem, "é a linguagem que fala, não o autor", de forma que "escrever é, através de uma impessoalidade prévia (...) atingir esse ponto onde só a linguagem age, 'performa', e não 'eu'".

Ao escrever o seu texto, o jornalista apenas se move em um sistema de textos já escritos, que o antecedem e o posicionam em um determinado grupo profissional; ele se move em "um tecido de citações, saídas dos mil focos da cultura". E, assim, o jornalista "só pode imitar um gesto sempre anterior, jamais original; seu único poder está em mesclar as escrituras, em fazê-las contrariarem-se umas pelas outras, de modo a nunca se apoiar em apenas uma delas" (BARTHES, 1988, p. 69).

O próprio jornalismo, sob essa perspectiva, não pode ser definido tomando-se como parâmetros apenas um determinado modo de organização empresarial, uma determinada postura ética ou um conjunto de valores partilhados: ele é tudo isso, mas é também um determinado domínio de um conjunto de técnicas de escrita, um domínio sobre um conjunto de códigos padrões de narração que determinam, em grande parte, o que é uma reportagem.

Se parafrasearmos Hayden White (1999, p. I), o jornalismo não é apenas uma produção simbólica genérica. Ele é, antes de tudo, certo tipo de relacionamento que mantemos com o presente *mediado por um tipo distintivo de discurso escrito* - discurso este que segue um padrão formal específico e historicamente marcado.

Nesses termos, o jornalismo é uma *instituição linguística*, na medida em que, para ser considerada jornalística, uma história tem que seguir determinados padrões de narração: uma história verdadeira para o jornalismo é uma narrativa que passou pelos métodos jornalísticos de apuração validados e pelos modos propriamente jornalísticos de narração (dois movimentos que são sempre executados em um mesmo golpe, uma vez que estão interconectados e são sobredeterminantes).

As diversas abordagens sobre as possibilidades de montagem das narrativas, muitas vezes debitárias da própria análise estrutural, ao entender o ato de contar histórias como uma ação universal, frequentemente a tomaram não como "um código entre outros que uma determinada cultura pode utilizar para dotar a experiência humana de sentido", mas sim, "como um meta-código, um universal humano, na base do qual as mensagens transculturais sobre a natureza de uma realidade compartilhada pudessem ser transmitidas" (WHITE, 1987, p. 11), ignorando, com isso, o fato de que determinadas práticas sociais, como o jornalismo, constroem suas estruturações narrativas próprias (ligadas a um campo de *expertise* técnica). É esse *saber narrar* próprio da prática que constrói um dos campos específicos de ação do jornalista em relação a outros profissionais da palavra, outorgando a esse profissional certa autoridade (acompanhada de uma outorga de exclusividade) em seu ofício.

Da mesma forma que certos grupos controlam um determinado vocabulário como forma de assegurar uma determinada *expertise* técnica sobre certos assuntos, há também o controle de um saber narrar, que garante a um grupo profissional um lugar próprio (e a ser protegido) no conjunto das práticas simbólicas.

Neste trabalho, tentamos mostrar, justamente, quais são essas estruturações e modos próprios que os jornalistas tentaram utilizar, no decorrer da história da reportagem em revista no século XX, para contar as suas histórias, bem como os elementos que determinavam a partilha entre as histórias validadas ou não pelo grupo profissional mais amplo.

E isso tem como implicação a assunção de que o conteúdo da reportagem jornalística não pode ser distinguido da sua forma discursiva, uma vez que esta lhe molda a feitura – de forma que é impossível distinguir de maneira clara a sua forma discursiva e o seu conteúdo interpretativo.

O jornalismo, sob essa perspectiva, é muito menos um modelo ou uma mera representação dos acontecimentos do tempo presente, mas sim, sob o ponto de vista dos códigos padrões de narração, uma *complexa estrutura narrativa construída especificamente com o objetivo de mostrar uma parte desse presente* (WHITE, 1999, p. 6) – uma escrita artificial construída e balizada por um grupo profissional com seus próprios parâmetros de validação e limitada por um conjunto de regras implicadas nesse grupo profissional.

O conjunto de códigos padrões de narração (e suas possíveis combinações) ligado a uma época histórica delimita (se não completamente, ao menos aspectos relevantes) estruturações linguísticas especificamente jornalísticas de se escrever sobre o mundo. Eles delimitam, em um nível narrativo, as estruturações (ou urdiduras) propriamente jornalísticas de como uma história deve ser contada.

E mais do que isso: delimitam também o que esse discurso não conta. Ao espaço narrativo construído pelos códigos padrões de narração correspondem igualmente os pontos cegos desse discurso, as fontes não buscadas, as estratégias não utilizadas, os dados não postos em questão.

A partir dos códigos padrões de narração utilizados pelo jornalismo em revista em uma determinada época histórica há não só a limitação do que pode ou não ser escrito, como também uma restrição das possibilidades de argumentação e das técnicas retóricas utilizadas. Há a restrição, inclusive, dos elementos que serão buscados, pelo jornalista, para a tessitura de sua reportagem durante a sua apuração, uma vez que a sua própria ação investigativa é pautada por um campo de expectativas que pré-moldam os elementos que são obrigatórios e os que são facultativos na hora da escrita.

Trata-se de um imperativo posto, aliás, no próprio cerne de sua condição enquanto atividade simbólica calcada na narrativa. Desde a definição clássica de Gérard Genette (1976), a narrativa é posta como certo tipo de discurso caracterizado por uma série de exclusões e condições restritivas – o que implica no fato de que nunca uma narrativa é exaustiva, nunca se pode contar tudo.

As narrativas jornalísticas, portanto, sob o ponto de vista dos códigos padronizados de narração, *desenham um campo de possibilidades de escrita*. Eles desenham os modos técnicos a partir dos quais os jornalistas são autorizados a contar sobre o mundo – e desenham também o campo do fora ou das impossibilidades implicadas na própria forma da narrativa.

Se narrar tudo é, por princípio, uma impossibilidade da própria linguagem, os códigos padronizados de narração desenham esse campo do que é possível narrar, do que se pode dizer e do que está fora do enquadramento do visível, marcando a partilha entre aquilo que se constitui como um elemento de apuração a ser buscado (porque obrigatório segundo as regras tácitas do jogo profissional) e aquilo que pode ser ignorado ou tomado como mero enfeite.

Em um texto para o Observatório da Imprensa, o jornalista Lúcio Flávio Pinto trata dessa questão em termos bem práticos. Para ele, "a cabeça de um jornalista, como de outros profissionais que lidam com a dinâmica dos acontecimentos, funciona em duplo movimento. Enquanto capta informações precisa ordená-las, selecionando o que merece destaque e organizando o futuro texto que ainda irá escrever". E assim, "um bom repórter chega à redação com sua matéria já concebida. Ao começar a redigir, seus desafios são abrir bem o texto, com dois ou três parágrafos fortes, que atraiam e mantenham a atenção do leitor, e um final que deixe um gosto de quero mais, de disposição do leitor para o que virá no dia seguinte, na suíte da matéria inaugural" (PINTO, 20/11/2012).

O campo das possibilidades de escrita, portanto, já está dado pelo conjunto de códigos de narração que se tornam padrões em determinados períodos – mesmo que seja um campo de escrita movediço e em constante mudança.

E, nesse sentido, a configuração estética posta em operação pela narrativa jornalística (em seu conjunto de códigos padrões de narração) não é senão também uma determinada configuração política de mundo – no sentido já posto por Rancière de uma operacionalização do sensível. "Estética e a política são maneiras de organizar o sensível: de dar a entender, de dar a ver, de construir a visibilidade e a inteligibilidade dos acontecimentos", de forma que "na imaginação das comunidades há sempre esse jogo, essa oscilação entre a representação jurídica e uma representação estética" (RANCIÈRE, 2009, p. 20).

Dentro desse campo, há ainda uma segunda implicação posta no fato de que o jornalismo é como é porque assim os seus códigos padronizados de narração o determinam: a explicitação de que a narrativa jornalística tem um caráter figurativo.

Se retomarmos os termos de White (1999), o jornalismo não apenas não se apresenta como uma correspondência ou uma representação linguageira de uma imagem ou modelo de coisas que acontecem em um universo extratextual, como também ele pode ser visto como uma estruturação discursiva própria e específica de uma prática (uma linguagem ou um tipo de narrativa especificamente jornalística) que "interfere na nossa percepção de seu suposto referente, mesmo quando fixa a nossa atenção nele ou tenta iluminá-lo" (WHITE, 1999, p. 6).

Para White (1999, p. 7), os discursos referenciais tem sempre um caráter, ao mesmo tempo, *"intra e extra-referencial"*, na medida em que não podem ser analisados somente por fatores ideológicos ou ligados ao contexto de produção extratextual, mas que devem levar em consideração os efeitos que são produzidos *na e pela* linguagem.

Entre o trabalho de pesquisa e apuração que envolve o trabalho jornalístico e o resultado final materializado em um texto de reportagem, há uma série de operações que reforçam esse caráter figurativo da linguagem jornalística. Entre elas, as que possuem implicação na articulação dos códigos padrões de narração, estão postas no próprio processo que White irá denominar "urdidura de enredo" (*emplotment*) e que implica na transformação dos fatos coletados na pesquisa em representações postas de acordo com uma organização que a caracteriza enquanto uma história propriamente dita, que possua começo, meio, fim, bem como fases determinadas e um sentido dado pelas relações silogísticas estabelecidas entre os termos.

Nesse aspecto, as histórias contadas pelos jornalistas são figurativas, em um primeiro aspecto, porque "enquanto os eventos acontecem no tempo, os códigos cronológicos utilizados para ordená-los em unidades temporais específicas são culturalmente demarcados, não naturais" – e, nesse sentido, para White, o ato de articular a urdidura de enredo é sempre uma ação muito mais poética do que propriamente científica, na medida em que pressupõe esse tipo de mediação: "os eventos podem ser dados, mas as suas funções enquanto elementos de uma estória são impostas sobre eles – por técnicas discursivas que são mais tropológicas do que lógicas por natureza" (WHITE, 1999, p. 9).

Em outros termos, a linguagem jornalística é sempre uma linguagem figurativa porque faz submeter a representação do mundo a um trabalho de sentido ligado à linguagem dos jornalistas – ao seu arranjo específico dos fatos e a sua maneira própria de contar as histórias, posto em um campo já pré-arranjado.

Em um segundo aspecto, o próprio processo que envolve a transformação de uma crônica (como sequência cronológica de eventos) em uma narrativa (estrutura organizada por relações silogísticas) requer uma *escolha entre as diversas estruturas de enredo disponibilizadas pela tradição cultural para se contar uma história.*

Ora, os códigos padrões de narração, tomados sob essa perspectiva, indicam quais eram os sistemas de enredo disponíveis aos jornalistas e sancionados em cada época histórica para a articulação das reportagens. Eles fornecem um conjunto de postulados, um sistema possível, as formas balizadas de construção da notícia.

As diferentes articulações dessas possibilidades, tanto em seu aspecto sincrônico (as diferentes combinatórias possíveis dos códigos padrões de narração) quanto no sentido diacrônico (a mudança histórica nos regimes de narração), justificam a ideia de que sempre estamos diante de "jornalismos" (no plural) e não de uma única produção simbólica a que se possa chamar jornalismo.

Todas as histórias contadas pelos jornalistas tem que estar, necessariamente, submetidas a alguma dessas estruturas de enredo sancionadas pela cultura de um grupo profissional para que possa ser considerada jornalística e reivindicar a sua parcela de diálogo com um suposto verdadeiro.

"As estórias são sempre contadas ou escritas, não encontradas", como nos lembra White (1999, p. 9) e, por serem contadas, não estando na esfera do vivido, há sempre uma contradição latente na expressão "história real", na medida em que todas as narrativas contadas sempre se estruturam como ficções da linguagem.

Se tomarmos como válida a ideia de que o jornalismo só pode dizer algo do mundo se posto sob a égide das formas validadas e ligadas a uma expertise técnica de se contar sobre ele, podemos retomar a ideia posta por Wystan H. Auden: "eis uma máquina de linguagem. Como ela funciona?" (*apud* COMPAGNON, 2012, p. 224). Ao menos no nível narrativo, são os códigos padrões de narração que, no jornalismo, irão fornecer as metarregras de seu funcionamento.

REFERÊNCIAS BIBLIOGRÁFICAS

ABREU, A. A. "Os suplementos literários: os intelectuais e a imprensa nos anos 50". *In* ABREU, A. A. (org.). *A imprensa em transição*. Rio de Janeiro: FGV, 1996.

AGAMBEN, G. *O Sacramento da Linguagem:* Belo Horizonte: Editora UFMG, 2011.

ALLEN, G. *Roland Barthes*. Nova York: Routledge, 2003.

AMARAL, M. F. "O enquadramento nas catástrofes: da interpelação da experiência ao relato da emoção". *Contracampo*, n. 22, Fevereiro de 2011, p. 65-82.

AMARO, V. F. "Vivendo na pele do outro: A observação participante para desvendar a favela da Rocinha, no Brasil". 2004. Disponível em http://www.bocc.ubi.pt/pag/amaro-vanessa-pele-outro.html. Acesso em 06/01/2011.

ANTELO, R. "As Revistas Literárias Brasileiras". *Boletim NELIC*, v. 1, n. 2, 1997.

ARAÚJO, I. L. *Do Signo ao Discurso*. São Paulo: Parábola Editorial, 2004.

ARISTÓTELES. *Retórica*. São Paulo: Rideel, 2007.

BARBOSA, M. *História Cultural da Imprensa*. Rio de Janeiro: Mauad X, 2007.

BARTHES, R. *Essais critiques*. Paris: Editions du Seuil, 1964.

BARTHES, Roland. *Mitologias*. São Paulo: Difel, 1975.

BARTHES, R. "Introdução à Análise Estrutural da Narrativa". *In Análise Estrutural da Narrativa*. Rio de Janeiro: Vozes, 1976.

BARTHES, R. *O Prazer do Texto*. São Paulo: Perspectiva, 1987.

BARTHES, R. *O Rumor da Língua.* São Paulo: Brasiliense, 1988.

BARTHES, R. *S/Z.* Rio de Janeiro: Nova Fronteira, 1992.

BARTHES, R. *El Grado Cero de la Escritura.* Madrid: Siglo XXI Editores, 1997.

BARTHES, R. *Aula.* São Paulo: Cultrix, 2004.

BARTHES, R. *Sade, Fourier, Loyola.* São Paulo: Martins Fontes, 2005.

BARTHES, R. *A preparação do romance II: a obra como vontade: notas de curso ao Collége de France (1979-1980).* São Paulo: Martins Fontes, 2006.

BELTRÃO, L. *Jornalismo interpretativo.* Porto Alegre: Sulina, 1976.

BOAS, S. V. *Biografias e Biógrafos.* São Paulo: Summus, 2002.

BOURDIEU, P. *A Economia das Trocas Simbólicas.* São Paulo: Perspectiva, 1983.

BOURDIEU, P. *Sobre Televisão.* Lisboa: Celta, 1997.

BOURDIEU, P. "A Ilusão Biográfica". In FERREIRA, M. e AMADO, J. *Usos e Abusos da História Oral.* Rio de Janeiro: Editora da Fundação Getúlio Vargas, 1996.

BREMOND, C. "A Lógica dos Possíveis Narrativos". In *Análise Estrutural da Narrativa.* Rio de Janeiro: Vozes, 1976.

BRETON, P. *A Argumentação na Comunicação.* Bauru: EDUSC, 1999.

BUCHER, C. *Three Models on a Rocking Horse.* Tubinger: Narr, 1990.

BUITONI, D. H. S. *Imprensa Feminina.* São Paulo: Ática, 1986.

BUITONI, D. H. S. "Fotografia e Jornalismo: da prata ao pixel – discussões sobre o real". *Líbero,* ano X, n. 20, 2007, p. 103-112.

CAÑIZAL, E. P. "Manifestação de recursos poéticos em dois filmes do Cinema Novo". *Rumores,* ano 1, n. 01, Jul./Dez. de 2007.

CAPRINO, M. "Questão de estilo: o texto jornalístico e os manuais de redação". *Comunicação & Sociedade,* ano 23, n. 37, 2002, p. 105-123.

CASADEI, E. B. *Jornalismo e Ressignificação do Passado.* Dissertação de Mestrado apresentada à Escola de Comunicações e Artes da Universidade de São Paulo. ECA-USP, São Paulo, 2010.

CASTRO, R. *O Anjo Pornográfico: a vida de Nelson Rodrigues.* São Paulo, Companhia das Letras, 1993.

CASTRO, S. R. R. "História da Fotografia Impressa: produção e leitura da imagem fotográfica jornalística". *Cambiassu*, v. XVII, n. 03, 2007, p. 34-59.

CERTEAU, M. *A Escrita da História*. Rio de Janeiro: Forense Universitária, 2008.

CERTEAU, M. *História e Psicanálise*. Belo Horizonte: Autêntica, 2011.

CHAPARRO, M. "Estatística não é coisa com que se brinque". Disponível em http://www.eca.usp.br/pjbr/arquivos/comentarios_mural4.htm. Acesso em 17/01/2011.

CHARAUDEAU, P. *Discurso das Mídias*. São Paulo: Contexto, 2006.

CHARTIER, R. *A história ou a leitura do tempo*. Belo Horizonte: Autêntica, 2010.

COMPAGNON, A. *O Demônio da Teoria*. Belo Horizonte: Editora da UFMG, 2012.

CORONA, M. *Autorreferencialidade em Território Partilhado*. Tese de Doutorado apresentada à Universidade Federal do Rio Grande do Sul, UFRGS, Porto Alegre, 2009.

COSTA, C. R. *A Revista no Brasil*. Tese de Doutorado apresentada à Escola de Comunicações e Artes da Universidade de São Paulo. ECA-USP, São Paulo, 2007.

COSTA, H. "Diacuí: a fotorreportagem como projeto etnocida". *Anais do XXVII Congresso Brasileiro de Ciências da Comunicação*. Rio de Janeiro: Intercom, 2005.

CZERESNIA, D. e ALBUQUERQUE, M. F. M. "Modelos de interferência causal". *Revista de Saúde Pública*, v. 29, n. 05, São Paulo, Out. de 1995.

DAGLIAN, J. *Lógica e Álgebra de Boole*. São Paulo: Atlas, 2011.

DÄLLENBACH, L. *The Mirror in the Text*. Chicago: The University of Chicago Press, 1989.

DE MAN, P. "Roland Barthes and the limits of structuralism". *Yale French Studies*, v. 01, n. 77, 1990.

DELEUZE, G. *Bergsonismo*. São Paulo: Editora 34, 1999.

DERRIDA, J. "A Estrutura, o Signo e o Jogo no discurso das ciências humanas". *In A Escritura e a Diferença*. São Paulo: Perspectiva, 1995.

DERRIDA, J. *Of Grammatology*. Baltimore: John Hopkins University Press, 1997a.

DERRIDA, J. "Fé e Saber: as duas fontes da 'religião' nos limites da simples razão". *In* DERRIDA, J. e VATTIMO, G. (dir.). *A Religião.* Lisboa: Relógio D'Água, 1997b.

DERRIDA, J. "Le cinèma et ses fantômes". *Cahiers du Cinèma,* Paris. Abr./2001.

DERRIDA, J. *Dissemination.* Chicago: The University of Chicago Press, 2004.

DERRIDA, J. *Sovereignties in Question.* New York: Fordham University Press, 2005.

DES HONS, A. S. *Le Brésil, presse et histoire 1930-1985.* Paris: L'Harmattan, 1987.

DINES, A. *O papel do jornal.* São Paulo: Summus, 1986.

DINES, A. *100 páginas que fizeram história.* São Paulo: LF&N, 1997.

DINES, A. "Alberto Dines". *In* ABREU, A. A., LATTMAN-WELTMAN, F., ROCHA, D. (org.). *Eles Mudaram a Imprensa.* Rio de Janeiro: Editora da FGV, 2003.

DOSSE, F. *Paul Ricoeur.* Paris: Le Découverte, 1997.

DOSSE, F. *História do estruturalismo.* Bauru: Edusc, 2007.

DUBOIS, J. et alii. *Dicionário de Linguística.* São Paulo: Cultrix, 1973.

DULONG, R. *Le Témoin Oculaire:* Paris: École des Hautes Études, 1998.

ECO, U. *Sobre a Literatura.* Rio de Janeiro: BestBolso, 2011.

ERBOLATO, M. *Técnicas de Codificação em Jornalismo.* São Paulo: Ática, 1991.

FARO, J. S. *Revista Realidade.* Canoas: Ulbra, 1999.

FIDALGO, J. M. M. *O Lugar da ética e da auto-regulação na identidade profissional dos jornalistas.* Tese de doutorado apresentada à Universidade do Minho, 2006.

FIORIN, J. L. "O Pathos do Enunciatário". *Alfa,* v. 2, n. 48, 2004, p. 69-78.

GENRO FILHO, A. *O Segredo da Pirâmide.* Porto Alegre: Tchê, 1987.

GREIMAS, A. J. *Semântica Estrutural.* São Paulo: Cultrix, 1973.

GREIMAS, A. J. "Os atuantes, os atores e as figuras". *In Semiótica Narrativa e Textual.* São Paulo: Cultrix, 1977.

GRILLO, S. V. C. *A produção do real em gêneros do jornal impresso.* São Paulo, Humanitas, 2004.

HAMON, P. "Para um estatuto semiológico da personagem". *In* GURYON, F. R. *Categorias da Narrativa.* Lisboa: Arcadia, 1976.

HENRIQUE, C. "Revistas semanais: a notícia em sete dias". *In* CALDAS, Á. (org.). *Deu no Jornal*. Rio de Janeiro: Loyola, 2002.

HUXFORD, J. *It's the end of the world as we know it*. Tese de doutorado apresentada à Universidade da Pensilvânia, 2004.

JAKOBSON, R. *Linguística e comunicação*. São Paulo, Cultrix, 1989.

JOUVE, V. *A Leitura*. São Paulo: Editora da UNESP, 2002.

KITCH, C. *Pages from the Past*. North Carolina: The University of North Carolina Press, 2005.

KOSELLECK, R. *Futuro Passado*. Rio de Janeiro: Contraponto, 2006.

KUCINSKI, B. *Jornalistas e Revolucionários*. São Paulo: Scritta Editorial, 1991.

LAGE, N. *A Reportagem*. Rio de Janeiro: Record, 2008.

LANHAM, R. A. *A Handlist of Rhetorical Terms*. Berkeley: UCP, 1991.

LIMA, E. P. *Páginas Ampliadas*. Campinas: Editora da UNICAMP, 1995.

LIMA, L. C. *Mímesis e Modernidade*. São Paulo: Paz e Terra, 2003.

LODGE, D. *A Arte da Ficção*. Porto Alegre: LP&M, 2010.

LOPES, D. F., SOBRINHO, J. C., PROENÇA, J. L. *A Evolução do Jornalismo em São Paulo*. São Paulo: Edicon, NJC, 1996.

LOUZADA, S. "O Fotojornalismo e o Poder na ascensão e queda de O Cruzeiro e Manchete". *Anais do I Encontro Nacional de Pesquisadores em Jornalismo*. Rio de Janeiro, 2003.

LOUZADA, S. *Fotojornalismo em revista: o fotojornalismo em O Cruzeiro e Manchete nos governos Juscelino Kubitschek e João Goulart*. Dissertação de Mestrado apresentada à Universidade Federal Fluminense, UFF, Niterói, 2004.

MAINGUENEAU, D. *Análise de Textos de Comunicação*. São Paulo: Cortez, 2002a.

MAINGUENEAU, D. *Novas tendências em análise de discurso*. Campinas: Pontes, 2002b.

MAINGUENEAU, D. *Cenas da Enunciação*. São Paulo: Parábol Editorial, 2008.

MARTINS, A. L. *Revistas em Revista*. São Paulo: Edusp, 2001.

MC. "Editorial". *Manchete*, n. 01, 26/04/1952.

MC. "Autópsia de um crime". *Manchete*, n. 418, 23/04/1960.

MC. "Brasília na Hora Zero". *Manchete*, n. 418, 23/04/1960.

MC. "Che Guevara: o D'Artagnan do Caribe". *Manchete*, n. 418, 23/04/1960.

MC. "São Paulo na Batalha das Metas". *Manchete*, n. 418, 23/04/1960.

MC. "A incrível guerra que eu vi". *Manchete*, n. 731, 23/04/1966.

MC. "A 3ª Grande Guerra se aproxima". *Manchete*, n. 731, 23/04/1966.

MC. "Brasília já tem coração". *Manchete*, n. 731, 23/04/1966.

MC. "A morte sofisticada do ente querido". *Manchete*, n. 731, 23/04/1966.

MC. "Esterilização é genocídio". *Manchete*, n. 803, 09/09/1967.

MELO, J. M. "Trajetória Acadêmica do Jornalismo Científico no Brasil". *Anuário Internacional de Comunicação Lusófona*. Covilhã: Revcom, 2003.

MESNARD, P. "À la articulation des points du vue". *In* DORNIER, C. e DULONG, R. *Esthétique du Temoignage*. Paris: Éditions de la Maison des sciences de l'homme, 2005.

MIRA, M. C. *O Leitor e a Banca de Revistas*. São Paulo: Olho d'água, 2001.

MONDADA, L. "Construction des objets de discours et catégorisation: une approche des processus de référenciation". *Revista de Letras*, n. 24, v. 1/2, 2002, p. 118-130.

MORAIS, F. *Chatô*. São Paulo: Companhia das Letras, 1994.

MOTTA, L. G. "A análise pragmática da narrativa jornalística". *Anais do XXVIII Congresso Brasileiro de Ciências da Comunicação*. Rio de Janeiro: Intercom, 2005.

MOUILLAUD, M. e PORTO, S. *O jornal*. Brasília: Editora UNB, 2002.

NASCIMENTO, P. C. *Jornalismo em Revistas no Brasil*. São Paulo: Annablume, 2002.

NEF, F. "Introduction to the reading of Greimas: towards a discursive linguistics". *Diacritics*, v. 07, n. 01, 1977, p. 18-22.

NÖTH, W. *Panorama da Semiótica*. São Paulo: Annablume, 2003.

OC. "Enfrentando os Chavantes". *O Cruzeiro*, 24/06/1944.

OC. "Mistiguette vai casar". *O Cruzeiro*, 23/11/1946.

OC. "O drama do açúcar". *O Cruzeiro*, 23/11/1946.

OC. "O segredo do ouro no Brasil". *O Cruzeiro*, 27/01/1951.

OC. "A estrela de Kubitschek". *O Cruzeiro*, 27/01/1951.

OC. "Norma Iracema – a deusa branca da Amazônia". *O Cruzeiro*, 27/01/1951.

OC. "Cruzada contra a impunidade". *O Cruzeiro*, 30/05/1959.

OC. "Os órfãos de pais vivos". *O Cruzeiro*, 24/10/1959.

ORTIZ, R. *A Moderna Tradição Brasileira*. São Paulo: Brasiliense, 1988.

PAVEL, T. *Fictional Words*. Cambridge: Harvard College Press, 1986.

PEIXOTO, N. A. "Na *Revista da Semana*, Paulo Barreto". In BARRETO, P. *Crônicas Efêmeras*. São Paulo: Ateliê, 2001.

PELBART, P. P. *O Tempo não-reconciliado*. São Paulo: Perspectiva, 2007.

PERELMAN, C. e OLBRECHTS-TYTECA, L. *Tratado de Argumentação*. São Paulo: Martins Fontes, 1996.

PINTO, L. F. "Por onde ele anda". *Observatório da Imprensa*. Disponível em http://www.observatoriodaimprensa.com.br/news/view/_ed721_por_onde_ele_anda. Acesso em 21/11/2012.

PRADO, J. L. A. "Convocação nas revistas e construção do *a mais* nos dispositivos midiáticos". *Matrizes*, ano 03, n. 02, Jan./Jun. de 2010, p. 63-78.

PROPP, V. *Morfologia do Conto Maravilhoso*. Rio de Janeiro: Forense, 2001.

QUÉRÈ, L. "Entre Fait et Sens, la dualité de l'événement". *Réseaux*, v. 1, n. 139, 2006.

RAMOS, N. *Jornalismo: dicionário enciclopédico*. São Paulo: Ibrasa, 1970.

RANCIÈRE, J. *Políticas da Escrita*. Rio de Janeiro: Editora 34, 1995.

RANCIÈRE, J. "Partilha do Sensível". *Revista Cult*, ano 12, n. 139, 2009, p. 18-24.

REGO, C. M. *Traço, Letra, Escrita*. Rio de Janeiro: 7 Letras, 2006.

RESENDE, F. "O jornalismo e a enunciação: perspectivas para um narrador-jornalista". *Livro da XIV Compós*. Rio de Janeiro, 2005.

RIBEIRO, A. P. G. "Jornalismo, literatura e política: a modernização da imprensa carioca nos anos 1950". *Estudos Históricos*, n. 31, 2003, p. 147-160.

RIBEIRO, A. P. G. *Imprensa e História no Rio de Janeiro dos anos 1950*. Rio de Janeiro: E-Papers, 2007.

RICOEUR, P. *A crítica e a convicção*. Lisboa: Edições 70, 1995.

RICOEUR, P. *Teoria da Interpretação*. Lisboa: Edições 70, 2000.

RICOEUR, P. "Arquitectura y narratividad". *Arquitectonics*. Barcelona: UPC, 2002.

RICOEUR, P. *A Memória, a História, o Esquecimento*. Campinas: Unicamp, 2007.

RICOEUR, P. *Hermenêutica e Ideologias*. Petrópolis: Vozes, 2008.

RICOEUR, P. *Tempo e Narrativa – volume 1*. São Paulo: Martins Fontes, 2010a.

RICOEUR, P. *Tempo e Narrativa – volume I1*. São Paulo: Martins Fontes, 2010b.

ROSA, M. E. *Os sentidos pluralistas do cotidiano da cultura nas reportagens da revista Realidade dos anos de 1966 a 1968*. Tese de doutorado apresentada à Escola de Comunicações e Artes da Universidade de São Paulo. ECA-USP, São Paulo, 2006.

RS. "O Monumento a Camões". *Revista da Semana*, ano XXII, n. 49, 03/12/1921.

RS. "A caminho do Polo". *Revista da Semana*, ano XXII, n. 51, 17/12/1921.

RS. "O que fomos, o que somos, o que aspiramos ser". *Revista da Semana*, ano XXIV, n. 01, 30/12/1922.

RS. "João Luso". *Revista da Semana*, ano XXIV, n. 01, 30/12/1922.

RS. "Tuberculose: a maior doença". *Revista da Semana*, ano XXIV, n. 14, 31/03/1923.

RS. "O Instituto Oftalmológico Penido Burnier, de Campinas". *Revista da Semana*, ano XXX, n. 08, 23/02/1929.

RS. "A defesa dos pedestres". *Revista da Semana*, ano XXX, n. 23, 08/06/1929.

RS. "Em palestra com os imortais: João Ribeiro". *Revista da Semana*, ano XXXIV, n. 40, 30/09/1933.

RS. "A Excursão Presidencial ao Norte". *Revista da Semana*, ano XLI, n. 49, 07/12/1940.

RS. "Os cegos de nascença riem de tudo ao ver pela primeira vez". *Revista da Semana*, ano XLII, n. 28, 12/07/1941.

RS. "Escola Alfredo Pinto". *Revista da Semana*, ano XLIII, n. 30, 26/07/1941.

RS. "A Tragédia do n. 19 da Ladeira de Santa Teresa". *Revista da Semana*, n. 44, 03/11/1945.

SARTRE, J. P. *What is Literature and Other Essays*. Cambridge: Harvard University Press, 1988.

SCHNAIDERMAN, B., LOPES, M., TCHUGUNNIKOV, S. "Propp e Jakobson: dois momentos do formalismo russo". *Galáxia*, São Paulo, v. 1, n. 19, 2010, p. 10-23.

SEARLE, J. R. *Speech Acts*. New York: Cambridge University Press, 1969.

SILVA, C. E. L. *O Adiantado da Hora*. São Paulo: Summus, 1990.

SODRÉ, M. *Teoria da literatura de massa*. Rio de Janeiro: Tempo Brasileiro, 1978.

SODRÉ, M. *O monopólio da fala*. Petrópolis: Vozes, 1989.

SODRÉ, N. W. *História da Imprensa no Brasil*. Rio de Janeiro: Mauad, 1998.

SOLLERS, P. *Writing and the Experience of Limits*. New York: Columbia University Press, 1982.

THOMPSON, J. B. *Critical Hermeneutics*. New York: Cambridge University Press, 1990.

THOMPSON, J. B. "A Nova Visibilidade". *Matrizes*. São Paulo, ano 01, n. 02, Jan./Jun. de 2008, p. 15-37.

TODOROV, T. "As categorias da narrativa literária". In *Análise Estrutural da Narrativa*. Rio de Janeiro: Vozes, 1976.

TODOROV, T. *Os Gêneros do Discurso*. Lisboa: Edições 70, 1981.

TOLEDO, S. G. *O adjetivo em Alencar: expressão das impressões de mundo*. Dissertação de Mestrado apresentada à Faculdade de Filosofia, Letras e Ciências Humanas da Universidade de São Paulo, FFLCH-USP, São Paulo, 2000.

TRAQUINA, N. *Teorias do jornalismo*. Florianópolis: Insular, 2005.

VELLOSO, M. P. "Percepções do moderno". In NEVES, L. M. B., MOREL, M. e FERREIRA, T. M. B. (org.). *História e Imprensa*. Rio de Janeiro: DP&A, 2006.

VEYNE, P. *Como se Escreve a História*. Lisboa: Edições 70, 1983.

VILLAVERDE, M. A. *Paul Ricoeur*. Lisboa: Piaget, 2003.

VJ. "Rebelião na Galáxia Vermelha". *Veja*. São Paulo: Editora Abril, 11/09/1968.

VJ. "A esperança dos cassados". *Veja*. São Paulo: Editora Abril, 02/10/1968.

VJ. "O horror sem fim de Biafra". *Veja*. São Paulo: Editora Abril, 23/10/1968.

VJ. "Chegou mais um carnaval". *Veja*. São Paulo: Editora Abril, 19/02/1969.

VJ. "O mundo vem chegando". *Veja*. São Paulo: Editora Abril, 05/03/1969.

VJ. "As seis perguntas do terror". *Veja*. São Paulo: Editora Abril, 13/08/1969.

VJ. "Estratégia para matar o terror". *Veja*. São Paulo: Editora Abril, 12/11/1969.

VJ. "O monstro interior". *Veja*. São Paulo: Editora Abril, 13/11/1996.

WHITE, H. *The Content of the Form*. Baltimore: John Hopkins University Press, 1987.

WHITE, H. *Trópicos do Discurso*. São Paulo: Edusp, 1994.

WHITE, H. *Figural Realism*. Baltimore: John Hopkins University Press, 1999.

WHITE, H. *Meta-História*. São Paulo: Edusp, 2008.

WOLF, M. *Teoria das comunicações de massa*. São Paulo: Martins Fontes, 2005.

WOOD, J. *Como funciona a ficção*. São Paulo: Cosac Naify, 2011.

AGRADECIMENTOS

A conclusão de uma etapa de pesquisa não é um trabalho individual. É sim a consequência de uma série de esforços conjugados, de empenhos e ânimos coletivos, de concessões, de renúncias e apoios de um grupo bastante grande de pessoas, que formam uma rede sem a qual este trabalho não poderia ter sido escrito. Por isso, tenho a sorte de ter uma lista de agradecimentos bastante grande, composta por pessoas que merecem um reconhecimento sincero da minha gratidão.

Em primeiro lugar, gostaria de agradecer à minha família: aos meus pais, Eduardo Casadei e Lúcia Mercy Bachega Casadei, e à minha irmã, Amanda Bachega Casadei, pelo suporte, pelo companheirismo, pela interlocução constante e por toda amizade, alegria e amor que me trazem todos os dias.

Também agradeço à minha orientadora, Profa. Dra. Mayra Rodrigues Gomes pelo olhar rigoroso, pelos conselhos e orientações detalhadas e por sempre ter aberto portas e mostrado caminhos na pesquisa. Agradeço também ao Prof. Dr. Eugênio Bucci, ao Prof. Dr. José Luiz Aidar Prado, à Profa. Dra. Rosana de Lima Soares e à Profa. Dra. Bárbara Heller pelas sugestões e conselhos valiosos durante a banca.

Agradeço também aos meus colegas e alunos da Universidade Estadual Paulista Julio de Mesquita Filho (UNESP), a todos os meus professores na Universidade de São Paulo que participaram da minha formação e a todos os colegas que compartilharam essa jornada acadêmica, principalmente aos membros do MidiAto, do Alterjor, do Lecotec e do Fotolih.

Por fim, agradeço também à CAPES (Coordenação de Aperfeiçoamento de Pessoal de Nível Superior) pela bolsa concedida que me permitiu fazer este trabalho com tranquilidade e imersão, e à FAPESP (Fundação de Amparo à Pesquisa do Estado de São Paulo) que auxiliou a publicação dessa pesquisa.

Sem esses fios todos de sustentação, este texto não existiria.

Esta obra foi impressa pela Renovagraf em
São Paulo no inverno de 2016. No texto
foi utilizada a fonte Adobe Jenson Pro em
corpo 10,5 e entrelinha de 15,75 pontos.